Das PMP-Examen

Thomas Wuttke, Peggy Gartner

Das PMP-Examen

9. Auflage

Bibliografische Information der Deutschen Nationalbibliothek
Die Deutsche Nationalbibliothek verzeichnet diese Publikation in der
Deutschen Nationalbibliografie; detaillierte bibliografische
Daten sind im Internet über <http://dnb.d-nb.de> abrufbar.

Bei der Herstellung des Werkes haben wir uns zukunftsbewusst für
umweltverträgliche und wiederverwertbare Materialien entschieden.
Der Inhalt ist auf elementar chlorfreiem Papier gedruckt.

ISBN 978-3-95845-864-2
9. Auflage 2018

www.mitp.de
E-Mail: mitp-verlag@sigloch.de
Telefon: +49 7953 / 7189 - 079
Telefax: +49 7953 / 7189 - 082

Lektorat: Katja Völpel
Korrektorat: Petra Heubach-Erdmann
Covergestaltung: Christian Kalkert, www.kalkert.de
Coverbild: Michaela Kühn, www.michaela-kuehn.com
Satz: III-satz, Husby, www.drei-satz.de
Druck: Medienhaus Plump GmbH, Rheinbreitbach

Inhaltsverzeichnis

1 Einführung

1.1 Gratulation zu Ihrem Entschluss

Sie möchten Ihren Kenntnisstand im Bereich Projektmanagement durch ein Zertifikat nachweisen und Project Management Professional (PMP®) werden? Sie wollen die PMP-Prüfung bestehen und fragen sich, wie man sich am besten darauf vorbereitet? Dann sind Sie hier genau richtig. Wir werden Ihnen im Verlauf der nachfolgenden Kapitel aufzeigen, was Sie mindestens wissen sollten und worauf es bei der Prüfung ankommt.

Das PMP-Zertifikat des Project Management Institutes (PMI®) gilt als *der* globale Nachweis für Projektmanagementkompetenz. Ca. 850.000 Personen (Stand Mai 2018) aus über 160 Ländern wurden inzwischen als PMP anerkannt.

Die steigende Beliebtheit der PMP-Zertifizierung ist unter anderem damit zu erklären, dass PMI mit dem PMP-Zertifikat einen entscheidenden Beitrag zur Harmonisierung der heterogenen Projektlandschaft leistet. Das bekannteste Dokument, das von PMI herausgegeben wird, ist der »Guide to the Project Management Body of Knowledge (PMBOK® Guide)«. Der PMBOK Guide ist nicht nur vom American National Standards Institute (ANSI) 1996 als nationale Projektmanagementnorm anerkannt worden, sondern 2003 auch vom Institute of Electrical and Electronics Engineers (IEEE). Ebenso basiert die 2012 veröffentlichte ISO-Norm 21500 in vielen Teilen auf dem PMBOK Guide, der sich durch seine weltweite Verbreitung als globaler De-facto-Standard etabliert hat. Über sechs Millionen Exemplare (alle Versionen, Stand Mai 2018) sind inzwischen im Umlauf. Dadurch entstand und entsteht eine gemeinsame Sprache der Projektleiter, die sich rund um den Erdball manifestiert hat.

In der Tat ist es durch die Arbeit von PMI und durch den PMBOK Guide zum ersten Mal möglich, dass es weltweit gleichartig ausgebildetes Projektpersonal gibt. Die Nachfrage (nicht nur) der internationalen Unternehmen lässt den Bedarf stetig ansteigen.

Es ist daher umso erfreulicher, dass Sie sich entschlossen haben, dieser Gruppe beizutreten.

1.1.1 Kein Lehrbuch des Projektmanagements

Um es gleich ganz vorne und ganz klar zu sagen: Das Buch, das Sie in den Händen halten, ist kein Lehrbuch über Projektmanagement! Dieses Buch bereitet auf eine Prüfung vor und soll Ihnen Hinweise geben, wie Sie diese am besten bestehen. Es vermittelt kein vertiefendes praxisorientiertes Knowhow über Projektmanagement.

Worin besteht genau der Unterschied?

Nun, Projektmanagement ist eine Symbiose vieler Fachgebiete und Kompetenzbereiche – Operations Research, Kostenrechnung, Risikomanagement, Beschaffungswesen, Qualitätsmanagement, Vertragsmanagement, soziale Kompetenz, Terminmanagement, Softwareentwicklung usw. Diese Symbiose ist so vielfältig wie die Projekte, in denen sie angewandt wird. Es gibt im Projektmanagement keinen goldenen Weg und nicht immer nur die eine richtige Lösung. Gutes Projektmanagement ist ein Konglomerat vieler möglicher Lösungen. Ein Lehrbuch über Projektmanagement würde in erster Linie diese Möglichkeiten diskutieren und versuchen, vor dem Hintergrund von Best-Practice-Wissen dem Leser – Ihnen – mögliche gangbare Lösungen anzubieten.

Ein Prüfungsvorbereitungsbuch hat eine andere Zielsetzung. Es dient denjenigen Lesern als gezielte Vorbereitungshilfe, die sich auf den Weg machen, um PMP zu werden. Wir vermitteln Ihnen in diesem Buch Wissen, versuchen aber nicht, die Anwendung des Wissens zu diskutieren, also die Frage zu erörtern, wie Sie das Wissen in der Praxis einsetzen oder in Ihren Projektalltag transferieren können. Vielmehr finden Sie eine Darstellung der prüfungsrelevanten Inhalte. Sie erhalten Hinweise, wie Sie sich gezielt vorbereiten sowie eigene Schwachstellen erkennen können, und natürlich zum Examen selbst.

1.1.2 Wissenstest, nicht Kompetenztest

Die Prüfung zum PMP ist eine Wissensprüfung, in der Sie wie in einem Führerscheintest einen Satz Fragen in einem bestimmten Zeitfenster bearbeiten. Wer PMP ist, hat nachgewiesen, dass er einen bestimmten Wissensgrad erlangt hat. Ein guter Projektmanager muss er oder sie deswegen noch lange nicht sein.

Auf der anderen Seite gibt es eine Vielzahl von Projektmanagern, die seit vielen Jahren Projekte leiten, aber bisher keine methodischen Kenntnisse erworben haben. Ihr Rüstzeug ist soziale Kompetenz, das notwendige Organisationstalent und Intuition. Sie mögen als Projektmanager anerkannt sein, ihnen fehlt aber das methodische Basiswissen, um ein wirklicher »Projektmanagement-Professional« zu sein.

PMP steht für »Project Management Professional« und nicht »Project Manager Professional«. Darin spiegelt sich die Intention des PMI wider, den PMP nicht als ein Leistungszertifikat darzustellen. Bedauerlicherweise wird dieser Unterschied nicht überall klar kommuniziert. Zu oft ist leider der Satz zu hören: »Der ist doch PMP, der muss das Projekt doch gut hinkriegen können.«

Andere Projektmanagementorganisationen versuchen, die Qualifikation der Kandidaten durch eine Kompetenzprüfung zu belegen. Bestandteile dieser Prüfung ist eine Hausarbeit oder eine mündliche Prüfung. Ob mit dem Erlangen eines solchen Zertifikats der Nachweis erbracht ist, dass der Prüfling ein guter Projektmanager ist, bleibt trotzdem fraglich.

An dieser Stelle drängt sich die Frage auf: »Was macht einen guten Projektmanager aus?« Sicherlich nicht nur die Qualifikation, eine mündliche Prüfung vor einem Ausschuss zu bestehen oder eben 200 Fragen in vier Stunden zu beantworten.

Aber: Eine Zertifizierung ist eine vernünftige Grundlage für die weitere Projektarbeit, ein Start gewissermaßen. In jedem Fall trägt es dazu bei, ein gemeinsames Sprach- und Sachverständnis für das Berufsfeld »Projektmanagement« zu etablieren.

1.1.3   PMP ohne Projektkultur geht schief

Stellen Sie sich folgende Situation vor: In einem Unternehmen sind viele Projektmanager als PMPs zertifiziert, und die Projekte sind trotzdem nicht erfolgreich. Woran könnte das liegen? Zum einen daran, dass sich die Mitarbeiter qualifizieren, nicht aber das Unternehmen. Alle »Zertifizierten« wissen über die theoretisch beste Vorgehensweise Bescheid, aber die Organisation selbst hat nicht die notwendigen Rahmenbedingungen aufgebaut, um

Projektmanagement als ein oder das zentrale Wertschöpfungswerkzeug zur Entfaltung zu bringen.

Was heißt das? Nun, denken Sie beispielsweise an eine Dreipunktschätzung, wie sie in den späteren Kapiteln beschrieben wird. Sie lernen hier in diesem Buch die reine Technik. Da dies kein Lehrbuch ist, diskutieren wir nicht die Einführung dieses Verfahrens in den betrieblichen Alltag. Aber der Transfer in die betriebliche Praxis hat eigene Herausforderungen, da müssen alle mitspielen: Vertrieb, Linie, Geschäftsleitung – und auch die Teammitglieder selbst müssen wissen, was sich hinter diesem Thema verbirgt. Schnell kann aus dem sinnvollen Ansatz der Dreipunktschätzung ein Chaos entstehen, weil einige der Beteiligten das Konzept missverstehen und fehlinterpretieren.

Hier lauert eine Gefahr für die Trägerorganisation, deren Betrachtung nicht Gegenstand dieses Buches zur PMP-Examensvorbereitung sein kann. Aber das Thema »Projektkultur« ist für erfolgreiche Projekte genauso wichtig wie die Qualifikation des Projektpersonals.

Was passiert, wenn das erworbene Methodenwissen nicht in die Praxis umgesetzt wird? Dann resignieren entweder die PMPs und machen so weiter wie bisher. Dann waren alle Anstrengungen umsonst – aber leider nicht kostenlos. Oder die Mitarbeiter verlassen das Unternehmen – auch nicht gerade eine gute Alternative. Daher ist die Qualifizierung des Projektpersonals zum PMP nur die eine Seite der Medaille – die andere ist der »PMP« für Unternehmen. Keine Sorge – den »PMP fürs Unternehmen« gibt es nicht. Hausaufgaben sind trotzdem zu machen.

Dennoch hat eine Organisation die Aufgabe, die Rahmenbedingungen zu schaffen, um Projektmanagement zum Wirken zu bringen. Für alle, die diese Thematik vertiefen möchten, sei nur ein Stichwort erwähnt: das *Organizational Project Management Maturity Model* des PMI, kurz OPM3. OPM3 beschreibt ein Reifegradmodell und ist ein weiterer Standard von PMI, der zum Ziel hat, die betriebliche Einbindung des Projektmanagements zu bewerten und einen firmenindividuellen Verbesserungsweg aufzuzeigen.

1.2   Das Prozedere zur PMP-Prüfung

Dieser Abschnitt fokussiert auf die PMP-Prüfung an sich, Grundlagen, Technik und das Verfahren der Anmeldung.

Vorsicht

Natürlich ändert PMI – wie jede Organisation – ständig Prozesse und Verfahren als Konsequenz aus Teilnehmerfeedbacks und zur Beseitigung von Fehlern oder Fehlerquellen. Zu dem Zeitpunkt, zu dem Sie sich anmelden, kann eine Verfahrensänderung in Kraft getreten sein und von der hier beschriebenen Reihenfolge abweichen. Änderungen werden auf der Webseite *www.wuttke.team/pmp-examen-das-buch* bekannt gegeben.

1.2.1 Die vier »E« der Zertifizierung

Die Prüfung zum PMP orientiert sich an den sogenannten vier »E«:

1. Education
2. Experience
3. Exam
4. Ethics

Education (Ausbildung)

Zu den Zulassungsvoraussetzungen zum PMP-Examen gehört eine Schulausbildung, die dem Abschluss einer amerikanischen »Highschool« gleichzusetzen oder höher ist. Obwohl im Anhang zur Zertifizierungsbroschüre das deutsche Äquivalent des Highschool-Abschlusses das Abitur ist, so ist der Schulabschluss »mittlere Reife« in Kombination mit einer abgeschlossenen Berufsausbildung ausreichend.

Natürlich können wir nicht garantieren, dass eine Anerkennung in jedem Fall erfolgreich verläuft, aber wir kennen einige Beispiele für eine erfolgreiche Prüfungsregistration der Kombination mittlere Reife plus Berufsausbildung, die auch vom PMI auditiert wurden. Eine weitere Ausbildungsvoraussetzung lautet, mindestens 35 Stunden Training im Bereich Projektmanagement absolviert zu haben. 35 Stunden entsprechen in etwa einer Woche Training.

Das Training muss kein spezielles PMP-Vorbereitungstraining gewesen sein. Es ist ausreichend, Trainings aus den unterschiedlichen Wissensgebieten des Projektmanagements mit Projektbezug anzugeben. Auch gibt es bei den Trainings kein Verfallsdatum, will heißen, dass das oder die Trainings auch schon 20 Jahre zurückliegen können.

1

Viel wichtiger ist aber, dass Sie den Besuch des Trainings noch belegen können. Sollten Sie in ein Anmeldeaudit kommen, möchte PMI eine Teilnahmebescheinigung sehen (das Zertifikat ist ausreichend).

Experience (Erfahrung)

Für die Zulassung zur Prüfung müssen Sie 4.500 bzw. 7.500 Stunden Erfahrung im Projektmanagement nachweisen. Wohlgemerkt: im Projektmanagement, nicht als Projektmanager. Dennoch will PMI explizit dargelegt bekommen, dass Sie während dieser Zeit eigenverantwortlich gehandelt haben. Da Projekte von ganz klein bis ganz schön gigantisch sein können, ist diese Erfahrung von Ihnen nicht notwendigerweise immer nur an der Rolle des Gesamtprojektleiters gebunden. Es gibt auch Arbeitspaketverantwortliche, deren Arbeitspaket ein Budget von mehreren Millionen Euro umfasst. Das sind dann zwar schon eher Teilprojektleiter, aber unser Punkt an dieser Stelle ist, dass Sie nicht unbedingt immer Projektleiter gewesen sein müssen. Aber verantwortlich handelnd.

PMI fragt nach Ihren Erfahrungen in den verschiedenen Performance Domains (Initiierung, Planung, Ausführung, Steuerung und Abschluss); am Ende sollten Sie in jeder der Performance Domains Erfahrung nachweisen.

Die unterschiedliche Anzahl an Erfahrungsstunden (4.500 bzw. 7.500 Stunden) wird von Ihrer Ausbildung beeinflusst. Haben Sie studiert und als Ausbildungsabschluss einen »Bachelor« oder höher, dann müssen Sie »nur« 4.500 Stunden nachweisen. 4.500 Stunden entsprechen ungefähr drei Jahre Erfahrung. Diese drei Jahre Erfahrung muss aus den letzten fünf Kalenderjahren stammen. Im Falle von 7.500 Stunden sind das ungefähr fünf Jahre Erfahrung in den letzten sieben Kalenderjahren.

Dem Bachelor entspricht das deutsche Fachhochschuldiplom oder ein Abschluss an der dualen Hochschule.

Examen

Das eigentliche Kernstück des Zertifizierungsverfahrens ist ein Examen mit 200 Fragen, die in vier Stunden zu beantworten sind. Das Examen wird normalerweise in einem Testzentrum an einem Computer abgelegt und besteht aus Multiple-Choice-Fragen mit jeweils vier Antwortmöglichkeiten. Da das Examen das wichtigste und schwierigste Element auf dem Weg zum PMP darstellt, wird weiter unten in einem eigenen Abschnitt nochmals auf das Examen eingegangen.

Ethics

Das vierte Zertifizierungselement sind die sogenannten »Ethics«. Mit ihrer Anmeldung unterschreiben Sie den »PMI Code of Ethics and Professional Conduct« und verpflichten sich dadurch zur Einhaltung von ethischen Grundsätzen im Projektmanagement. Kapitel 2 widmet sich ausführlich diesem Thema.

1.2.2   Das Anmeldeverfahren

Die Prüfungsanmeldung erfolgt online über die Webseite des PMI unter *www.pmi.org*. Theoretisch ist auch eine Anmeldung mit einem ausgedruckten Formular (Download ebenfalls von der Webseite des PMI) möglich. Wir raten jedoch, die Onlineanmeldung zu verwenden. Nicht nur, dass diese komfortabler ist, Sie können sich in den Quersummen nicht verrechnen und beugen Missverständnissen im Zusammenhang mit der europäischen Schreibweise einer 7 oder einer 1 vor.

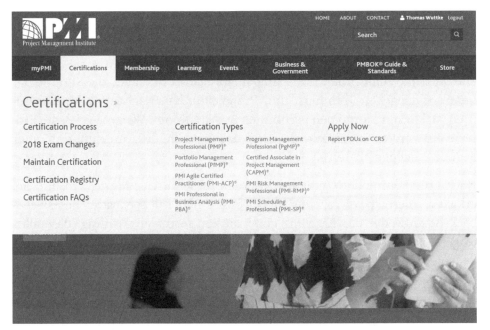

Abbildung 1.1: Webseite des PMI und Zugang zur Anmeldung unter CERTIFICATION

Folgen Sie dem Dialog unter dem Menüpunkt CERTIFICATION und geben Sie Ihre Daten, Erfahrungen und Ausbildungen ein. Um der Anforderung nach den 4.500 bzw. 7.500 Stunden sowie den 35 Trainingsstunden (siehe oben unter »Experience« und »Education«) nachzukommen, ist es notwendig, dass Sie Ihre Projektmanagementerfahrung belegen und die Trainings benennen, an denen Sie teilgenommen haben.

Hierzu ist es erforderlich, dass Sie die Projekte kurz benennen, zu jedem Projekt Ihre Erfahrungsstunden in den fünf unterschiedlichen Domains (ungefähre Angaben) nennen und Angaben über Personen machen, die diese Ausführungen bestätigen können. Im Falle eines Audits werden Ihre Angaben daraufhin überprüft, ob sie den Vorgaben von PMI entsprechen.

1

Tipp

Unbedingt darauf achten, dass die Personen, die Ihre Erfahrung bestätigen sollen, auch tatsächlich erreichbar sind. Auch ist es eine gute Idee, nur Personen zu nennen, die Ihnen günstig gesonnen sind. Es hält sich hartnäckig die Geschichte des PMP-Kandidaten, der beim Audit durchfiel, weil sein Ex-Chef mit ihm nach dem Arbeitsgerichtsprozess nichts mehr zu tun haben wollte. Man sieht sich eben fast immer zweimal ...

Die Webseite zeigt Ihnen Ihren Eingabefortschritt und auch die Summe der bereits eingegeben Trainings- und Projektstunden. Nachdem alles beisammen ist, klicken Sie auf den berühmten SUBMIT-Knopf. Wenn Sie sich die Projekte der Vergangenheit zurechtgelegt haben, sollte die Anmeldung in einer Stunde erledigt sein.

Nach Einreichung der Unterlagen werden diese durch PMI geprüft und Sie erhalten innerhalb von ca. einer Woche eine E-Mail mit Feedback. Dieses Feedback ist entweder das Ergebnis einer kurzen formalen Prüfung, dass alles okay ist oder dass da etwas nicht stimmen kann. Feedback kann aber auch bedeuten, dass auf den ersten Blick alles okay ist, aber jetzt ein tiefer gehendes Audit angesetzt wird.

Jeder 10. Prüfungskandidat wird zufällig entsprechend der Qualitätsplanung der Zertifizierungsabteilung von PMI auditiert. Das Audit ist etwas umständlich, weil nun alle Unterlagen, die man bei der Anmeldung angegeben hat, entsprechend der detaillierten und beiliegenden Information an PMI zu senden sind. Und zwar per Post und nicht per E-Mail.

Übrigens: Ein Audit kann selbst nach erfolgter Prüfung noch angesetzt werden.

Sind alle Unklarheiten beseitigt oder auch das Audit überstanden, geht es ans Bezahlen der Prüfungsgebühr. Die Prüfungsgebühr wird also nicht bei der Anmeldung beglichen, sondern erst in einem späteren Schritt.

> **Tipp**
>
> Beim BEZAHLEN gilt es drei Dinge zu beachten. Zum einen wird in diesem Prozessschritt die Übersetzungssprache festgelegt (siehe unten), außerdem sollten Sie eine Kreditkarte bereithalten (alle anderen Zahlmethoden sind viel zu umständlich), und Sie sollten bereits ordentliches PMI-Mitglied sein, dann verringert sich Ihre Prüfungsgebühr nämlich um mehr als einen Jahresmitgliedsbeitrag.

1

Nach der Bezahlung erhalten Sie von PMI direkt eine E-Mail mit Informationen, wie Sie Ihren individuellen Prüfungstermin vereinbaren können. Abgelegt wird die Prüfung in einem der Prometric-Testzentren Berlin, Frankfurt, Hamburg oder München. Wer es international mag, kann die PMP-Prüfung auch mit einem Kurzurlaub in New York, Johannisburg oder Bombay verbinden. Alle Details finden Sie dann auf der Prometric-Webseite. Übrigens: Wer sich für die deutsche Übersetzungshilfe entscheidet und gleichzeitig auch für Bombay, kann ohne Probleme beides kombinieren. Jede Sprache ist in jedem Testzentrum verfügbar (Stand Herbst 2017).

Nach Freigabe seitens PMI haben Sie ein Jahr Zeit (*eligibility period*), individuell einen Prüfungstermin mit Prometric zu vereinbaren.

Alle Fragen hinsichtlich Krankheit, Nichterscheinen, Verlängerung etc. sind ausführlich auf der PMI-Webseite erörtert. Bitte beachten Sie unbedingt die dort genannten Fristen und Verfahren, falls Ihnen am Morgen der Prüfung zufällig doch ganz übel werden sollte.

1.2.3   Die deutsche Fassung der PMP-Prüfung

Prüfungssprache des PMP-Examens ist Englisch. Aber keine Sorge, Sie müssen nicht (fließend) Englisch sprechen, um die Prüfung abzulegen, denn es werden Übersetzungshilfen für mindestens ein Dutzend weiterer Sprachen angeboten, darunter Arabisch, Portugiesisch (Brasil), Chinesisch (vereinfacht und traditionell), Deutsch, Französisch, Hebräisch, Italienisch, Japanisch, Koreanisch, Russisch und Spanisch.

Wenn Sie eine Übersetzung der Prüfungsfragen und -antworten vom Englischen z.B. ins Deutsche wünschen, können bzw. müssen Sie dies während des Bezahlvorgangs angeben.

Englisch ist aber immer die Grundsprache. Die anderen Sprachen sind nur als Hilfsmittel anzusehen. Der Prüfungskandidat erhält die Fragen somit in englischer Sprache und in der gewählten Übersetzung. Es entsteht somit ein kleiner zeitlicher Aufwand für das Anschauen beider Sprachversionen. Allerdings hat man auch den Vorteil, gerade längere Fragen in seiner Muttersprache zu lesen und bei unklaren Formulierungen bzw. schlechter Übersetzung noch einmal im Original nachzulesen. Unsere Rückmeldungen von Kandidaten belegen eindeutig, dass die Übersetzung eine wirkliche Hilfe ist, zumal die Prüfungsfragen inzwischen halbe Romane geworden sind, die in der Muttersprache schneller verstanden werden.

Die Sprachqualität der deutschen Übersetzung scheint in den letzten Jahren leider wieder schlechter geworden zu sein und beinhaltet nach Angaben von unseren Kunden z.T. Grammatikfehler.

Aber dennoch: Die Übersetzung ist nicht so schlecht, dass sie als Behinderung wahrgenommen wird. Die Vorteile überwiegen, und man kann das Examen auch ohne tiefere Kenntnis der englischen Sprache ablegen.

Aber dass es kein Nachteil ist, wenn man der englischen Sprache und der englischen Fachbegriffe mächtig ist, liegt auf der Hand. Andererseits: Das oft gehörte Argument, »Das Examen ist nur in Englisch abzulegen«, ist durch inzwischen Hunderte uns bekannte leibhaftige PMPs entkräftet, die des Englischen unkundig waren.

Also was jetzt? Nun, unsere Empfehlung ist die Vorbereitung und auch das Ablegen der Prüfung in der Muttersprache. Zusätzlich lernen Sie die englischen Fachbegriffe quasi wie Vokabeln dazu.

1.2.4 Die Prüfung

Die Prüfung findet in aller Regel nach individueller Terminabsprache in einem Prometric-Testzentrum statt. Zu bestimmten Anlässen bietet PMI auch separate Prüfungen auf Basis Papier und Bleistift (»Paper and Pencil« oder abgekürzt P&P) an. Das geschieht oft am Rande eines Kongresses oder Symposiums.

Egal, wie und wo Sie die Prüfung ablegen, seien Sie gut vorbereitet – mental und kognitiv. Kommen Sie ausgeruht, ausgeschlafen und im »Testmodus« zur Prüfung. Die Herausforderung liegt nicht allein darin, von jeweils vier Antwortmöglichkeiten die richtige zu wählen.

Eine Herausforderung stellt auch die vier Stunden währende Prüfungsdauer dar. Wenn Sie schon lange keine Prüfung mehr abgelegt haben und damit rechnen, vor Aufregung schlecht zu schlafen, begegnen Sie diesem Problem frühzeitig und nicht am Abend zuvor. Ein Prüfungskandidat berichtete, dass er seine Aufregung mit Rotwein abgedämpft habe, um am nächsten Tag dann trotzdem unausgeschlafen, aber zusätzlich mit dickem Kopf zu erscheinen. Kein guter Start.

Damit es besser klappt, hier ein paar Hinweise zum Prüfungsablauf:

- Die Prüfung beginnt mit der Feststellung Ihrer Identität. Sie müssen ein entsprechendes Identifikationspapier mit Ihrer Unterschrift vorlegen (Personalausweis).

- Dabei muss die Schreibweise des ausgewiesenen Namens genau dem Namen auf der Anmeldung entsprechen. Das Ausweispapier muss ein Foto enthalten (z.B. Personalausweis, Führerschein).

- Danach erhalten Sie eine Einweisung in die (sehr einfache) Logik des Testprogramms. Seien Sie nicht verwirrt, wenn das kleine Lernprogramm (ca. 15 Minuten, die nicht von Ihrer Zeit abgezogen werden) auf einmal mehrere unterschiedliche Antworttypen zulässt und mehr als vier Antworten pro Frage bereithält. Das gilt nur für das Lernprogramm, das insoweit von der eigentlichen Prüfung abweicht! Keine Panik!

- Sie werden in dem Testzentrum mit hoher Wahrscheinlichkeit nicht allein sein. Die anderen Anwesenden schwitzen ebenfalls Blut und Wasser, auch wenn nicht alle den PMP-Test ablegen. Andere Kandidaten können andere Tests bearbeiten, Sprachtests zum Beispiel. Eine Prüfungskandidatin berichtete uns, dass sie von Schicksalsgenossen eingerahmt war, die solche

Sprachtests ablegten und die deswegen lang andauernd und intensiv auf ihrer Tastatur schrieben. Das fördert nicht unbedingt die Konzentration. Ziehen Sie das Tragen der zur Verfügung gestellten Lärmschützer in Erwägung.

- Legen Sie sich eine Zeitstrategie zurecht, von der Sie keinesfalls abweichen werden. Diese könnte so lauten: Jede volle Stunde eine fünf- bis zehnminütige Pause, den Prüfungsraum verlassen (man muss sich bei der Aufsicht austragen), etwas essen und trinken. Zucker ist in diesem Fall kein Nachteil. Im Testraum darf nicht gegessen und getrunken werden.

- Es ist hilfreich, alle Formeln zunächst (aber erst nach der Einweisung in das Testprogramm, denn vorher ist Schreiben nicht erlaubt) vorsorglich auf das bereitgestellte Konzeptpapier zu schreiben – dann brauchen Sie später nicht mehr zu überlegen, wie genau die Formel für den EAC lautet.

- Apropos bereitgestelltes Konzeptpapier: Sie dürfen nichts, aber auch gar nichts in den Prüfungsraum mitnehmen oder wieder herausbringen.

- Bearbeiten Sie Frage für Frage und lesen Sie die Fragen aufmerksam. Seien Sie auf lange Fragetexte gefasst. Manchmal muss man sich erst einmal die Frage stellen, wonach denn eigentlich gefragt wird.

- Seien Sie auch auf Fragen gefasst, die nach den Eingangs- und Ausgangswerten der Prozesse fragen. Sie müssen verstanden haben, welcher Prozess einen anderen »beliefert«.

- Sie können Fragen markieren und später in einer Gesamtschau die markierten Fragen einsehen und nochmals bearbeiten.

- Lassen Sie niemals eine Frage unbeantwortet! Wenn Sie unsicher sind, wählen Sie die Ihnen am schlüssigsten erscheinende Antwort, markieren Sie sie, um ggf. im Rückblick darauf zurückzukommen, und widmen Sie sich der nächsten Frage. Immerhin haben Sie eine 25-Prozent-Chance auf eine richtige Antwort. Sollte die Zeit zum Ende hin knapp werden, werden Sie dankbar sein, auch die Fragen, auf die Sie nicht eindeutig richtig antworten konnten, zumindest bestmöglich beantwortet zu haben.

- Haben Sie alle Fragen beantwortet und das Gefühl, dass jede weitere Überarbeitung Ihrer Fragen die Sache insgesamt nur verschlimmert, können Sie das Prüfungsende selbst herbeiführen. Sofern Sie das Vier-Stunden-Zeitlimit überschreiten, wird Ihnen die Entscheidung von der Computersoftware abgenommen.

Umgehend nach der Prüfung teilt Ihnen der Testrechner das Ergebnis mit. Testkandidaten, die an einem Paper&Pencil-Test teilnehmen, müssen sich bis zur offiziellen Stellungnahme von PMI gedulden. Diese erfolgt in der Regel nach sechs Wochen und schriftlich.

1.2.5 Während der Prüfung

Noch ein paar Worte zum Aufbau des eigentlichen Kernstücks der Prüfung, dem Test am Computer.

Die Prüfung selbst besteht aus Multiple-Choice-Fragen mit jeweils vier Antwortmöglichkeiten, wovon immer nur genau eine richtig ist! Es gibt keine Mehrfachantworten.

Insgesamt 200 Fragen sind in vier Stunden zu beantworten, also 200 Fragen in 240 Minuten oder eine Frage in dezimal 1,2 Minuten. Lassen Sie sich das bewusst werden. Pro Frage haben Sie also ein bisschen mehr als eine Minute Zeit. Das hört sich schon ziemlich knapp an – die eigentliche Herausforderung ist aber, dass es vier Stunden lang knapp ist ...

Der Fragenpool beinhaltet 25 nicht gekennzeichnete Testfragen, die für spätere Versionen des Examens wertvolle Hinweise an PMI geben. Das Resultat der Beantwortung dieser Fragen wird nicht gezählt. Das ist die gute Nachricht. Die schlechte: Sie wissen nicht, welches die Testfragen sind ...

Von PMI gibt es zurzeit *keine* offizielle Angabe zu einer Bestehensquote. Allerdings hatte PMI 2005 ein Dokument veröffentlicht, bei dem die Aussage getroffen wurde, dass von den 175 Fragen (also 200 abzüglich der 25 Testfragen) 106 Fragen richtig beantwortet werden müssen. Diese Aussage ist aber nicht mehr verifizierbar! Wir schätzen, dass der Schwellenwert irgendwo zwischen 60 Prozent und 70 Prozent liegt.

1.3 Die Prüfungsfragen

1.3.1 Drei beispielhafte Fragetypen

Die 200 Fragen im PMP-Examen folgen Auflagen, die das PMI selbst erhalten hat. Diese Auflagen entstammen der Dachorganisation der zertifizierenden Organisationen in Nordamerika, die für ihre Mitglieder faire, vergleichbare und neutral bewertbare Zertifizierungsstrukturen vorgibt.

Daher lassen sich im Examen drei grundlegende Fragetypen definieren:

Einfache Fragen

So eine Frage könnte so aussehen:

Der Projektmanagementplan ...

1. *stellt das Erreichen der Kostenziele des Projekts sicher.*
2. *stellt das Erreichen der Terminziele des Projekts sicher.*
3. *verbessert die Kommunikation innerhalb des Projektteams.*
4. *dokumentiert die wesentlichen zu berücksichtigenden technischen Alternativen.*

Wir merken uns grundsätzlich, dass im Projektmanagement gar nichts garantiert oder sichergestellt werden kann. Ein Projekt ist einmalig und hat jede Menge Unsicherheiten. Deswegen kommen die Antworten 1 und 2 nicht infrage. Außerdem wäre es schön, wenn man seine Kosten- und Terminziele so einfach erreichen könnte ...

Die Antwort 3 hört sich nicht schlecht an.

Die Antwort 4 kann es ebenfalls nicht sein, weil im Projektmanagementplan in erster Linie die Projektmanagementaspekte zusammengefasst sind und keine Dokumentation der Produktalternativen (vgl. Prozess 4.2. im PMBOK Guide).

Somit ist die richtige Antwort die 3.

Textreiche Fragen

Es besteht seit einiger Zeit ein Trend, den Text vieler Fragen voluminöser werden zu lassen. Das kostet Zeit zum Durchlesen, Verstehen und Analysieren. Gehen Sie davon aus, dass ca. 80% aller Fragen textreich sind.

Eine derartige Frage könnte so aussehen:

Sie übernehmen ein Projekt ungefähr zur Hälfte seiner zweijährigen Laufzeit. Das Team besteht aus insgesamt 56 Mitarbeiten, mit z. T. externen Mitarbeitern mehrerer Unternehmensberatungen. Es geht um ein Teilprojekt im Rahmen einer Entwicklung eines energieeffizienten Flugzeugtriebwerks. Das Team kommt aus vier Ländern mit zwei kleineren und zwei größeren Standorten. Es gilt herauszufinden, wie diese Einheiten zusammenarbeiten, welche Technologie verwendet wird und wie sich dieses Team überhaupt in der Abstimmung zu den verschiedenen Arbeitspaketen organisiert hat. Wo würden Sie diese Informationen am ehesten suchen (und finden)?

1. Im Kommunikationsmanagementplan

2. In der Kommunikationsanalyse

3. Im letzten Kapitel der Kommunikationsrichtlinie des Projekts

4. In der Kommunikationsmatrix

Diese Frage ist ein Beispiel für die voluminöse Version, die auch nur eine Definitionsabfrage ist. Aber es wird ein Szenario geschildert, das Zeit zum Lesen kostet. Übrigens: Die richtige Antwort ist, per Definition des PMBOK Guide, Antwort Nr. 1 »Im Kommunikationsmanagementplan«.

In der Tat berichten Teilnehmer oft von Zeitproblemen. Die richtige Strategie kann da nur sein, die »sicheren Bänke auch sicher zu machen«. Also in allen Definitionen, Formeln und Grundlagen fit zu sein und durch die Beantwortung von entsprechenden Probefragen an die Fragestellung gewöhnt zu werden.

Fragen nach der besten Möglichkeit

Als letztes Beispiel sei die wohl schwierigste Frageform im Examen genannt. Es handelt sich hierbei um ein Szenario, das nicht eine Definition abfragt (wie das 1. und 2. Beispiel oben), sondern das ein Szenario schildert und dann nach der besten Möglichkeit fragt oder nach: »Was machen Sie als Nächstes?«

Das Trickreiche dieser Fragen liegt darin, dass die vier Antwortmöglichkeiten sehr dicht beieinanderliegen. Irgendwie sind alle ein bisschen richtig. Diese Fragen sind diejenigen, die angehende PMPs in der Prüfung zur Verzweiflung bringen und die auch subjektiv ein ständiges Gefühl des »Ratens« verursachen.

Und – diese Fragen sind ebenfalls textreich und machen dadurch das Ganze nicht einfacher.

Ein Beispiel könnte so aussehen:

Für das SAP-Migrationsprojekt liegt ein ausgefeilter Kommunikationsmanagementplan vor, der auf Basis einer Stakeholder-Analyse entstand und der für die Mitglieder des Projektteams jederzeit auf einem Projektlaufwerk zugänglich ist. Eine neue Ver-

1

sion des Risikomanagementplans (RMP) wird gemäß Kommunikationsplan an die relevanten Stakeholder verteilt. Während der Mittagspause werden Sie als verantwortlicher Projektleiter von einem Abteilungsleiter – ein wichtiger Stakeholder – angesprochen, dass dieser die neue Version nicht erhalten habe. Nur rein zufällig habe er einen Blick während eines anderen Meetings in das Papier werfen können. Schlimmer noch, er ist mit der dort neu getroffenen Budgetierungsregelung für quantitativ analysierte Risiken nicht einverstanden. Was würden Sie als Nächstes tun?

1. *Sie notieren sich den Fauxpas in Ihrem Zeitplaner und werden dieses Gespräch nicht vergessen. Der fehlende RMP wird nachgeschickt.*

2. *Dieser Sachverhalt muss auf die Agenda des nächsten Steuerkreises – womöglich haben wir noch jemanden vergessen und nicht informiert.*

3. *Das darf nicht noch einmal vorkommen. Die Abteilungsleiter erhalten künftig jede Projektkommunikation in CC oder BCC.*

4. *Der Kommunikationsmanagementplan hat offensichtlich eine Lücke. Diese gilt es zu finden, zu schließen und eine neue Version zu erstellen.*

Eine zugegebenermaßen noch leichtere Variante. Aber beachten Sie auch hier das Textvolumen, außerdem sind die Antworten differenzierter zu sehen.

Antwort 1: Eigentlich gar nicht schlecht, aber private Notizen werden das Problem wahrscheinlich nicht nachhaltig lösen. »Mein Zeitplaner« ist der falsche Ort, meinem Kollegen kann das gleiche Missgeschick wieder passieren.

Antwort 2: Der Steuerkreis wird sich (hoffentlich) bedanken, wenn operationale Fehler zum Tagesordnungspunkt einer Steuerkreissitzung erhoben werden. Das ist alleine Sache des Projektleiters, er trägt die Verantwortung.

Antwort 3: Hier ist die nächste Dankesrunde zu erwarten, wenn die Abteilungsleiter jede Projektkommunikation in Kopie erhalten. Nennt sich Spam und Melden macht nicht frei ...

Antwort 4: Die einzig sinnvolle Antwort ...

1.3.2 Weitere Übungsfragen

Als Käufer dieses Buchs haben Sie Zugang zu einem Fragepool von aktuellen Prüfungsfragen aus allen neun Wissensgebieten und dem Rahmenwerk. Diese Fragen finden sich im Internet auf der Internetseite *www.wuttke.team/ pmp-examen-das-buch*.

1.4   Zusammenspiel mit dem PMBOK Guide

Dieses Ihnen vorliegende Buch orientiert sich an den Wissensgebieten des PMBOK Guide und oft wird das PMP-Examen mit einer Prüfung auf den PMBOK Guide gleichgesetzt.

Das ist aber nicht der Fall. Originalton PMI: »Der PMBOK Guide ist nur eine von mehreren Quellen, aus denen sich die Prüfungsfragen rekrutieren.« Zugegeben, es ist die wichtigste Quelle, aber eben nur eine von mehreren.

PMP Examination Content Outline

Ein kleines auf der Webseite von PMI herunterladbares Dokument heißt »PMP Examination Content Outline« und enthält die offizielle Zusammenstellung der Prüfungsinhalte für die PMP-Zertifizierung. Dort wird, gegliedert in fünf sogenannte »Performance Domains«, beschrieben, welche Fähigkeiten und Kenntnisse ein Projektmanager haben sollte.

Die »Performance Domains«: Initiieren des Projekts, Planen des Projekts, Ausführen des Projekts, Überwachen und Steuern des Projekts und Abschließen des Projekts ähneln dabei begrifflich den Prozessgruppen des PMBOK Guide, die wir später noch erläutern.

Die Bezeichnungen der Performance Domains und Prozessgruppen sind ähnlich, die Inhalte auch, sie sind aber nicht deckungsgleich!

Es gibt Anforderungen in den Performance Domains, die direkt durch PMBOK-Guide-Inhalte abgedeckt werden. So gibt es in der Performance Domain »Planung« zum Beispiel die Anforderung, dass ein Projektleiter mit seinem Team einen Projektstrukturplan erstellen soll. Wie er das tun soll, beschreibt dann der PMBOK Guide, nämlich in Kapitel 5.4., »Projektstrukturplan (PSP) erstellen«. Theoretisch könnte dies aber auch an anderer Stelle beschrieben sein.

Unser Fazit ist, dass die »PMP Examination Content Outline« auf hoher Ebene einen Überblick über die Anforderungen an einen Projektmanager gibt. Die Lektüre ist sicherlich interessant, aber der PMBOK Guide bleibt das zentrale Element zur Vorbereitung auf die Prüfung, auch wenn es einige Inhalte gibt, die nicht im PMBOK Guide stehen. Aber dafür haben Sie ja dieses Buch.

Die Struktur und die Kapitelaufteilung dieses Buches folgen ab Kapitel 3 der Kapitelstruktur des PMBOK Guide.

Brauche ich noch zusätzlich einen PMBOK Guide?

Wir würden sagen: Ja. Dieses Buch ist keine Kopie des PMBOK Guide, sondern fasst die Themen zusammen, betont wichtige Elemente und setzt Schwerpunkte für das Lernen und die Prüfungsvorbereitung. Andere Bücher und Werke zur Prüfungsvorbereitung sind umfangreicher – weil sie viele Passagen aus dem PMBOK Guide kopiert haben. Wir haben uns bewusst gegen diesen Ansatz entschieden.

Es gibt auch eine Reihe von Fragen im Examen, die sich mit Struktur, Aufbau und den Prozesselementen des PMBOK Guide befassen. Schon von daher ist es keine schlechte Idee, dieses Buch einmal näher betrachtet zu haben.

Und außerdem möchten Sie den PMBOK Guide nach der Prüfung bestimmt noch als Referenzwerk in der täglichen Projektroutine verwenden.

Bekomme ich den PMBOK Guide kostenlos?

Im Prinzip Ja. Natürlich können Sie das Buch auch im Buchhandel erwerben. Das kostet Sie allerdings nochmals ca. 70 Euro. Wer sich allerdings als PMI-Mitglied zur Prüfung anmeldet, spart nicht nur den kompletten Mitgliedsbeitrag im ersten Jahr, sondern hat auch Zugang zu allen Standards und Werken von PMI selbst. Kostenlos, und zwar als sogenanntes »Member-Benefit«.

Den PMBOK Guide gibt es dann als PDF-Dokument zum Download, auch in allen übersetzten Versionen.

1.5   PMI-Weisheiten

Man könnte diesen Abschnitt auch »Was PMI gerne hören möchte« nennen. Wir wollen bewusst machen, dass das PMP-Examen von einer globalen Mentalität geprägt ist. Beantwortet man gerade die »weichen« Fragen nur vor dem Hintergrund der eigenen, zentraleuropäischen Kultur, liegt man damit nicht immer richtig. Die unten dargestellten Tendenzen haben wir »humorig« und etwas überspitzt dargestellt. Sie sollten Sie dennoch dazu anregen, die Ansatzpunkte zu erkennen und Ihre eigene Projekterfahrung in Beziehung zu den

Sichtweisen des PMI zu stellen, um Unterschiede aufzudecken und darauf reagieren zu können. Welche Tendenzen sind also zu erkennen?

- Bedenken Sie zunächst, dass das PMI ein Berufsverband der Projektmanager ist. Daher sind Projektmanager immer wichtig, wertvoll, verantwortungsbewusst und unabdingbar (stimmt ja auch).

- Ein Projektmanager ist immer für alle drei Seiten des magischen Dreiecks Kosten, Termine sowie Inhalt und Umfang verantwortlich.

- Dem Stakeholder-Konzept gebührt höchste Aufmerksamkeit, sind es doch die Stakeholder, die unser Projekt beeinflussen oder beeinflussen können. Der Auftraggeber (oder auch Sponsor) ist für den Projektleiter die »letzte Instanz« und daher sehr bedeutsam. Bitte verwechseln Sie in diesem Zusammenhang nicht den (internen) Auftraggeber mit einem juristischen externen Auftraggeber. Selbst wenn Sie in Projekten tätig sind, die im Kundenauftrag durchgeführt werden, so ist Ihr Auftraggeber (»Sponsor«) in der Regel nicht der Endkunde, sondern die Geschäftsführung bzw. die Linienabteilung in Ihrem Hause.

- Der Projektleiter führt sein Team kollegial, aber er hat dennoch die finale Verantwortung für das Projekt an sich. Der Projektauftraggeber hat die Verantwortung für den Projektauftrag und den Business Case.

- Mit dem letzten Hinweis kommen wir noch einmal auf die kulturelle Ebene zurück. PMI und damit auch die PMP-Fragen sind noch immer US-lastig. Viele Fragen in Richtung »Miteinander im Projekt«, »Kooperation«, »Verantwortung« und »Führung« sind von einem angelsächsischen Managementverständnis geprägt – was hier nicht falsch verstanden werden darf oder gar abwertend gemeint ist. Nein, es muss nur klar sein, dass es möglicherweise unterschiedliche Sichtweisen auf die oben genannten Dimensionen der Zusammenarbeit gibt. Wer als »zentraleuropäischer« Projektleiter seit 20 Jahren im gleichen mittelständischen Betrieb beschäftigt ist und bisher wenig internationale Kontakte gepflegt hat, sollte sich im Vorfeld (zusätzlich!) mit den Unterschieden der einschlägigen Projektlandschaften auseinandersetzen.

1.6   PMP – und dann?

Abschließen wollen wir die Einleitung mit einem Ausblick auf den Moment, in dem Sie die begehrte Trophäe in den Händen halten.

Der PMP wird für einen Zeitraum von drei Jahren erteilt, danach erfolgt eine Erneuerung des Zertifikats. Erneuerung bedeutet in diesem Zusammenhang nicht, dass die Prüfung nochmals zu absolvieren ist und wieder 200 Fragen zu beantworten sind. Vielmehr heißt es, sich zwischenzeitlich auf dem Gebiet des Projektmanagements fortzubilden.

Was bedeutet das konkret? Das bedeutet: Sie müssen 60 Stunden Weiterbildung nachweisen! Umgerechnet sind das 20 Stunden pro Jahr oder etwa zwei Stunden pro Monat. Nicht zu viel verlangt, aber hier ist es wie immer im Leben. Dokumentieren Sie Ihre Projekterfahrung laufend und entscheiden Sie sich nicht zu spät für eine Erneuerung. Denn wenn Sie nach dem Ablauf von drei Jahren merken, dass Ihnen die Nachweise fehlen, kann die Zeit schnell knapp werden.

Alle zur Rezertifizierung benötigten Informationen erhalten Sie zusammen mit Ihrem Zertifikat von PMI oder auf der Webseite *www.pmi.org*.

2 Ethik und Maßstäbe für professionelles Verhalten

Neben den zehn Wissensgebieten des PMBOK Guide gibt es in der PMP-Prüfung noch zwei weitere Themenschwerpunkte, die abgefragt werden: »Ethik und Maßstäbe für professionelles Verhalten« und der Projektmanagementrahmen (siehe nächstes Kapitel).

PMI hat sich schon früh mit Ethikrichtlinien befasst. Bereits 1981 hat das damalige Board of Directors eine entsprechende Arbeitsgruppe ins Leben gerufen. Die Skandale um die Jahrtausendwende haben in vielen Industriezweigen den Ruf nach besserer Unternehmensführung (»Good Governance«) laut werden lassen, was sich teilweise auch in Gesetzen niederschlug. Good Governance in Projekten ist davon nicht befreit und muss ein integraler Bestandteil des Selbstverständnisses von Projektmanagern werden.

Seit dem 1. Januar 2007 ist der Verhaltenskodex sowohl für PMI-Mitglieder, Inhaber eines Zertifikats, Personen, die den Zertifizierungsprozess durchlaufen, als auch für Freiwillige im Umfeld des PMI verbindlich.

Im Original heißt dieses Dokument »PMI's Code of Ethics and Professional Conduct« und findet sich in vollem Wortlaut auf der PMI-Webseite auch in einer deutschen Übersetzung. Der Link (Stand Herbst 2016) lautet *http://www.pmi.org/About-Us/Ethics/Code-of-Ethics.aspx*.

Wir haben oft erlebt, dass man sich im ersten Reflex amüsiert über den Aspekt gezeigt hat, dass Ethikthemen als Teil des PMP-Examens auftauchen. Nun, wenn man bedenkt, dass Projektleiter z.T. Budgets verwalten, von denen so mancher Mittelständler als Jahresumsatz nur träumen kann, wird klar, dass Leitlinien für professionelles Verhalten sinnvoll und unabdingbar sind.

Der Zweck des Ethikkodex von PMI liegt darin, das Vertrauen in das Berufsbild des Projektmanagers zu fördern und dem Projektleiter zu helfen, ein »besserer Vertreter dieses Berufsstandes zu sein«.

2

Die gegenwärtige und aktuelle Version des Kodex entstand auch unter aktiver Mitarbeit eines der Autoren dieses Buches. Wir können Ihnen aus sozusagen »erster Hand« versichern, dass sich die internationale Autorengruppe intensiv mit dem Thema Ethik auseinandergesetzt, viele andere Kodizes studiert und ein Produkt geschaffen hat, das auch dem mitteleuropäischen Werteansatz entspricht. Dies nur am Rande, weil wir ebenfalls viele Prüfungsvorbereiter bereits sagen hörten: »Typisch amerikanisch.«

Falsch.

2.1 Übersicht der Domänen

Als begleitende Hausaufgabe zu diesem Abschnitt möchten wir Sie bitten, den »Code of Ethics« unter der oben angegebenen Webadresse entweder in Deutsch oder Englisch mindestens einmal im Original zu lesen. Am besten nach Durcharbeiten dieses Kapitels. Bei der Anmeldung zur Prüfung verpflichten Sie sich nämlich, die dort beschriebenen Regularien einzuhalten sowie auch die Einhaltung durch andere zu unterstützen.

Der Kodex ist in vier Domänen unterteilt. Diese lauten:

1. Verantwortlichkeit
2. Respekt
3. Fairness
4. Ehrlichkeit

Diese vier Domänen haben eine jeweils zweigeteilte Botschaft:

1. Eine Liste **erstrebenswerter Standards**, sprich Verhaltensweisen, die dem Projektpersonal als Leitlinie des täglichen Handelns dienen
2. Eine Liste **obligatorischer Standards**, die nicht zu diskutieren sind und deren Verletzung für jemanden, der den Kodex unterschrieben hat, disziplinarische Folgen haben kann

Erstrebenswertes Verhalten bezieht sich auf Verhaltensweisen, die wir als Berufsvertreter achten, die aber auch meist nicht leicht zu quantifizieren sind. Dennoch ist unser Verhalten nach diesen erstrebenswerten Standards eine Erwartung, die für uns – als Berufsvertreter – bindend ist (!). Ja, wir wissen, dieser Satz lässt Sie die Stirne runzeln. Im Klartext heißt das, dass erstrebenswerte Standards nicht ganz so freiwillig sind, wie sie beschrieben wurden, und dass das betreffende Projektpersonal immer und überall bemüht sein soll, diese Standards einzuhalten (wenn Sie Ihrer elfjährigen Tochter sagen, sie möge bitte, wenn möglich, ihr Zimmer aufräumen, dann ist das auch erstrebenswert und gleichzeitig bindend ...).

Obligatorische Standards legen dagegen verbindliche Anforderungen fest, die in manchen Fällen auch ein Handeln verbieten können und deren Missachtung mit Disziplinarmaßnahmen seitens PMI belegt werden können. Hierzu unterhält PMI ein permanentes Komitee, das entsprechende Meldungen und Anzeigen aufnimmt und nachverfolgt.

Für die PMP-Prüfung sind die Fragen nach den obligatorischen Standards eher einfach. Würden Sie jemanden wegen seiner Hautfarbe diskriminieren? Würden Sie Geld eines Lieferanten annehmen, weil der sich davon einen besseren Zugang zu Ihrem Projekt erhofft? Sie sehen, obligatorische Standards sind nicht selten sowieso verboten, nicht nur wegen der PMI-Ethikrichtlinien.

Das war die gute Nachricht, nun die schlechte: Ein Großteil der Ethikfragen im PMP-Examen sind Fragen nach dem erstrebenswerten Verhalten (Sie wissen ja: »freiwillig verbindlich«) und daher etwas kniffliger.

Außerdem wurden mit Umstellung des Examens im September 2011 die Ethikfragen in die Wissensgebiete integriert. Davor war es relativ einfach: Die letzten 18 Fragen des Examens waren die Ethikfragen. Nun vermischen sich die Ethikfragen mit dem jeweiligen Wissensgebiet.

Verantwortlichkeit

Zur Verantwortlichkeit gehört das Verantwortungsbewusstsein für die von uns getroffenen Entscheidungen. Wir wissen, was wir tun. Wir übernehmen für unser Tun auch die Verantwortung.

■ **Erstrebenswert** ist, ...

... bei unseren Entscheidungen nur das Beste für Gesellschaft, Sicherheit und Umwelt im Sinn zu haben;

... nur Aufgaben anzunehmen, die wir auch bewältigen können und für die wir qualifiziert sind;

... unser Wort zu halten;

... Fehler einzugestehen und die Folgen zu tragen;

... urheberrechtliche Informationen zu schützen (in einem unserer Seminare kam ein Teilnehmer mit einer fotokopierten Version dieses Buches und hatte ein paar Fragen. Wir hatten auch ein paar Fragen ...).

■ **Obligatorisch** ist, ...

... sich an Gesetze, Vorschriften, Regeln und Bestimmungen zu halten;

... unethisches und illegales Verhalten an PMI zu melden;

... Verhalten nur zu melden, wenn Beweise vorliegen, und nicht missbräuchlich zu denunzieren;

... auch Personen zu melden, die aufgrund einer Ethikanzeige Vergeltungsmaßnahmen ausüben.

Respekt

Dazu gehört, uns selbst (!) und andere mit Würde zu behandeln. Respekt erzeugt Vertrauen, Zuversicht und ist der Quell herausragender Leistungen. Unterschiedliche Perspektiven und Ansichten werden geschätzt und unterstützt.

■ **Erstrebenswert** ist, ...

... sich zuerst über Normen und Gebräuche anderer zu informieren;

... ein offenes Ohr für andere Ansichten zu haben und diese zumindest versuchen zu verstehen;

... direkt auf denjenigen zuzugehen, mit dem wir evtl. nicht einer Meinung sind;

... sich immer professionell zu verhalten – auch wenn es nicht erwidert wird.

■ **Obligatorisch** ist, ...

... Verhandlungen in gutem Glauben durchzuführen (Achtung, hier können sich Fragen im Examen in eine Richtung bewegen, die man im ersten Moment als »treudoof« bezeichnen würde. Im zweiten Moment macht diese Haltung vieles einfacher.);

... nicht seine Macht zu missbrauchen und sich nicht persönlich zu bereichern;

... anderen gegenüber kein ausfallendes Verhalten an den Tag zu legen;

... die Eigentumsrechte Dritter zu respektieren.

Fairness

Fairness ist unsere Pflicht. Bei Entscheidungsfindungen und Handlungen gehen wir unvoreingenommen und objektiv vor. Wir sind nicht von Eigennutz, Vorurteilen oder Begünstigungen beeinflusst.

▫ **Erstrebenswert** ist, ...

... Entscheidungen und Entscheidungsfindung transparent zu halten;

... ständig unsere Unvoreingenommenheit und Objektivität zu prüfen und ggf. zu kalibrieren (unter diesen Punkt fällt das gesamte Kapitel »Interessenskonflikte«);

... gleichen Informationszugang für alle zu bieten;

... allen qualifizierten Kandidaten die gleichen Chancen zu geben.

▫ **Obligatorisch** ist, ...

... Interessenskonflikte offenzulegen;

... sich neutral zu verhalten, wenn wir Teil eines Interessenskonflikts sind;

... keinerlei Vetternwirtschaft, Bestechung und Bevorzugung auszuüben;

... keinerlei Diskriminierung (nach Geschlecht, Rasse, Alter, Religion, Behinderung, Staatsangehörigkeit und sexueller Orientierung) vorzunehmen;

... Regeln einzuhalten (auch die des PMI!).

Ehrlichkeit

Zur Ehrlichkeit gehört, die Wahrheit zu verstehen und wahrheitsgetreu zu handeln.

▫ **Erstrebenswert** ist, ...

... sich aufrichtig darum zu bemühen, die Wahrheit zu verstehen;

... wahrheitsgemäß zu kommunizieren;

... Informationen unverfälscht und zeitnah zur Verfügung zu stellen;

... Verpflichtungen und Versprechen in gutem Glauben abzugeben;

... eine Atmosphäre zu schaffen, in der andere sich sicher fühlen.

- **Obligatorisch** ist, ...

... keinerlei Verhaltensweisen zu dulden, die täuschen, falsche Angaben machen, Informationen aus dem Kontext nehmen und damit irreführend darstellen;

... uns nicht unehrlich auf Kosten anderer zu bereichern.

Wie bereits oben erwähnt: Nehmen Sie sich die Zeit und lesen Sie den kompletten Kodex durch. Wir sind der Meinung, dass dieser Kodex mehr Aufmerksamkeit verdient hat, als nur für die Prüfung gelernt zu werden.

Und wenn Sie sich sagen hören: Schöne heile Welt, aber die Realität sieht doch ganz anders aus, dann überlegen Sie bitte, ob die Realität nicht auch wegen Ihres Verhaltens anders aussieht und ob Sie nicht einen kleinen Teil dazu beitragen können, diese (Projekt-)Welt besser zu machen. Letztendlich verpflichten Sie sich dazu ...

3 Grundstrukturen im Projekt-management

Dieses Kapitel beschreibt die Umgebung und den Kontext, in den sich das Projekt, das Projektteam und dessen Aktivitäten einordnen. Beschrieben werden grundlegende Aspekte des Projektmanagements, die das Fundament für das Verständnis anderer Wissensbereiche bilden. Sie erhalten Informationen über Schlüsselaspekte wie z.B. Projektphasen und den Projektlebenszyklus, über Projektstakeholder und organisatorische Einflüsse.

Dieses Kapitel entspricht den Kapiteln 1, 2 und 3 im PMBOK Guide. Wir fassen also drei Kapitel des PMBOK Guide zu einem Kapitel in diesem Buch zusammen.

Arbeiten Sie dieses Kapitel sehr sorgfältig durch, denn hier werden Grundlagen vermittelt, die für das Verständnis aller weiteren Kapitel benötigt werden. Das im Folgenden dargestellte Prozessgruppenmodell sieht trivial aus. Aber die Verknüpfung der Konzepte *Prozessgruppen* und *Lebenszyklen* ist für die meisten Projektmanager ein neuer Ansatz, der in dieser Form noch nicht überall Einzug in die gängige deutschsprachige Projektmanagementliteratur gefunden hat bzw. in der Praxis thematisiert wird.

3.1 Grundsätzliche Überlegungen

3.1.1 Was ist überhaupt ein Projekt?

Kennzeichen eines Projekts

Die Beschreibung eines Projekts ist am ehesten anhand seiner charakteristischen Eigenschaften möglich. Der PMBOK Guide definiert (in Abschnitt 1.2) ein Projekt als ein

> ... *zeitlich begrenztes Vorhaben mit dem Ziel, ein einmaliges Produkt, eine einmalige Dienstleistung oder ein einmaliges Ergebnis zu schaffen.*

Zeitlich begrenzt ist das Projekt, da es einen eindeutigen Anfang und ein eindeutiges Ende hat, und es ist einmalig, da sich das Produkt oder die Dienstleistung von allen ähnlichen Produkten oder Dienstleistungen unterscheidet. Zusammenfassend hat ein Projekt damit folgende Charakteristika:

- **Einmalig** (Ergebnis ist ein einmaliges Produkt/eine einmalige Dienstleistung.)
- **Anfang und Ende** (Die Unternehmung ist zeitlich begrenzt.)
- **Ergebnis** (Erzeugung von einem oder mehreren Liefergegenständen.)

Insbesondere durch die Kriterien *zeitlich begrenzt* und *einmalig* lässt sich die Projektarbeit vom operativen Tagesgeschäft abgrenzen, denn das Tagesgeschäft ist im Gegensatz zum Projekt fortlaufend und wiederholend und besitzt auch entsprechende Prozesse, die die Wiederholbarkeit absichern. Es ist die Einmaligkeit eines Projekts, die eigentlich erst einen Projektleiter rechtfertigt.

Der Dreizwang

Auch wenn in der Definition des Projekts »nur« steht, dass das Projekt ein einmaliges Ergebnis erschaffen soll, haben Projekte in einer Organisation drei Komponenten, die der Projektleiter im Blick haben muss: Inhalt und Umfang, Kosten und Termine. Deren Zusammenwirken entscheidet über die Qualität des Projekts und des Projektprodukts und damit darüber, ob die Erwartungen der Stakeholder erfüllt werden (siehe Abbildung 3.1).

Abbildung 3.1: Das magische Dreieck

Als Dreizwang (Triple Constraint) oder auch als »magisches Dreieck« bzw. »Gut-Schnell-Günstig-Dreieck« bezeichnet man eine verknüpfte Darstellung dieser drei Bälle, mit denen ein Projektleiter ständig jonglieren muss. Die Kernaussagen des magischen Dreiecks sind:

1. Immer wenn eine Seite des Dreiecks eine Änderung erfährt, ergeben sich daraus Auswirkungen auf mindestens eine der beiden anderen Seiten.

2. Zielvorgaben können für zwei Seiten festgelegt werden (z.B. Kosten sowie Inhalt und Umfang). Die dritte Seite (hier Termine) wird von diesen Vorgaben bestimmt.

Frage

Überlegen Sie, was passiert, wenn seitens der Unternehmensleitung das Budget für das Projekt um zehn Prozent gekürzt wird.

3

Antwort

Wenn weniger Budget zur Verfügung steht, kann beispielsweise nicht der gesamte geplante Inhalt und Umfang realisiert werden. Eine Folge könnte auch der Einsatz von niedriger bezahltem Personal sein, das mit hoher Wahrscheinlichkeit schlechter ausgebildet ist. Mögliche Konsequenzen können eine verzögerte Fertigstellung und verringerte Qualität sein.

Projekte in Organisationen

Projekte können auf allen Organisationsebenen eines Unternehmens durchgeführt werden. Grundsätzlich kann ein Projekt von einer Einzelperson durchgeführt werden, in der Regel ist aber eine Gruppe von Personen aus einer einzelnen Organisationseinheit oder aus mehreren Organisationseinheiten von einer oder mehreren Organisationen beteiligt.

Projekte bewirken Veränderungen im Unternehmen bzw. in Organisationen. Sie sollten sich für die Prüfung merken, dass PMI zu diesem Thema ein separates Dokument veröffentlicht hat »Managing Change in Organizations: A Practice Guide«. Kurz zusammengefasst lässt sich sagen, dass sich eine Organisation vor dem Start eines Projekts in einem Zustand (dem Ist-Zustand) befunden hat und dass sich die Organisation durch das Projekt verändert und damit einen neuen Zustand erreicht, den zukünftigen Zustand.

Projekte werden nicht zum Selbstzweck durchgeführt, sondern in der Regel wollen Unternehmen damit **geschäftlichen Wert** erzeugen. Dieser Wert ist definiert als »quantifizierbarer Nettonutzen, der aus einem Geschäftsvorhaben abgeleitet wird. Der Vorteil kann materiell, immateriell oder beides sein«. Und auch hier können Sie die Details in einem Leitfaden von PMI nachlesen, im »**Business Analysis for Practitioners: A Practice Guide**«.

Projekte sollen also Nutzen erzeugen, dieser ist nicht immer in Geldeinheiten messbar, sondern kann grundsätzlich in einer oder mehreren der vier folgenden Kategorien angesiedelt sein:

1. Erfüllung von externen Anforderungen, z.B. gesetzlicher oder anderer regulatorischer Vorgaben

2. Erfüllung der Anforderungen oder Bedürfnisse von Stakeholdern

3. Realisierung geschäftlicher oder technologischer Strategien

4. Erzeugung, Verbesserung oder Reparatur von Produkten, Prozessen oder Dienstleistungen.

3.1.2 Was ist Projektmanagement?

Der PMBOK Guide definiert Projektmanagement als

> *das Anwenden von Wissen, Fähigkeiten, Werkzeugen und Methoden auf Vorgänge des Projekts, damit die Anforderungen des Projekts erfüllt werden.*

Projekte können nur den im vorherigen Abschnitt erläuterten geschäftlichen Wert erzeugen, wenn sie adäquat gemanagt werden. Nur dann wird es gelingen, die gesetzten Ziele zu erreichen und die Anforderungen und Erwartungen der Stakeholder zu erfüllen. Das Bestreben des Projektleiters und damit das Projektmanagement sollte auf die Erfüllung der Wünsche von Stakeholdern gerichtet sein, eine starke Stakeholderorientierung und -ausrichtung ist eine der wichtigen Grundkonzepte des PMBOK Guide, die wir weiter unten behandeln.

Zu einem guten Projektmanagement gehört ebenso, rechtzeitig und angemessen auf Risiken zu reagieren und zu erkennen, dass es evtl. besser ist, ein Projekt vorzeitig zu beenden. Mangelhaftes Projektmanagement hat meistens zur Folge, dass die Projektziele nicht bzw. nicht vollständig erreicht werden, Termine und Kosten überschritten werden und einige oder alle Stakeholder unzufrieden sind.

Die Projektanforderungen werden von den Stakeholdern bestimmt. Gedanklich zu ergänzen ist hier daher die Bedeutung der Stakeholder.

3.1.3 Beziehungen zwischen Projekt-, Programm-, Portfolio- und Betriebsmanagement

Oft haben Projekte Beziehungen zu anderen Vorhaben in der Organisation. Grundsätzlich lassen sich drei Szenarien unterscheiden:

- Das Projekt wird eigenständig durchgeführt.
- Das Projekt wird im Rahmen eines Programms durchgeführt.
- Das Projekt wird im Rahmen eines Portfolios durchgeführt.

Das Managen aller drei Komponenten: Portfolio-, Programm- und Projektmanagement bezeichnet man als **»Projektmanagement in Organisationen (Organizational Project Management, OPM)«**. Dabei fokussiert sich das Portfoliomanagement auf die Durchführung der richtigen Programme und Projekte und das Projekt- und Programmmanagement auf die richtige Durchführung von Projekten und Programmen.

3

Programmmanagement

Betrachten wir zunächst einmal den Begriff. Er wird im deutschen Sprachraum nicht einheitlich verwendet. Im angelsächsischen Sprachgebrauch ist ein »program« eine Gruppe ähnlicher Projekte, die einer gemeinsamen Zielsetzung unterstehen und deren Nutzen »größer ist als die Summe der Einzelprojekte«. So könnte es z.B. in einem Automobilzulieferbetrieb einen »Program Manager« Nutzfahrzeuge geben, in dessen Verantwortung alle Projekte im Bereich Nutzfahrzeuge liegen. Hierzulande sind diese Aufgaben oft einem *Produktmanagement* zugeordnet.

Der Begriff *Programm* muss auch zu den Begriffen *Großprojekt mit Teilprojekten* und *Portfoliomanagement* abgegrenzt werden. Alle Begrifflichkeiten finden oftmals unterschiedliche Verwendung. Merken Sie sich für die Prüfung daher die offizielle Lesart:

- **Programm** – Eine Menge von Projekten, die an einem gemeinsamen Nutzen ausgerichtet sind. Während Projekte einen klaren Fokus auf die endliche Zielerreichung legen (müssen), können Programme auch Langläufer sein, die einen Nutzen verfolgen, dessen Weg zur Erreichung vielleicht im Moment noch gar nicht klar ist!

■ **Großprojekte** mit Teilprojekten – Es bestehen Ähnlichkeiten zum Programm, ein Großprojekt ist jedoch klar umrissen, ist zum Startzeitpunkt weitgehend planbar und hat einen starken Bezug zum Endtermin.

Programmmanagement wird vom PMBOK Guide definiert

> *als die Anwendung von Wissen, Fähigkeiten und Grundsätzen auf ein Programm, um die Ziele des Programms zu erfüllen sowie Vorteile und Kontrolle zu erhalten, die sich bei einem getrennten Management der einzelnen Programmbestandteile nicht ergeben würden.*

Wenn Sie auch keine Details zum Programmmanagement für die PMP® Prüfung wissen müssen, es schadet nicht, im Hinterkopf zu haben, dass es auch zum Programmmanagement einen eigenen PMI-Standard gibt: »**The Standard for Program Management**«.

Frage

Wissen Sie, was man unter **Multiprojektmanagement** versteht?

Antwort

Der Begriff Multiprojektmanagement findet sich häufig in unserem Sprachraum, ist aber kein Begriff aus der PMI-Terminologie. Im Sinne des PMBOK Guide kann Multiprojektmanagement sowohl Programmmanagement bedeuten als auch Portfoliomanagement sowie ein Großprojekt mit vielen Teilprojekten. Multiprojektmanagement ist also unspezifisch, und wenn sich jemand Multiprojektmanager nennt, dann ist zunächst einmal zu klären, welche Art von Multiprojektmanagement vorliegt.

Portfoliomanagement

Die größte Unterscheidung zwischen Portfolio- und Programmmanagement in Bezug auf Projekte ist, dass die in einem Portfolio beinhalteten Projekte (oder Programme) nicht miteinander in Beziehung stehen müssen. Ein Portfolio ist im PMBOK Guide definiert als

Projekte, Programme, untergeordnete Portfolios und Betriebsabläufe, die im Hinblick auf die Verwirklichung der strategischen Ziele als Gruppe gemanagt werden.

Das heißt, das Managen der Projekte in einem Portfolio geschieht aus organisatorischen bzw. strategischen Gründen, um die strategischen Geschäftsziele zu erreichen.

Und Sie ahnen es, auch zum Portfoliomanagement gibt es wieder einen eigenen Standard: **»The Standard for Portfolio Management«**.

Betriebsmanagement

Betriebsmanagement wird oft auch als operatives Management oder umgangssprachlich als Tagesgeschäft bezeichnet und grenzt sich somit durch seinen fortlaufenden Charakter klar vom Projektmanagement ab.

Aber Projekte und operativer Betrieb hängen natürlich zusammen. Denn wie oben beschrieben werden Projekte ja durchgeführt, um den Zustand einer Organisation zu verändern.

Wenn z.B. durch ein Projekt eine neue Anwender-Software eingeführt wird, dann können sich dadurch Auswirkungen auf den Betriebsablauf ergeben. Oder es werden Projekte durchgeführt, um betriebliche Abläufe oder Produktentwicklungsprozesse zu verbessern.

3.2   Rollen der Projektstakeholder

3.2.1   Einführung

Wie bereits erwähnt, wird der Erfolg eines Projekts von dessen Stakeholdern beeinflusst.

Projektstakeholder werden wie folgt definiert:

... Einzelpersonen und Organisationen, die aktiv am Projekt beteiligt sind oder deren Interessen als Ergebnis der Ausführung oder des Abschlusses des Projekts beeinflusst werden können. Eventuell verfügen sie auch über Einfluss auf die Ziele und Ausgangswerte des Projekts.

Stakeholder können positiven oder negativen Einfluss auf das Projekt und seine Ergebnisse haben.

Grundsätzlich ist der Begriff Stakeholder im PMI-Sinne sehr weit auszulegen. Stakeholder sind nicht nur die unmittelbar Betroffenen oder Beteiligten an einem Projekt, sondern auch diejenigen Personen, Gruppen oder Organisationen, die das Projektgeschehen beeinflussen können, aber beispielsweise das Projekt an sich gar nicht zur Kenntnis nehmen, z.B. der Gesetzgeber oder Aufsichtsämter.

Weiterhin wird zwischen internen und externen, aktiven und passiven Stakeholdern unterschieden sowie zwischen dem Projekt positiv bzw. negativ gestimmten Stakeholdern, also solchen, die den Projekterfolg wünschen, und denjenigen, die von einer Verzögerung oder gar von einem Projektabbruch profitieren würden.

Negativ gestimmte Stakeholder werden oft vernachlässigt bzw. nicht systematisch gemanagt und können dadurch den erfolgreichen Ausgang des Projekts gefährden.

Frage

Überlegen Sie sich, welche Stakeholder an einem Projekt üblicherweise aktiv beteiligt sind und welche tendenziell eine passive Rolle einnehmen.

Antwort

Stakeholder, die *aktiv* am Projekt beteiligt sein können, sind:

- **Projektleiter bzw. -manager** – Er leitet das Projekt.

- **Kunden** – Sie nutzen das Projekt bzw. das Ergebnis des Projekts. Dabei kann es Kunden auf verschiedenen Ebenen geben. Im Zusammenhang mit einem neu entwickelten Fahrzeug kommen z.B. der Autohändler, dessen Kunde, aber auch die finanzierende Bank infrage.

- **Projektteammitglieder** – Die Gruppe von Personen, die die Arbeit am Projekt ausführt. Davon zu unterscheiden ist das Projektmanagementteam: Dessen Mitglieder sind zusätzlich oder ausschließlich mit Projektmanagementvorgängen befasst.

- **Projektträger** (Auftraggeber, Sponsor) – Er stellt die finanziellen Mittel für das Projekt in Form von Geld- oder Sachmitteln bereit.

- **Trägerorganisation** – Ist das Unternehmen, dessen Mitarbeiter die Projektarbeit auf direktem Wege (ohne mittelnde Einheiten) ausführen.

Beispiele für mögliche passive Stakeholder sind:

- staatliche Stellen
- Medien
- Interessenverbände
- Mitbewerber
- Aufsichtsstellen
- die Gesellschaft

3

Die Identifikation der Stakeholder, die Bestimmung ihrer Erwartungen und Interessenslage sowie ihrer Ziele dient unter anderem der Kommunikation, der Kommunikationsplanung, aber auch der Risikoidentifikation. Es wäre aber zu kurz gegriffen, das Stakeholdermanagement nur auf diese Gebiete zu beschränken. Stakeholdermanagement ist die Geheimwaffe des Projektleiters.

Der PMBOK Guide beschreibt tiefer gehende Stakeholderaspekte in einem eigenen Wissensgebiet.

Wir werden uns im Folgenden daher nicht auf die notwendigen Aktivitäten des Stakeholdermanagements, sondern auf die verschiedenen Aufgaben und Rollen der Projektstakeholder selbst konzentrieren.

Stakeholder, die besonders eng mit dem Projekt verbunden sind, werden oft auch als *Schlüssel-* oder *Key-Stakeholder* bezeichnet. Auftraggeber, Kunde und Projektteam sind immer Key-Stakeholder.

Wie bereits oben erwähnt, ist die Identifizierung der Stakeholder und die nachfolgende Feststellung ihrer Interessenslagen eine Grundvoraussetzung für ein erfolgreiches Projekt. Aufgabe des Projektmanagers ist es daher nicht ausschließlich, das Projekt dem Inhalt und Umfang entsprechend abzuarbeiten, sondern auch dafür Sorge zu tragen, dass die Erwartungen und Bedürfnisse der Stakeholder weitgehend berücksichtigt werden.

Frage

Wenn unterschiedliche Stakeholder unterschiedliche Interessenslagen repräsentieren, wessen Bedürfnisse sollten dann die höhere Priorität genießen?

Antwort

Ihrer Projekterfahrung folgend haben Sie jetzt vielleicht den Projektsponsor (das ist der interne Projektauftraggeber) genannt. Der PMBOK Guide legt jedoch fest, dass bei unterschiedlichen Ansichten zwischen den Stakeholdern zugunsten des Kunden entschieden werden sollte. Sie sollten daher diese »Kundenorientierung« bei der Beantwortung der Prüfungsfragen unbedingt berücksichtigen.

Aussagen dazu, wer was im Projekt macht und welche Befugnisse er hat, sind aber in vielen Teilen des PMBOK Guide und der weiterführenden Literatur zu finden. Wir geben daher in diesem Abschnitt eine Übersicht über die wichtigsten Rollen in einem Projekt.

3.2.2 Die Rolle des Projektmanagers

Die 6. Auflage des PMBOK Guides betont überdeutlich die Bedeutung des Projektmanagers für die Erreichung der Projektziele. »Die Rolle des Projektmanagers« wird jetzt in einem eigenen Kapitel, dem Kapitel 3, behandelt.

Dieses Kapitel ist dabei eng mit Kapitel 9, »Ressourcenmanagement in Projekten«, verknüpft, denn dort werden die Prozesse zur Entwicklung und zum Managen eines Teams beschrieben, die maßgeblich vom Projektmanager verantwortet werden.

Projektmanagement ist die Verbindung zwischen der Organisationsstrategie und dem Team – und der Projektmanager ist das entscheidende Bindeglied. Von daher hat nicht nur das Projektmanagement eine strategische Bedeutung, sondern auch die Rolle des Projektmanagers. Denn er verantwortet die Nutzererstellung und somit die Wertschöpfung des Projekts.

Aufgaben des Projektmanagers

Die Aufgaben des Projektmanagers werden im Detail in jedem Projekt verschieden sein. In kleineren Projekten wird der Projektmanager oft auch noch eine fachliche Rolle übernehmen.

Vor allem in größeren Projekten mit vielen Beteiligten ist er aber oft auch »nur« mit dem Managen des Projekts beschäftigt. Er ist derjenige, der für die Leitung bzw. Führung des Projekts verantwortlich ist. Im Detail bedeutet das z.B., dass der Projektmanager (Projektleiter)

- den Projekterfolg, aber auch -misserfolg verantwortet;
- dem Projekt so früh wie möglich zugeordnet werden sollte;
- selbst Initiative ergreifen und auch Nein sagen können muss;
- auch den Inhalt und Umfang des Projekts und Produkts verhandelt;
- mit den Stakeholdern des Projekts präzise, vollständig und maßgeschneidert kommuniziert (gute und schlechte Nachrichten);
- die Einzelkomponenten zu einem abgestimmten Projektplan integriert und sicherstellt, dass er immer aktuell ist;
- aus den Projektmitarbeitern ein Team entwickelt, auch wenn er keine Personalverantwortung hat;
- den Fortschritt und die Fertigstellung des Projekts überwacht;
- mit Konflikten (technischen und organisatorischen) umgehen muss und diese auch lösen können sollte;
- entsprechende Kompetenzen braucht, um Entscheidungen fällen (oder herbeiführen) zu können;
- das Projekt ordnungsgemäß abschließt.

Vor allem übernimmt der Projektleiter die Ergebnisverantwortung im Stile und Sinne einer echten Führungsverantwortung. Zu Beginn des Projekts muss vielleicht noch hart verhandelt werden, um Inhalt und Umfang zu definieren, alle Ressourcen und Meilensteine und andere Rahmenbedingungen ins Lot zu bekommen.

Hat der Projektleiter aber den Job übernommen, dann erledigt er ihn auch. Klingt nach Hollywood und ist wirklich großes Projektleiterkino. Wer den Job annimmt, hat dies auch unter dem Aspekt seiner »professional responsibility« gemacht. Somit kommt an dieser Stelle ein Ethikansatz zum Tragen.

Hinweis

Wer sich jetzt sagen hört: »*Alles Theorie! Bei uns läuft das ganz anders. Bei uns macht der Chef die Schätzungen, der Vertrieb gibt die Timeline vor, und mir bleibt ja nichts anderes übrig, als dieses Himmelfahrtskommando, so gut es geht, über die Runden zu bekommen. Ich sage ja meistens zu Beginn, dass wir dieses Projekt nicht schaffen werden, damit ich zum Schluss nicht dumm dastehe*«, wird Probleme bekommen, das PMP-Examen auch nur annähernd passabel zu bestehen. Und nicht nur das Examen, denn die geschilderte Situation entspricht keinem professionellen Projektmanagement.

Zusammenfassend hat der Projektleiter drei **Aufgabenkomplexe**, die er bewältigen muss:

- **Mitgliedschaft und Rollen:** Der Projektmanager muss die verschiedenen Mitglieder des Projekts und ihre Rollen koordinieren.

- **Verantwortung für das Team**: Der Projektmanager ist dafür verantwortlich, dass das Team gut zusammenarbeitet, um effektiv und effizient die definierten Projektergebnisse zu erreichen.

- **Wissen und Fähigkeiten**: Der Projektmanager muss ein Experte im Projektmanagement sein, er muss aber nicht Fachfragen beantworten können. Hilfreich und auch notwendig ist es jedoch, wenn er ein Grundverständnis des fachlichen Hintergrunds des zu erstellenden Projektergebnisses hat. Seine Verantwortung ist jedoch, dafür zu sorgen, dass die notwendige Fachexpertise im Projekt vorhanden ist.

Fähigkeiten des Projektmanagers

Grundsätzlich werden an einen Projektleiter die gleichen Anforderungen gestellt wie an jede andere Führungskraft auch: Er muss empathisch sein und Menschen für gemeinsame Ziele begeistern können, damit die Projektziele erreicht werden. Laut Studien von PMI benötigt er dafür die im »**Talent Triangle**®« (Talent-Dreieck) beschriebenen Kompetenzbereiche:

- **Technical project management (Projektmanagementmethoden).** Das benötigte Fachwissen über und Fähigkeiten in der Anwendung von Methoden in Projekt-, Programm- und Portfoliomanagement.

- **Leadership (Führung).** Das Wissen über Methoden und Verhaltensweisen zur Entwicklung und Führung eines Teams sowie die Fähigkeiten, diese erfolgreich einzusetzen.

- **Strategic and business management (Strategisches und geschäftliches Management).** Das Wissen über die Besonderheiten der Branche und Organisation, um Wertschöpfung zu erreichen, eine Ausrichtung an der Strategie und das Fördern von Innovation zu unterstützen.

Auch wenn der zweite Kompetenzbereich »Führung« heißt, ist es wichtig zu wissen, dass ein Projektleiter sowohl führen als auch managen muss.

Was meinen Sie, worin unterscheiden sich die beiden Begriffe?

Der amerikanische Management-Theoretiker Peter Drucker (1909–2005) schrieb: »Management bedeutet, die Dinge richtig zu tun. Führung heißt, die richtigen Dinge zu tun.«

Management spielt sich mehr auf der organisatorischen Ebene ab. Der Fokus liegt auf der Einhaltung von definierten Verfahrensweisen, der Frage »Wie und Wann« wird etwas erledigt.

Führung spielt sich dagegen auf der menschlich-emotionalen Ebene ab. Der Fokus liegt auf dem Beeinflussen und Zusammenarbeiten und der Frage »was und warum« wird etwas getan.

Die Kunst ist, in jeder Situation das richtige Verhältnis zu finden.

3.2.3 Rollen von aktiven Stakeholdern

Rolle des Projektmanagementteams

Das Projektmanagementteam ist eine Untergruppe des Projektteams. In der Projektrealität gibt es dieses Team in verschiedenen Ausprägungen und mit vielen verschiedenen Namen, z.B. Kernteam oder Führungsteam. Das Projektmanagementteam hat die Aufgabe, das Projekt über alle Projektphasen und über den gesamten Projektmanagementlebenszyklus hinweg zu managen. Wer dem Projektmanagementteam angehört, hängt von der Komplexität und Organisation des Projekts sowie den Fähigkeiten der Mitglieder ab. So kann es in Projekten alle Varianten zwischen den beiden Extremen geben, (1) dass der Projektleiter alleine alle Aufgaben des Projektmanagements übernimmt oder (2) dass alle Teammitglieder Projektmanagementaufgaben übernehmen.

Rolle der Teammitglieder

Die *Teammitglieder* sind diejenigen, die den Projektleiter unterstützen und die ihnen zugeteilten Arbeiten ausführen. Im Einzelnen bedeutet das, dass die Teammitglieder ...

- Zeit- und Kostenschätzungen erstellen;
- je nach Aufgabengebiet die Fachverantwortung haben;
- aktiv und eigenverantwortlich an der Projektplanung mitarbeiten, an der Erstellung des Projektstrukturplans mitwirken, Risiken identifizieren, Annahmen treffen und Einschränkungen ermitteln;
- an Projektbesprechungen teilnehmen;
- über den Fertigstellungsgrad ihrer Aufgaben berichten;
- für die Qualität ihrer Arbeit verantwortlich sind;
- Abweichungen vom Projektplan melden sowie Korrektur- und Vorbeugemaßnahmen ausführen und deren Erfolg beurteilen;
- in einer Matrixorganisation oft zwischen den Interessen des Linienvorgesetzten und des Projektleiters stehen.

Rolle des Projektsponsors

Der *Projektsponsor* ist derjenige, der die finanziellen Mittel für das Projekt bereitstellt und intern das Projekt und den Projektleiter beauftragt. Im Allgemeinen ist er ein Mitglied des oberen Managements. Je nach Projekt kann es schwierig sein, Projektsponsor und Kunde abzugrenzen, bei internen Projekten können Sponsor und Kunde identisch sein. Der Projektsponsor ...

- stellt dem Projekt die finanziellen Mittel und seine »Macht« bereit, das heißt, er unterstützt die Interessen des Projekts auch gegenüber anderen Linienvorgesetzten;

- erstellt den Projektauftrag und beauftragt das Projekt intern;
- beauftragt den Projektleiter;
- muss regelmäßig über den Projektstatus informiert werden;
- nimmt das Projektprodukt im Verhältnis zum Projektleiter ab, meistens nach Abnahme des Kunden.

Die letzten beiden Punkte kann der Sponsor auch an einen Steuerkreis delegieren. Wie genau das Projekt strukturiert ist und welche Gremien wie zusammenarbeiten, findet sich im Projektmanagementplan!

Rolle des Steuerkreises

Ein *Steuerkreis (steering committee)* ist eine Gruppe von Personen, die das Projekt beaufsichtigt, die organisatorisch über dem Projekt steht, dem Projekt Rahmenbedingungen vorgibt und als Eskalationsinstanz dient. Im einfachsten Fall besteht der Steuerkreis aus Sponsor und Projektleiter. In vielen Fällen ist es eine sehr aktive Gruppe, die dem Projektleiter den Weg jenseits seines Einflussbereichs freimacht. Bezogen auf das Projekt hat der Steuerkreis folgende Aufgaben:

- Schaffung von positiven Rahmenbedingungen
- Entscheidung bei Konflikten von Projektzielen und Prioritäten (im »magischen Dreieck«)
- Bereitstellung der benötigten finanziellen Mittel
- Er muss regelmäßig über den Projektstatus informiert werden.
- Abnahme des Projektprodukts im Verhältnis zum Projektleiter, meistens nach Abnahme des Kunden
- Vorgabe der Anforderungen für das Berichtswesen

3.2.4 Rolle des Kunden

Der *Kunde* im weiteren Sinne ist derjenige, der das Ergebnis des Projekts später nutzen wird. **Kunde im engeren Sinne** (dieser ist im Allgemeinen in der Prüfung gemeint) **ist der externe Auftraggeber des Projekts**. Der (interne) Sponsor grenzt im Verhältnis zum Projektleiter Inhalt- und Umfang des Projekts oder Teilprojekts ab. Der Kunde ...

- gibt den externen Auftrag zu dem Projekt und legt die Anforderungen an das Projektprodukt fest;

- sollte mit dem Projektergebnis zufrieden sein. Bei unterschiedlichen Interessen der Stakeholder sollten den Kundeninteressen die höhere Priorität eingeräumt werden;

- muss in die Projektarbeit miteinbezogen werden, so z.B. bei der Abnahme von Phasenergebnissen (z.B. Fachkonzept);

- sollte regelmäßig über den Projektstatus informiert werden;

- muss das Projektergebnis im Verhältnis zur beauftragten Organisation abnehmen.

3.2.5 Rollen in der Organisation

Rolle des oberen Managements

Oberes Management ist ein Begriff, der nicht genormt ist und als Sammelbegriff für »höhere Führungsebenen« verwendet wird. Allgemein sind unter dem Begriff Personen bzw. Personengruppen zu verstehen, die organisatorisch über dem Projekt stehen und dem Projekt Rahmenbedingungen vorgeben. Bezogen auf das Projekt hat das obere Management folgende Aufgaben:

- Auswahl von Projekten

- Koordination von Projekten

- Schaffung von positiven Rahmenbedingungen

- Vorgabe von Projektzielen und Prioritäten (im »magischen Dreieck«)

- Vorgabe der Risikotoleranz

- Bereitstellung der benötigen finanziellen Mittel

Rolle des Abteilungsleiters

Als *Abteilungsleiter* (*functional manager*) wird der Vorsitzende einer Fachabteilung verstanden. Seine Rolle im Projekt hängt stark von der Organisationsstruktur des Unternehmens ab (vgl. Kapitel 3). Der Abteilungsleiter kann der Vorgesetzte des Projektleiters sein (Linienorganisation) oder aber dem Projektleiter zuarbeiten (starke Matrixorganisation). Wenn in der PMP-Prüfung daher in einer Frage der Begriff *Abteilungsleiter* verwendet wird, prüfen Sie

3

zuerst den Zusammenhang, bevor Sie antworten. Allgemein gelten für die Rolle des Abteilungsleiters folgende Punkte:

- Er oder seine Mitarbeiter liefern das fachliche Wissen bzw. erfüllen die fachlichen Anforderungen für das Projektprodukt.
- Die Abteilungsleiter aller vom Projekt betroffenen Bereiche sollten in die Projektplanung involviert werden.
- Betroffene Abteilungsleiter sollten bei Meilensteinentscheidungen hinzugezogen werden.
- Abteilungsleiter und Projektleiter sollten sich über den Ressourceneinsatz abstimmen.
- Abteilungsleiter und Projektleiter sollten sich bei der Beurteilung der Projektmitarbeiter abstimmen.
- Die Anforderungen der Abteilungsleiter sollten bei der Festlegung des Berichtswesens berücksichtigt werden.

Hinweis

Merken Sie sich folgende Faustformel: **Die nächste und einzige Berichts- und Eskalationsinstanz eines (Starke-Matrix-)Projektleiters ist immer dessen Steuerkreis.** Wenn der Vorgesetzte des Projektleiters nicht zur Projektorganisation gehören sollte, wird der Projektleiter nicht primär an seinen »Chef« berichten, sondern an seinen Steuerkreis. In der Praxis ist das »Reinregieren von der Tribüne« eine große Herausforderung an den Projektleiter, seiner Führungsaufgabe wirklich gerecht zu werden.

3.3 Schlüsselkonzepte

3.3.1 Zusammenhang Projekt und Produkt

Hier sei eine Definition vorangestellt: »**Als Produkt eines Projekts** (oder auch »Projektprodukt«) werden zur Vereinfachung **alle Ergebnisse eines Projekts zusammengefasst**«.

Wir haben bereits festgehalten, dass ein Projekt immer ein Ergebnis haben muss. Daher bezeichnen wir fortan die Menge aller Ergebnisse, Konzepte,

Ideen, Dienstleistungen, handfester Artikel und sonstiger Resultate als Produkt oder Projektprodukt.

Frage

Überlegen Sie, wann ein Projekt als erfolgreich zu betrachten ist und wann ein Produkt. Gibt es einen Unterschied?

Antwort

Ja, es gibt einen großen Unterschied. Ein erfolgreiches Produkt (im Sinne eines Markterfolgs) kann theoretisch von einem katastrophalen Projekt entwickelt worden sein. Und umgekehrt. Ein wunderbares Projekt (schneller als geplant fertig, billiger, tolles Team etc.) entwickelt ein Produkt, das dann aber vom (End-)Kunden nicht gekauft wird.

Diese beiden Aspekte dürfen auf keinen Fall verwechselt werden. Weder in der Prüfung und noch viel weniger in der Praxis.

Dazu ist es hilfreich, zunächst den Unterschied zwischen »Projekt« im Sinne von Projektmanagement und »Produkt« noch einmal herauszuarbeiten. Voneinander zu unterscheiden sind:

1. Aktivitäten, die der Strukturierung und Koordination aller notwendigen Aktivitäten und Abläufe dienen, die notwendig sind, um ein Ergebnis hervorzubringen

2. Aktivitäten, die der Erstellung des Ergebnisses an sich dienen

Verdeutlichen lässt sich dieser Unterschied mithilfe zweier Fragestellungen:

1. Hat ein erfolgreiches Projekt immer ein erfolgreiches Produkt zur Folge?

2. Hatte ein erfolgreiches Produkt immer ein erfolgreiches Projektmanagement?

Bitte schauen Sie sich dazu die folgenden Beispiele an. Sie haben im Rahmen der Grillparty einen Partyservice beauftragt, ein italienisches Vorspeisenbuffet zu liefern:

Beispiel	Bewertung des Projekts	Bewertung des Produkts
Die Vorspeisen werden geliefert, während die ersten Gäste bereits aufbrechen. Also viel zu spät. Diejenigen, die noch nicht nach Hause gegangen sind, erleben einen kulinarischen Höhepunkt.	Schlecht	Gut
Die italienischen Vorspeisen treffen genau zum richtigen Zeitpunkt ein, sind aber leider ungenießbar.	Gut	Schlecht
Die italienischen Vorspeisen treffen genau zum richtigen Zeitpunkt ein und sind vorzüglich, um nicht zu sagen exzellent.	Gut	Gut

Tabelle 3.1: Beispiel – Erfolg einer Grillparty

Häufig lässt sich der Produkterfolg nicht so unmittelbar während oder nach Projektende ermitteln wie im Falle des italienischen Vorspeisentellers. Meist stellt sich der Produkterfolg erst Wochen, Monate oder Jahre nach Projektende ein. Für den Erfolg von Produkten (im Sinne von Markterfolg) ist der Produktmanager verantwortlich. In vielen Fällen ist er auch der Auftraggeber für das Projekt zur Produkterstellung. Er hat die Marktverantwortung für dieses Produkt, er steht für Absatzzahlen gerade und betreut das Produkt während des gesamten Lebenszyklus (»Produktlebenszyklus«).

Für den Erfolg des Projekts, die Erstellung des Produkts gemäß Spezifikation ist der Projektleiter zuständig. Er verantwortet den Projektlebenszyklus, der nachfolgend dargestellt ist. Das Projekt endet, wenn alle Liefergegenstände erbracht sind.

Deswegen braucht es im Projektgeschäft Erfolgskriterien oder Metriken, die **unmittelbar bei Projektende** zur Verfügung stehen. Meist sind das die definierten Liefergegenstände.

3.3.2 Der Projektlebenszyklus

Es gibt vier verschiedene Projektlebenszyklen. Diese sind:

1. Prognostizierbar
2. Inkrementell

3. Iterativ

4. Adaptiv (agil)

Dabei genießt der klassische – oder wie es bei PMI heißt »prognostizierbare« – Lebenszyklus den höchsten Wiedererkennungswert. Nachfolgend ein paar Grundzüge, die sich vor allem bei klassischen Ansätzen wiederfinden.

Projektphasen

Die Abfolge von Phasen, die ein Projekt von seiner Initiierung bis zu seinem Abschluss durchläuft, wird als **Projektlebenszyklus oder »Project Life Cycle« (PLC) bezeichnet**. Er definiert den Beginn und das Ende jedes Projekts. Aufgrund der unterschiedlichen Entwicklungsabschnitte, aber auch unterschiedlichen Berichts- und Steuerungsanforderungen, die sich aus verschiedenen Branchen und für verschiedene Produkte (nicht Projekte!) ergeben, gibt es auch unterschiedliche Projektlebenszyklen.

Projektphasen umfassen eine Folge von logisch verknüpften Projektvorgängen, die jeweils mit der Fertigstellung eines Liefergegenstandes oder mehrerer Liefergegenstände endet. Sie werden typischerweise durch das zu erstellende Produkt und deswegen sehr oft durch die zugrunde liegende Branche geprägt. So weisen die Phasen im Bauwesen (z.B. Machbarkeit, Planung und Entwurf, Errichtung, Übergabe und Inbetriebnahme) verglichen mit typischen Phasen in der Software-Entwicklung (Fachkonzept, DV-Konzept, Realisierung, Test und Integration) zwar einerseits Ähnlichkeiten mit diesen, zugleich aber auch branchen- und produktspezifische Unterschiede auf.

Die Phaseneinteilung ist also stark vom Produkt beeinflusst. Die Vielfältigkeit der Ausprägungen entspricht der Vielfältigkeit der Produkte. Ebenso mannigfaltig sind die Phasenbezeichnungen, firmenintern werden oft auch nur einfache Abkürzungen wie z.B. M1 bis M7 für die Phasen verwendet.

Es ist sehr wichtig, dieses Phasenkonzept nicht mit Projektmanagement an sich zu verwechseln. Phasen werden eingeführt, um einen Erstellungsprozess transparent darzustellen, um Vergleichbarkeit zu erreichen und um die Fertigstellung objektiv bewerten zu können.

Dieses Konzept – die Strukturierung der notwendigen Arbeiten zur Lösung einer komplexen Aufgabe in kleinere Abschnitte und zeitlich aufeinanderfolgenden Phasen – spiegelt sich in der betrieblichen Praxis in vielen verschiedenen Begriffen wider. Beispiele hierfür sind:

- Produkterstellungsprozess
- Vorgehensmodell
- Phasenmodell
- Projektlebenszyklus

Allen produktspezifischen klassischen Lebenszyklen ist gemein, dass sie zu Beginn und in den ersten Phasen einen eher konzeptionellen Charakter haben. Typische Phasennamen für diesen Zeitraum können sein: Initiierungsphase, Konzeptphase, Vorstudie, Machbarkeit oder Grundlagenerprobung. Üblicherweise folgt dann in den nächsten Phasen eine Detaillierung zur eigentlichen Produkterstellung hin. Beispielhafte Phasenbezeichnungen sind jetzt Programmierung, Rohbau, Fertigung oder Erstellung. Zum Projektabschluss erfolgt die Prüfung des Ergebnisses und dessen Übergabe. Die Projektphasen haben Bezeichnungen wie Test, Integration, Abnahme, Übergabe, Roll-out, Serienanlauf oder Kliniktest.

Wie erwähnt, sind Phasennamen auf den Prozess der Produkterstellung bezogen und können daher nicht allgemeingültig definiert werden. Das macht der PMBOK Guide auch nicht, und spezielle Phasenmodelle werden auch nicht im PMP-Examen abgefragt. Allerdings muss das generelle Prinzip der Phasenkonzepte wie oben beschrieben verstanden sein.

Am Ende jeder Phase findet oft ein Phase Gate oder auch Q-Gate statt, bei dem der erzielte Projektfortschritt mit den im Projektmanagementplan festgelegten Planwerten verglichen wird. Abhängig vom Ergebnis dieser Überprüfung wird dann die Entscheidung getroffen, ob das Projekt in die nächste Phase eintritt und weitergeführt wird, die Phase wiederholt werden muss, in die nächste Phase eintritt und ob noch Hausaufgaben nachgeholt werden müssen oder gar abgebrochen wird.

Während der PMBOK Guide die Eigenschaften von Phasen allgemein beschreibt, möchten wir hier ein praktisches Beispiel heranziehen, das vor allem in den Sommermonaten den Vergleich mit der eigenen Vorgehensweise ermöglicht. Lassen Sie uns das Phasenmodell einer Grillparty einmal anschauen:

3

Frage

Stellen Sie sich vor, Sie haben Anfang Juni Geburtstag und würden daher gerne mit einigen Freunden feiern. Sie überlegen, ob Sie nicht eine Grillparty organisieren sollten. Welche Phasen hätte das Projekt *Grillparty*? Was geschieht während der Phasen?

Antwort

Mögliche Phasen wären: (1) Machbarkeit, (2) Vorbereitung, (3) Durchführung und (4) Aufräumen. Abbildung 3.2 zeigt den Phasenablauf auf.

Abbildung 3.2: Phasenmodell einer Grillparty

- In der *Machbarkeitsphase* werden Sie sich erst einmal überlegen, ob die Idee, eine Grillparty durchzuführen, überhaupt praktikabel ist. Hier spielen Faktoren wie das Vorhandensein von Räumlichkeiten, der Termin und das Budget eine Rolle.

- Wenn die Entscheidung für die Durchführung gefallen ist, fällt der Startschuss für die *Vorbereitungsphase*. Die Planung wird detailliert: Wer wird eingeladen, wie viele Lebensmittel und Getränke werden gekauft, wo kaufen Sie diese ein, haben Sie genug Sitzplätze und was machen Sie, wenn es regnet?

- Danach kommt die *Durchführungsphase*: das Grillfest an sich. Dabei beginnt die Durchführung nicht erst, wenn die Gäste erscheinen, sondern in den meisten Fällen schon einen Tag vorher. Es werden beispielsweise Sitzgarnituren aufgestellt und Getränke eingekauft.

- Wenn das Fest beendet ist, beginnt die *Aufräumphase*. Ganz wichtig. Das Projekt ist mit der »Lieferung« seines Hauptliefergegenstands »Feier« noch nicht beendet, auch wenn der Hauptliefergegenstand erbracht wurde. Sie müssen alles wegräumen und putzen. Eventuell machen Sie sich auch Notizen über den Verlauf der Party. Sie notieren die Anzahl der Gäste, der getrunkenen Biere und den Verbrauch an Salat und Brot. Auf diese Aufzeichnungen können Sie bei der Vorbereitung der nächsten Feier zurückgreifen und damit den Planungsaufwand erheblich reduzieren.

Unterschiedliche Typen von Projektlebenszyklen

Abhängig von dem Umfeld, in dem ein Projekt durchgeführt wird und von dem zu erstellendem Ergebnis des Projekts wird ein Projektlebenszyklus definiert, der der Entwicklung des Projektprodukts am besten dienlich ist. Diese können prognostiziert (planbasiert), adaptiv (agil) iterativ, inkrementell oder eine Mischform (hybrid) sein.

Bei einem **prognostizierten Lebenszyklus** (klassisch, planbasiert oder auch Wasserfall-Lebenszyklus) werden Umfang und Inhalt des Projekts, Termine und Aufwand in den Anfangsphasen des Lebenszyklus möglichst detailliert festgelegt und alle Änderungen sorgfältig gemanagt.

Bei einem **iterativen Lebenszyklus** werden Inhalt und Umfang des Projekts auch am Beginn des Projektlebenszyklus definiert, aber Zeit- und Kostenschätzungen werden mit zunehmendem Verständnis des Produkts durch das Team in regelmäßigen Zyklen angepasst und detailliert. In einem iterativen Lebenszyklus versteht das Projektteam das Projektprodukt im Laufe der Zeit immer besser.

In einem **inkrementellen Lebenszyklus** wird das Projektprodukt in mehreren Etappen geliefert, wobei jede Etappe – sprich Inkrement – bereits einen eigenen Nutzen bietet. Erst nach dem letzten Inkrement ist das komplette Projekt erledigt.

In einem **adaptiven Lebenszyklus** (auch als **agiler** oder änderungsgetriebener Lebenszyklen bezeichnet) wird der detaillierte Inhalt und Umfang erst vor jeder Iteration definiert und bildet dann ein Inkrement aus. Adaptive Lebenszyklen werden auch als agil bezeichnet und sind im Sinne der obigen Definition sowohl iterativ als auch inkrementell.

Eine Mischform ist der **hybride Lebenszyklus.** Hier werden prognostizierter und adaptiver (und damit iterativer und inkrementeller) Lebenszyklus kombiniert: Die Elemente des Projekts, die am Anfang bereits bekannt sind, werden mit einem prognostizierten Entwicklungs-Lebenszyklus bearbeitet. Für das Managen der Elemente, deren Anforderungen sich erst im Laufe des Projekts entwickeln, wird ein adaptiver Entwicklungs-Lebenszyklus angewandt.

3

Der Anhang X3 des PMBOK Guide befasst sich ausführlich mit Überlegungen, welche Lebenszyklen in welcher Situation angewandt werden sollen. Und auch jedes Wissensgebiet hat in der Einleitung einen Abschnitt, der »Überlegungen für Agile/Adaptive Umgebungen« beschreibt.

Agile Ansätze

Während PMI nun seit 1996 den PMBOK Guide herausgibt und damit Standards in der klassischen Projektwelt gesetzt hat, entwickelte sich seit 2001 vor allem auf dem Gebiet der IT, parallel ein anderes Vorgehensmodell, nämlich »agil«.

Agile Ansätze gab es bereits vor 2001 und es sind über 20 unterschiedliche Verfahren und Ansätze bekannt. Der Ursprung des agilen Gedankenguts kommt aus dem **Lean Management**. Es gilt der Satz: Alle agilen Ansätze gemäß des agilen Manifestes von 2001 sind »Lean«, aber nicht alle »Leanen« Ansätze sind agil.

Als »primus inter pares« der agilen Welt hat sich im Laufe der Zeit SCRUM entwickelt. SCRUM ist eigentlich nur eine der vielen agilen Methoden, aber mittlerweile der unangefochtene Gedankenführer der agilen Welt. SCRUM ist aber keine Erfindung des PMI, sondern aus Sicht des PMI ein methodischer Mitbewerber.

Nun kann sich aber auch der Marktführer der klassischen Projektwelt – sprich PMI – nicht der Realität entziehen. Agil ist seit Jahren der Trendansatz im Projektmanagement.

Gemeinsam mit einer Organisation namens Agile Alliance hat PMI den »**Agile Practice Guide**« erstellt, der im Bundle mit dem PMBOK Guide herausgegeben wird.

Zusätzlich erhält die sechste Ausgabe des PMBOK Guides in jedem Wissensgebiet Überlegungen für Agile/Adaptive Umgebungen.

Es ist zu erwarten, dass sich in der nächsten Zeit immer mehr agile Fragen im PMP-Examen wiederfinden werden. Sie sollten somit zumindest über ein Grundwissen der im agilen Umfeld verwendeten Begriffe verfügen.

Für das Examen ist es sehr förderlich, die wichtigsten Begriffe aus SCRUM zu kennen und einordnen zu können. Nachfolgend ein kurzer Überblick über den agilen Ansatz SCRUM:

Anforderungen an ein neues System werden in *User Stories* formuliert, das sind kurze rollenbasierte Erwartungsfragmente, nicht zu verwechseln mit klassischen *Requirements*. Der Verantwortliche für die Formulierung ist ein *Product Owner*, eine Person, die das Endergebnis auch auf der Businessseite komplett verantwortet. Die Erstellung der *User Stories* macht der *Product Owner* aber nicht im stillen Kämmerlein, sondern gemeinsam mit allen sinnvollen Stakeholdern, allen voran Kunde und Erstellungsteam.

Der Vorratsspeicher an *User Stories* heißt *Product Backlog*. Das *Product Backlog* ist **nicht** abschließend vereinbart (!), sondern offen für ständige Veränderungen. Der *Product Owner* ist auch verantwortlich für Priorisierung und Festlegung des *minimal marktfähigen Produkts*. Die Rolle des Product Owner kommt am ehesten einem Programmmanager gleich.

Die Größe (Aufwand) der Backlog-Elemente, also der *User Stories*, schätzt ausschließlich das Team, es ist keine Vorgabe des *Product Owners*. Die Schätzung erfolgt nicht absolut in Personentagen, sondern relativ zueinander. Eine *User Story* hat danach eine Anzahl x an *Story Points*. Geschätzt wird immer im Konsens, eine berühmte agile Schätzmethode ist das *Planning Poker*. Die relative Schätzung verhindert jedoch die Austauschbarkeit von Schätzungen zwischen mehreren Teams.

Das Team schätzt im nächsten Schritt, wie viele *User Stories* es in einer festen Zeiteinheit (zwischen zwei und vier Wochen) abzuarbeiten glaubt. So eine Zeiteinheit nennt sich *Sprint*. Die *Story Points* der vom Team genannten *User Stories* ergeben ein erstes Indiz auf die geschätzte Performance des Teams, die im agilen Ansatz aber nicht Performance, sondern *Velocity* heißt. Was jetzt kommt, ist mehr als erstaunlich – vor allem, weil sich das Ergebnis in der Regel als so falsch gar nicht rausstellt: Die Anzahl aller *Story Points* aller *User Stories* bis zum *minimal marktfähigen Produkt* wird durch die *Velocity* geteilt. Das ergibt die erste Hochrechnung der erwarteten Anzahl *Sprints*. Diese noch multipliziert mit der festgelegten *Sprintdauer* und – voilà, der erste Termin liegt vor.

Wie erwähnt, das ist agil in aller Kürze, und wer das nicht glaubt, ist in guter Gesellschaft. Es klingt unglaublich, aber es funktioniert tatsächlich. Okay, da kommen noch ein paar Randbedingungen dazu, aber das ist hier ja kein agiles Lehrbuch ...

Weiter im Text: Das Team hat also nun eine Anzahl n von *User Stories für diese Iteration*. Diese Iteration heißt bei SCRUM *Sprint*. Ein Sprint wird geplant (ein Tag!), bearbeitet mit täglichen Statusmeetings (*Daily Stand up*), reportet (*Sprint Backlog* und *Sprint Burndown*) und am Ende den Stakeholdern präsentiert (*Sprint Review*).

Als Feedback gibt das Team dem *Product Owner* Informationen zurück, auch neue, notwendige *User Stories*, der *Product Owner* priorisiert wieder und startet dann den nächsten *Sprint*.

Ein *Sprint* wird begleitet von einem *SCRUM-Master*, der aber kein Projektleiter ist, sondern eher der Kümmerer für das Team, ein Coach, ein Prozesseigner, und er ist derjenige, der die Tür zum Teamraum von außen abschließt, damit das Team in Ruhe arbeiten kann und nicht dauernd von irgendwelchen wichtigen *Product Ownern* oder anderen Linienleuten gestört wird.

So weit agil einer »Nuss-Schale« ...

3.3.3 Die Projektmanagementprozesse

Projektmanagementlebenszyklus

Im Gegensatz zum Projektlebenszyklus beschreibt der Projektmanagementlebenszyklus die **Projektmanagementprozesse**, die erforderlich sind **und in jeder Phase des Projektlebenszyklus ablaufen, der durch das Phasenmodell abgebildet ist.** Abbildung 3.3 zeigt die Struktur des Projektmanagementlebenszyklus auf. Die Pfeile verdeutlichen dabei den Informationsfluss.

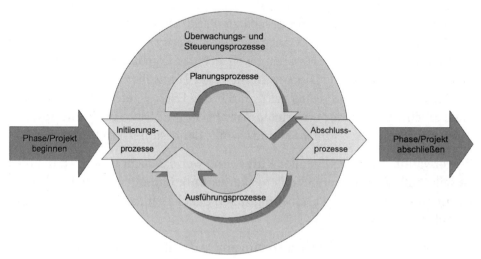

Abbildung 3.3: Der Projektmanagementlebenszyklus

Jede der Prozessgruppen besteht dabei aus einem oder mehreren Prozessen. Alle zusammen bilden die 49 Prozesse des PMBOK Guides.

Achtung: Die Prozesse im PMBOK Guide sind aber nicht nach Prozessgruppen organisiert, sondern nach Wissensgebieten. Diese Wissensgebiete beginnen mit Kapitel 4 und enden mit Kapitel 12. In der folgenden Tabelle finden Sie eine Übersicht der im PMBOK Guide beschriebenen Prozesse, sortiert nach Prozessgruppenzugehörigkeit, sowie jeweils eine Angabe des entsprechenden Wissensgebiets und die zugehörige Kapitelnummer des PMBOK Guides.

Prozess-gruppe	Prozess	Wissensgebiet	Prozess-Nr.
Initiierung	Projektauftrag entwickeln	Integrationsmanagement	4.1
	Stakeholder identifizieren	Stakeholdermanagement	13.1
Planung	Projektmanagement-plan entwickeln	Integrationsmanagement	4.2
	Inhalts- und Umfangsmanagement planen	Inhalt und Umfangsmanagement	5.1
	Anforderungen sammeln	Inhalt und Umfangsmanagement	5.2
	Inhalt und Umfang definieren	Inhalt und Umfangsmanagement	5.3
	Projektstrukturplan erstellen	Inhalt und Umfangsmanagement	5.4
	Terminmanagement planen	Terminplanungsmanagement	6.1
	Vorgänge definieren	Terminplanungsmanagement	6.2
	Vorgangsfolge festlegen	Terminplanungsmanagement	6.3
	Vorgangsdauer schätzen	Terminplanungsmanagement	6.4

Tabelle 3.2: Übersicht PMBOK-Guide-Prozesse

Prozess-gruppe	Prozess	Wissensgebiet	Prozess-Nr.
	Terminplan entwickeln	Terminplanungsmanagement	6.5
	Kostenmanagement planen	Kostenmanagement	7.1
	Kosten schätzen	Kostenmanagement	7.2
	Budget festlegen	Kostenmanagement	7.3
	Qualitätsmanagement planen	Qualitätsmanagement	8.1
	Ressourcenmanagement planen	Ressourcenmanagement	9.1
	Ressourcen für Vorgänge schätzen	Ressourcenmanagement	9.2
	Kommunikations-management planen	Kommunikationsmanagement	10.1
	Risikomanagement planen	Risikomanagement	11.1
	Risiken identifizieren	Risikomanagement	11.2
	Qualitative Risikoanalyse durchführen	Risikomanagement	11.3
	Quantitative Risikoanalyse durchführen	Risikomanagement	11.4
	Risikobewältigungs-maßnahmen planen	Risikomanagement	11.5
	Beschaffungsmanagement planen	Beschaffungsmanagement	12.1
	Engagement der Stakeholder planen	Stakeholdermanagement	12.1
Ausführung	Projektdurchführung lenken und managen	Integrationsmanagement	4.3
	Projektwissen managen	Integrationsmanagement	4.4

Tabelle 3.2: Übersicht PMBOK-Guide-Prozesse (Forts.)

Prozess-gruppe	Prozess	Wissensgebiet	Prozess-Nr.
	Qualität managen	Qualitätsmanagement	8.2
	Ressourcenbeschaffung	Ressourcenmanagement	9.3
	Projektteam entwickeln	Ressourcenmanagement	9.4
	Projektteam managen	Ressourcenmanagement	9.5
	Kommunikation managen	Kommunikationsmanagement	10.2
	Risikobewältigungs-maßnahmen umsetzen	Risikomanagement	11.6
	Beschaffung durch-führen	Beschaffungsmanagement	12.2
	Engagement der Stakeholder managen	Stakeholdermanagement	13.3
Überwa-chung und Steuerung	Projektarbeit überwa-chen und steuern	Integrationsmanagement	4.5
	Integrierte Änderungs-steuerung durchführen	Integrationsmanagement	4.6
	Inhalt und Umfang validieren	Inhalt und Umfangsmanage-ment	5.5
	Inhalt und Umfang steuern	Inhalt und Umfangsmanage-ment	5.6
	Terminplan steuern	Terminplanungsmanagement	6.6
	Kosten steuern	Kostenmanagement	7.4
	Qualität lenken	Qualitätsmanagement	8.3
	Ressourcen steuern	Ressourcenmanagement	9.6
	Kommunikation über-wachen	Kommunikationsmanage-ment	10.3
	Risiken überwachen	Risikomanagement	11.7

Tabelle 3.2: Übersicht PMBOK-Guide-Prozesse (Forts.)

3

Prozess-gruppe	Prozess	Wissensgebiet	Prozess-Nr.
	Beschaffungen steuern	Beschaffungsmanagement	12.3
	Engagement der Stakeholder überwachen	Stakeholdermanagement	13.4
Abschluss	Projekt oder Phase abschließen	Integrationsmanagement	4.7

Tabelle 3.2: Übersicht PMBOK-Guide-Prozesse (Forts.)

Struktur der Projektmanagementprozesse

Alle Projektmanagementprozesse sind nach dem gleichen Schema aufgebaut und durch ihre Ergebnisse miteinander verbunden. Jeder Prozess wird beschrieben durch

- **Eingangswerte** (input)
- **Werkzeuge und Methoden** (tools and techniques)
- **Ausgangswerte** (output)

Wie oft ein Prozess in einem Projekt wiederholt wird und welche Wechselwirkungen zwischen den Prozessen bestehen, hängt vom Projekt ab. Grundsätzlich gibt es drei Ausprägungen von Prozessen:

1. Prozesse, die einmal oder an vorgegebenen Stellen im Projekt verwendet werden, z.B. Projektauftrag entwickeln

2. Prozesse, die durchgeführt werden, wenn der Bedarf dafür besteht, z.B. Beschaffungen durchführen

3. Prozesse, die während des gesamten Projekts fortlaufend durchgeführt werden, z.B. Terminplan steuern

Zusammenhang Projektlebenszyklus und Projektmanagementlebenszyklus

Nicht ohne ein wenig mahnend den Finger zu erheben, möchten wir darauf hinweisen, dass dieser Zusammenhang zwischen Projektlebenszyklus und Projektmanagementlebenszyklus vielen Projektmanagern – teilweise sogar auch zertifizierten PMPs – nicht immer 100%ig klar ist.

Zu oft werden beide Lebenszyklen miteinander verwechselt, zu häufig wird der Projektmanagementlebenszyklus in ein Phasenmodell umgedeutet.

Vorsicht

Hat sich *Ihnen* der Unterschied wirklich vollständig erschlossen? Der Projektmanagementlebenszyklus besteht aus den fünf Prozessgruppen »Initiierung«, »Planung«, »Ausführung«, »Überwachung und Steuerung« und »Abschluss«. Er könnte – aufgrund der verwendeten Bezeichnungen – in der Tat mit einem Phasenmodell verwechselt werden.

Nachfolgend haben wir Ihnen die wichtigsten Gemeinsamkeiten und Unterschiede zusammengefasst:

- Ja, es gibt Phasenmodelle, in denen es auch eine Phase *Initiierung* geben könnte.
- Ja, es gibt Phasenmodelle, in denen es auch eine Phase *Planung* geben könnte (denken Sie nur an Bauprojekte).
- Ja, es gibt Phasenmodelle, in denen es auch eine Phase *Ausführung* geben könnte.
- Nein, in keinem Phasenmodell wird es jemals eine Phase geben können, die *Steuerung* heißt. Das würde ja bedeuten, dass Sie sequenziell nach der Ausführung von beispielsweise Oktober bis März nur noch steuern. Geht nicht.

Welcher Zusammenhang besteht also zwischen beiden Lebenszyklen?

Wir kommen auf die Darstellung der Grillparty (vgl. Abbildung 3.2) zurück. Dort haben wir erörtert, was unter dem Projektlebenszyklus (nämlich dem Phasenmodell) zu verstehen ist. Wenn unsere Grillparty einen Projektlebenszyklus mit vier Phasen aufweist, wie viele Projektmanagementlebenszyklen hat die Feier? Mindestens genauso viele Projektmanagementlebenszyklen wie Phasen! Also mindestens vier! Hätten Sie das gedacht? Abbildung 3.4 stellt diesen Sachverhalt grafisch dar.

Konsequenterweise lassen sich aus dieser Darstellung folgende Aussagen ableiten:

3

▣ In jeder Phase gibt es mindestens einen Projektmanagementlebenszyklus.

▣ Es *könnten* grundsätzlich alle beschriebenen Projektmanagementprozesse innerhalb einer Phase vollständig durchlaufen werden. Der Projektleiter bestimmt in Zusammenarbeit mit dem Projektteam, welche Prozesse tatsächlich benötigt werden und wie jeder Prozess anzuwenden ist.

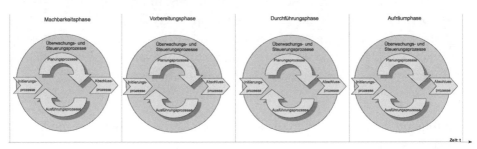

Abbildung 3.4: Zusammenhang Projektlebenszyklus und Projektmanagement-lebenszyklus, Beispiel Grillparty

Wenn es also eine *Phase Planung* geben sollte, dann wird diese Phase initiiert, die Phase wird geplant (»*die Planung wird geplant*«), sie wird ausgeführt, sie wird gesteuert, und sie wird abgeschlossen.

Frage

Überlegen Sie sich bitte anhand des Beispiels der Grillparty, welche Aktivitäten innerhalb des Projektmanagementlebenszyklus der Durchführungsphase anfallen.

Antwort

Die Durchführungsphase unserer Grillparty könnte wie folgt strukturiert sein:

▣ *Initiierung*: Sie sitzen mit Ihrem Partner am Frühstückstisch und sagen: »Jetzt gibt's kein Zurück mehr ...«

▣ *Planung*: Sie definieren das Fine-Tuning der Feier (»spätestens um fünf Uhr den Grill anfeuern«) und wo Sie die Tische und Stühle aufstellen.

▣ *Durchführung*: Stühle aufstellen, Grill anfeuern etc.

- *Steuerung*: Sie überprüfen während der Feier, ob weiterhin ausreichend Getränke vorhanden sind, jeder Gast genügend zu essen hatte und die Musik nicht zu laut ist.
- *Abschluss*: Sie verabschieden die letzten Gäste.

3.4 Systeme von Organisationen

3.4.1 Allgemeine Überlegungen

Projekte finden in Organisationen statt, die Rahmenbedingungen, Strukturen und Einschränkungen für das Managen der Projekte vorgeben. Damit ein Projekt erfolgreich durchgeführt werden kann, muss der Projektmanager verstehen, in welchem Umfeld sein Projekt durchgeführt wird. Dazu gehört, dass er weiß, wie die hierarchischen Strukturen definiert sind, aber auch, welche Wechselwirkungen zwischen den verschiedenen Systemen, den Systemkomponenten und der Organisation bestehen.

Jede Organisation hat Regelungen, mit denen das Verhalten der Mitglieder der Organisation geregelt und beeinflusst werden soll: das **Konzept der Führung und Aufsicht** einer Organisation. Es umfasst die Personen, Rollen, Strukturen und Richtlinien einer Organisation, aber auch wie Daten gesammelt und Feedback zur Führung gegeben wird.

3.4.2 Organisationsstrukturen

In der Literatur werden viele verschiedene Organisationsstrukturen beschrieben. Sie kennen sicherlich Begriffe wie Linien- und Stabsorganisation. Doch diese Begriffe werden international nicht einheitlich verwendet. Für die Prüfung ist es also wichtig, dass Ihnen die PMI-Terminologie vertraut ist. Wir geben Ihnen daher auch die englischen Fachbegriffe an. PMI identifiziert verschiedene Ansätze für die Organisation von Unternehmen, die sich an dem Grad der Verantwortung des Projektmanagers orientieren. Nachfolgend werden wir die verbreitetsten Ansätze strukturieren und kurz charakterisieren sowie die Auswirkungen auf die Rolle des Projektmanagers aufzeigen. Bitte beachten Sie, dass in der Praxis die beschriebenen Organisationsstrukturen nicht so klar abgegrenzt sind und oft Mischformen existieren.

1. **Linienorganisation** (traditionelle oder klassische Organisation)

   – Innerhalb der Linienorganisation wird die Gesamtaufgabe des Unternehmens nach fachlichen Kriterien in Teilaufgaben zerlegt und es werden dementsprechende Abteilungen gebildet. Sie kennen die Bezeichnungen für derartige Fachabteilungen. Einige Beispiele sind: Finanzen, Marketing, Entwicklung und Fertigung (siehe Abbildung 3.5). Die Mitarbeiter erhalten nur von der ihnen unmittelbar vorgesetzten Stelle (dem Linienvorgesetzten) Anweisungen.

   – Der Projektleiter ist meist mit dem funktionalen Linienverantwortlichen identisch.

   – Der zentrale Nachteil dieser Organisationsform ist die unflexible Ressourcenauslastung und -verwendung. Muss ein Projekt linienübergreifend organisiert werden, ist die funktionale Organisationsform sogar sehr hinderlich, da »... die Integrationsleistung vom Kunden gemacht werden muss« (typische Prüfungsfrage).

   – PMI-Begriff: *functional*

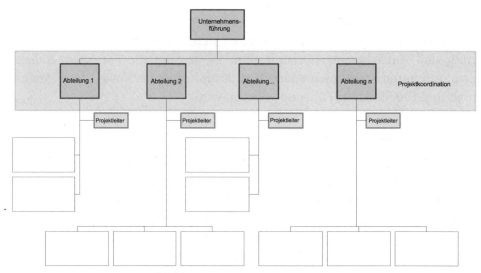

Abbildung 3.5: Linienorganisation

2. Die Stab-Linienorganisation

Bei einer Stab-Linienorganisation gibt es zusätzlich zu den Fachaufgaben eine Stabsstelle für Projektmanagement (siehe Abbildung 3.6).

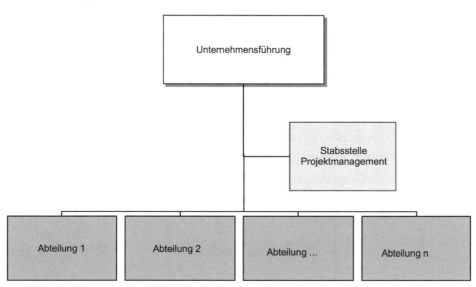

Abbildung 3.6: Stab-Linienorganisation

Die Stab-Linienorganisation gibt es in zwei Ausprägungen:

Die Stabsstelle fungiert als Projekt**unterstützer:**

- Der Projektunterstützer koordiniert die Projekte über die Fachabteilungen hinweg und fungiert als Kommunikationszentrale. Er kann nicht eigenmächtig Entscheidungen herbeiführen oder treffen. Der Projektunterstützer berichtet an die jeweiligen Fachabteilungen.

- PMI-Begriff: *project expeditor*

Die Stabsstelle fungiert als Projekt**koordinator:**

- Der Projektkoordinator hat grundsätzlich die gleichen Aufgaben wie der Projektunterstützer, verfügt jedoch über weitergehende Kompetenzen. Der Projektkoordinator berichtet im Regelfall an das obere Management.

- PMI-Begriff: *project coordinator*

3. **Die reine Projektorganisation:**

- Ist die Organisation ausschließlich projektbasiert strukturiert, wird für jedes Projekt ein Projektteam als funktionale Einheit zusammengestellt. Die Teammitglieder arbeiten immer nur für ein Projekt (siehe Abbildung 3.7).

3

– Der Projektleiter hat die Weisungsbefugnis für sein Team. Er berichtet an die Unternehmensführung.

– Diese Organisationsform scheint auf den ersten Blick die bestmögliche Implementierung von Projektmanagement zu sein, ist in Wirklichkeit aber nicht sehr effektiv. Die Linien sind die Heimat des Wissens in einer Organisation, und daher verliert eine Organisation über die Zeit ihre Wissensbasis, wenn sie ausschließlich in einer reinen Projektorganisation aufgestellt ist.

– PMI-Begriff: *projectized*

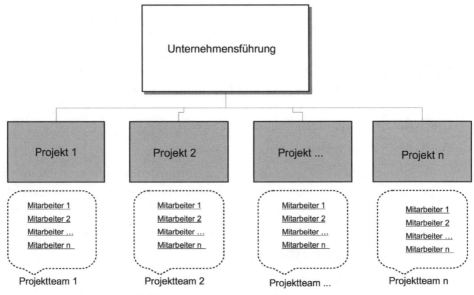

Abbildung 3.7: Reine Projektorganisation

4. Matrixorganisation

In einer **Matrixorganisation** werden linien- und projektbasierte Organisation verknüpft. Die Projektteams werden aus Mitarbeitern der Fachabteilungen gebildet, der Projektleiter hat für das Projekt je nach Ausprägung Budget- und auch Personalverantwortung. Ein Projektmitarbeiter hat insofern zwei Vorgesetzte: seinen Fachvorgesetzten und den Projektleiter (siehe Abbildung 3.8).

Ein Großteil der auf Organisationsstrukturen bezogenen Fragen im PMP-Examen setzt sich mit dieser Organisationsform auseinander. Neben den

Fragen, die die Vor- und Nachteile verschiedener Organisationsformen zum Inhalt haben, sollten Sie mit Fragen rechnen, die sich von den verschiedenen Matrixformen ableiten lassen. Die Matrix kann in vielen verschiedenen Formen auftreten, es gibt jedoch drei wesentliche Varianten, die nachfolgend dargestellt sind:

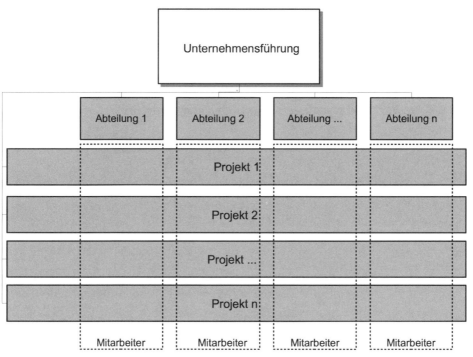

Abbildung 3.8: Matrixorganisation

Schwache Matrix

– Der Mitarbeiter ist stärker an die Fachabteilung gebunden als an das Projekt, z.B. hinsichtlich der Vergabe von Prioritäten. Der Linienvorgesetzte ist immer noch der erste Ansprechpartner für den Mitarbeiter.

– PMI-Begriff: *weak matrix*

Starke Matrix

– Handelt es sich um eine starke Matrix, schlägt das Pendel in die andere Richtung. Die Weisungsbefugnis des Projektleiters dominiert.

– PMI-Begriff: *strong matrix*

Ausgewogene Matrix

– Liegt eine ausgewogene Matrix vor, ist der Mitarbeiter zu gleichen Teilen der Fachabteilung und dem Projekt zugeordnet.

– PMI-Begriff: *balanced matrix*

In der Prüfung können Sie sich die Einordnung der Strukturformen und die Beantwortung der zugehörigen Fragen erleichtern, indem Sie jede Form mit folgenden Fragen in Beziehung setzen:

1. Welche Rolle nimmt der Projektmanager ein? Wie ist er im Vergleich zum Linienmanager positioniert?

2. Welche Vor- und Nachteile hat jede Organisationsform?

Frage

Wenn Sie die einzelnen Organisationsstrukturen vergleichen, welche Vor- bzw. Nachteile sehen Sie jeweils?

Antwort

Folgende Tabelle nennt jeweils drei Beispiele für Vor- und Nachteile. Die Bewertung erfolgt immer im Vergleich zur Linienorganisation.

Organisations-form	Vorteile	Nachteile
Linienorganisation	■ Vereinfachte Kostensteuerung und Budgetierung ■ Vereinfachte Personalsteuerung, jeder Mitarbeiter berichtet nur an eine Person	■ Keine Verantwortlichkeit für das Gesamtprojekt, wenn linienübergreifend ■ Keine Entwicklungsmöglichkeiten des Projektpersonals ■ Mangelnde Kundenorientierung

Tabelle 3.3: Vor- und Nachteile der verschiedenen Organisationsformen

Organisations-form	Vorteile	Nachteile
Stab-Linienor-ganisation	■ Vereinfachte Projektkoor-dination ■ Sammlung des Fachwis-sens Projektmanagement an einer Stelle ■ Berichtswesen an einer zentralen Stelle	■ Projektmanager hat nur begrenzte Verantwortung ■ Interessenkonflikte zwi-schen Stab und Linie ■ Mitarbeiter haben fachli-chen und disziplinari-schen Vorgesetzten
Matrixorgani-sation	■ Projektmanager hat (be-grenzte) Verantwortung über Ressourcen ■ Flexibel in Bezug auf Än-derungen ■ Linienfunktionen unter-stützen die Durchführung von Projekten	■ Berichterstattung an zwei Stellen ■ Eventuell konkurrierende Interessen zwischen Ab-teilungs- und Projektleiter ■ Überwachung und Steue-rung kompliziert
Projektba-sierte Organi-sation	■ Effiziente Projektorganisa-tion ■ Eindeutige Kommunikati-onswege ■ Starkes Engagement der Mitarbeiter für das Projekt	■ Unsicherheit der Mitarbei-ter bei Abschluss des Pro-jekts (»Wie geht es wei-ter?«) ■ Kostenintensiv, da Dopp-lung von Unterstützungs-tätigkeiten und Funktio-nen ■ Kaum Austausch zwi-schen den Projekten, da-mit kein hohes techni-sches Know-how

Tabelle 3.3: Vor- und Nachteile der verschiedenen Organisationsformen

3.4.3   Das Projektmanagementbüro

Das Projektmanagementbüro (PMO) ist laut PMBOK Guide

> *eine Organisationsstruktur, die projektbezogene Führungs- und Aufsichts-prozesse standardisiert und die gemeinsame Nutzung von Ressourcen, Methodiken, Werkzeugen und Methoden unterstützt.*

Es gibt nicht „die" Aufgabenbeschreibung des Projektmanagementbüros, sondern die Ausgestaltung des PMO hängt von der Organisationsform des Unternehmens, dem Projektmanagementreifegrad aber auch der Qualifikation der Mitarbeiter des PMO ab.

Grundsätzlich kann ein PMO wie folgt wirken:

1. **Unterstützend.** Das PMO erstellt, sammelt und verteilt Informationen und wird beratend tätig.

2. **Steuernd.** Das PMO stellt verschiedene unterstützende Dienste und Vorgaben für das Projektmanagement zur Verfügung und kontrolliert die Einhaltung.

3. **Anweisend.** Das PMO überwacht und steuert Projekte aktiv. Die Projektleiter sind dem PMO unterstellt und werden von ihm Projekten zugeteilt.

Es kann ein zentrales PMO für die gesamte Organisation geben, es ist aber auch möglich, dass verschiedene Bereiche im Unternehmen verschieden PMOs mit unterschiedlichen Ausprägungen haben.

3.5 Prüfungsfragen

Zusätzliche und beispielhafte Prüfungsfragen zu diesem Kapitel finden Sie im Internet unter der Adresse: *www.wuttke.team/pmp-examen-das-buch*

4 Integrationsmanagement in Projekten

Integrationsmanagement in Projekten ist ein Wissensgebiet, dessen Existenz langjährige Projektleiter erst einmal verwundert. Es handelt sich dabei um die große Klammer um alle Themen, um die Integration eben und um die Zusammenfassung der verschiedenen Prozesse auf einer »höheren Ebene«.

> **Tipp**
>
> Wir orientieren uns bei der Kapitelabfolge in diesem Buch an der Kapitelabfolge des PMBOK Guide. Dort findet sich das Wissensgebiet »Integrationsmanagement« ebenfalls in Kapitel 4. Ein Tipp für das Lernen und Verstehen: Nehmen Sie aus diesem Kapitel die Themen Projektauftrag (*Project Charter*) und Projektmanagementplan heraus und machen dann mit Kapitel 5 weiter. Am Ende, wenn Sie alle Wissensgebiete durchgearbeitet haben, kommen Sie zurück auf dieses Kapitel und beenden Ihr Studium mit dem verbleibenden Stoff dieses Abschnitts.

Kurz zusammengefasst enthält das Wissensgebiet *Integrationsmanagement* in Projekten die Prozesse und Vorgänge, die die Einzelteile des Projekts zu einem koordinierten Ganzen zusammenfügen.

Die schwierigste Herausforderung in der Praxis besteht im Allgemeinen darin, den verschiedenen Interessen der Stakeholder gerecht zu werden und bei konkurrierenden Zielen und Handlungsalternativen die richtige Entscheidung zu treffen, nachdem die jeweiligen Vor- und Nachteile und die sich daraus ergebenden Konsequenzen sorgfältig gegeneinander abgewogen wurden. Ein weiterer Aspekt des Integrationsmanagements ist es, sicherzustellen, dass die im Projekt erstellten Dokumente konsistent sind. Insbesondere bei den – mit Sicherheit im Projekt auftretenden – Änderungen ist es eine herausfordernde Aufgabe, die Wechselwirkungen zwischen den Projektdokumenten (z.B. Termin- und Kostenbasisplan) zu erkennen und aktiv zu managen.

Frage

Bevor wir in die Einzelheiten dieses Kapitels einsteigen, überlegen Sie, was im Rahmen der Integration besonders wichtig ist.

Antwort

Um die verschiedenen Aspekte eines Projekts zu koordinieren und zu integrieren, ist eine effektive Kommunikation zwischen allen Beteiligten besonders wichtig. Hierfür ist der Projektleiter verantwortlich.

4.1   Prozesse des Wissensgebiets

Der PMBOK Guide beschreibt in diesem Wissensgebiet sieben Prozesse. Diese sind:

1. **Projektauftrag entwickeln (Prozess 4.1)** – Mit dem Projektauftrag wird ein Projekt formal freigegeben. Er enthält die Anforderungen an das Projekt.

2. **Projektmanagementplan entwickeln (Prozess 4.2)** – Der Projektmanagementplan beschreibt, wie das Projekt geplant, ausgeführt und gemanagt wird.

3. **Projektdurchführung lenken und managen (Prozess 4.3)** – Der Prozess beschreibt, wie die Arbeiten des Projekts ausgeführt werden.

4. **Projektwissen managen (Prozess 4.4)** – Der Prozess beschreibt, wie Wissen im Projekt erlangt wird und wie dieses Wissen verwendet wird, um die Projektziele zu erreichen und wie es in die Organisation weitergetragen wird.

5. **Projektarbeit überwachen und steuern (Prozess 4.5)** – Ziel dieses Prozesses ist es sicherzustellen, dass die im Projektmanagementplan definierten Ziele erreicht werden.

6. **Integrierte Änderungssteuerung durchführen (Prozess 4.6)** – Jedes Projekt unterliegt Änderungen, und dieser Prozess beschreibt, wie damit umgegangen wird.

7. **Projekt oder Phase abschließen (Prozess 4.7)** – Nicht nur das Projekt, auch die einzelnen Projektphasen müssen formell beendet werden.

Wir empfehlen Ihnen, sich mit den Prozessen und ihren Beziehungen unbedingt vertraut zu machen, denn in der PMP-Prüfung kann auch Prozesswissen abgefragt werden. Auch wenn Sie nicht alle Eingangs- und Ausgangswerte sowie Werkzeuge der einzelnen Prozesse auswendig kennen müssen, erleichtert Ihnen das Verständnis der Abhängigkeiten zwischen den Prozessen die Beantwortung von Fragen, die beispielsweise wie folgt lauten können:

Sie sollen als Projektleiter ein neues Projekt übernehmen. Der Geschäftsführer bittet Sie, die Informationen in einem Dokument zusammenzustellen, die für die Erstellung des Projektauftrags benötigt werden. Welchen der folgenden Punkte werden Sie nicht in Ihr Dokument aufnehmen?

a. Kernpunkte des Vertrages (sofern vorhanden)
b. Ergebnis des Business Cases (sofern vorhanden)
c. Beschreibung des Inhalts und Umfangs des Projekts
d. Leistungsbeschreibung für das Projekt

Die richtige Antwort für diese Frage ist c). Die Beschreibung des Inhalts und Umfangs ist kein Eingangswert des Prozesses »Projektauftrag entwickeln«. Um zu dieser Antwort zu kommen, müssen Sie die Eingangswerte des Prozesses nicht auswendig gelernt haben, Sie müssen »nur« wissen, dass die Beschreibung des Inhalts und Umfangs erst später im Projektverlauf erstellt wird und auf dem Projektauftrag aufbaut.

4.1.1 Projektauftrag entwickeln (Project Charter)

Vor dem offiziellen Projektstart erfolgt zunächst einmal die Projektauswahl. Denn oft befindet sich eine Organisation in der Situation, dass sie mehr Projekte durchführen möchte, als Ressourcen zur Verfügung stehen. Auch wenn der Projektmanager in der Regel nicht darüber entscheidet, welche Projekte durchgeführt werden, sollte er, um das Projekt erfolgreich zu leiten, wissen, welche Hintergründe zur Initiierung des Projekts geführt haben:

▪ Wer in der Organisation hat über die Auswahl des Projekts entschieden?

▪ Welche Projektauswahlverfahren wurden angewandt?

Ziel des Prozesses »Projektauftrag entwickeln« ist es, nicht nur eine direkte Verbindung zwischen dem Projekt und den strategischen Zielen der Organisation zu schaffen, sondern auch die Bedeutung des Projekts für die Organisation und des Engagements der Organisation gegenüber dem Projekt zu verdeutlichen. Der Prozess ist einer von zwei Initiierungsprozessen des PMBOK Guide (der andere Initiierungsprozess ist der Prozess 13.1. »Stakeholder identifizieren«). Mit der Freigabe des Projektauftrags durch den Projektsponsor wird das Projekt gestartet, und der Projektleiter erhält die Befugnis, Ressourcen für das Projekt aufzuwenden.

Folgende Punkte sollten Sie sich zum Projektauftrag merken:

- Er ist die **offizielle Freigabe**, um Mittel für das Projekt aufzuwenden.

- Er beantwortet die Frage **»Warum machen wir das Projekt?«**, das heißt, der Projektauftrag dokumentiert, welcher Zustand durch das Projekt geändert werden soll (Problemstellung, Geschäftsbedarf).

- Er beschreibt das Produkt (oder die Dienstleistung), das durch das Projekt erschaffen wird, und beantwortet damit die Frage: **»Was wird erstellt?«**

- Er **definiert die Ziele**/Anforderungen auf einer hohen Ebene für das Projekt.

- Er sollte von einem **Verantwortlichen außerhalb des Projekts** ausgestellt werden.

- Idealerweise ist der **Projektleiter an der Erstellung beteiligt**.

- Der Projektauftrag ist **die Basis** für die Festlegung von Terminen, Budget und Umfang.

Der Projektauftrag darf nicht mit der externen Beauftragung durch einen Kunden verwechselt werden. Ein unterzeichneter Vertrag könnte auch »Projektauftrag« genannt werden, das ist aber nicht der Projektauftrag im Sinne des PMBOK Guide. Wenn Sie daher in Ihrem Unternehmen den Begriff Projektauftrag verwenden, sollten Sie überprüfen, mit welcher Intention der Projektauftrag in Ihrem Unternehmen verwendet wird. Falls die Definition im PMBOK Guide von der in Ihrem Unternehmen abweicht, ist das in der Praxis kein Problem. Aber in der Prüfung müssen Sie dann bei der Beantwortung der Fragen aufpassen, dass Sie diese nicht auf Basis Ihrer Praxiserfahrung beantworten.

Bei der Erstellung des Projektauftrags werden alle bereits vorliegenden **Vereinbarungen**, die im Bezug zum Projekt stehen, beachtet. Zum Beispiel wird es oft bereits einen Kundenvertrag oder eine Leistungsbeschreibung (für das Projekt) (SOW – Statement of Work) geben. Des Weiteren liefern **Geschäftsdokumente** Inputs für die Erstellung des Projektauftrags: Für die meisten

Projekte wird es einen **Business Case** geben, der den Geschäftsbedarf und eine Kosten-Nutzen-Analyse enthält und Auskunft darüber gibt, ob bzw. wie die erwarteten Ergebnisse des Projekts die erforderlichen Investitionen rechtfertigen. Im **Nutzenmanagementplan** wird beschrieben, wie und wann der Nutzen des Projekts erzielt wird und wie die Messung des Nutzens erfolgt.

Der PMBOK Guide nennt als weitere Eingangswerte »Faktoren der Unternehmensumwelt« und »Prozessvermögen der Organisation«. Zwei sperrige Begriffe, die in vielen Prozessbeschreibungen des PMBOK Guides vorkommen. Daher hier einmal die Erläuterung:

▪ **Faktoren der Unternehmensumwelt** sind Rahmenbedingungen, die dem Projekt vorgegeben werden. Dabei können diese Vorgaben außerhalb des Unternehmens generiert werden, z.B. rechtliche Vorgaben, Besonderheiten des Markts, in dem das Unternehmen tätig ist, oder Branchenstandards. Die Faktoren können aber auch durch das Unternehmen selbst bedingt sein, z.B. durch die Standorte des Unternehmens, die gegebene Infrastruktur, die Organisationsform, das vorhandene Know-how etc.

▪ Das **Prozessvermögen der Organisation** beinhaltet einerseits die Vorgaben der Trägerorganisation (also der Organisation, die das Projekt durchführt), die für das Projekt relevant sind, wie zum Beispiel Unternehmens- oder Qualitätspolitik, Verfahren und Arbeitsanweisungen. Andererseits werden hierunter auch die Informations- und Datenquellen zusammengefasst, die dem Projekt zur Verfügung stehen, wie zum Beispiel Daten von bereits durchgeführten Projekten (= historische Daten) und die daraus gewonnenen Erkenntnisse.

Sie müssen nicht auswendig lernen, für welche Prozesse diese beiden Input liefern. Aber Sie sollten wissen, was die beiden bedeuten und dass diese beiden Eingangswerte für beide Initiierungsprozesse und für alle 24 Planungsprozesse Input liefern. Auch die meisten anderen Prozesse haben einen oder beide Faktoren als Eingangswerte, dies ist nur konsequent, denn wie ein Projekt geplant, ausgeführt und gesteuert wird, hängt viel von dem Umfeld ab, in dem es durchgeführt wird, aber auch von der Projektmanagementreife der durchführenden Organisation.

Auch wenn der Projektleiter natürlich so früh wie möglich in die Projektplanung einbezogen werden sollte, ist in der Realität der Projektauftrag oft bereits erteilt, wenn er dem Projekt zugewiesen wird. Auch in dem Fall muss er sich – um erfolgreich zu sein – mit dem »Warum« beschäftigen und darf sich nicht nur auf das »Was« konzentrieren.

4

4.1.2 Den Projektmanagementplan entwickeln

Der Projektmanagementplan ist ein Begriff, der in der Praxis nicht so oft Anwendung findet. Und ehrlich gestanden versteckt sich hinter dem Projektmanagementplan auch eher ein Konzept als ein Dokument – aber ein gutes! Der Begriff Projektmanagementplan wurde mit der Version 2004 des PMBOK Guide eingeführt und ersetzt seitdem den Begriff *Projektplan*. Darüber, ob der Begriff jetzt sprachlich schöner ist, kann man streiten. Er sorgt aber (hoffentlich) für mehr Klarheit. Die Frage nach dem Projektplan bringt nämlich viele Praktiker ins Stolpern, da dafür in der Praxis oft die Begriffe Netz- und Terminplan als Synonyme gebraucht werden. Der Theorie nach ist das aber nicht korrekt! Der Projektplan bzw. der Projektmanagementplan ist ein umfassendes »Ganzes«, das sich aus mehreren Bestandteilen – die in den verschiedenen Planungsprozessen entwickelt werden – zusammensetzt. Er beschreibt, wie die Arbeit im Projekt durchgeführt wird.

Struktur des Projektmanagementplans

Der Projektmanagementplan ist somit (meist) nicht ein Dokument, sondern eher die Klammer, die die vielen verschiedenen Dokumente zusammenfasst, die im Projekt erstellt werden.

Das Konstrukt des Projektmanagementplans baut auf folgenden Überlegungen auf:

- Der PMBOK Guide liefert nicht »die« Vorgehensweise, wie ein Projekt am besten gemanagt werden soll, sondern beschreibt die grundlegenden Prozesse und Werkzeuge.

- Jedes Projektteam muss daher als Erstes die grundsätzliche Vorgehensweise festlegen, wie das Projekt bzw. dessen Phasen initiiert, geplant, ausgeführt, überwacht und abgeschlossen werden sollen.

- Für jedes Wissensgebiet muss festgelegt werden, welche Prozesse wann, wie und durch wen durchgeführt werden. Diese grundsätzlichen »*Überlegungen zu Anpassungen*« werden je Wissensgebiet in einem Terminmanagementplan, Kostenmanagementplan, Qualitätsmanagementplan usw. dokumentiert.

- Zum Umfang des Projektmanagementplans gehören neben den Managementplänen auch die freigegebenen Planungsdokumente, gegen die der Projektfortschritt gemessen wird, z.B. der Terminbasisplan und der Kostenbasisplan.

Frage

Überlegen Sie: Aus welchen Elementen besteht der Projektmanagement-plan und wer ist an der Entwicklung beteiligt?

Antwort

Der Projektmanagementplan beinhaltet u.a.:

- Die Beschreibung des gewählten Phasenmodells und der anzuwendenden Prozesse
- Festlegungen, wie die Teilmanagementpläne aus den anderen Wissensgebieten integriert und konsolidiert werden
- Festlegungen, wie Änderungen überwacht und gesteuert werden, wer Änderungen freigibt etc.
- Kommunikationswege und -methoden
- die Managementpläne der anderen Wissensgebiete (z.B. Plan für Projektinhalts- und Umfangsmanagement, Terminmanagementplan, Kostenmanagementplan, Qualitätsmanagementplan etc.)
- die Basispläne der einzelnen Wissensgebiete

Verantwortlich für die Vollständigkeit und die Pflege des Projektmanagementplans ist der Projektleiter. Erstellt wird der Projektmanagementplan jedoch unter Mitwirkung des Projektteams.

Sie sehen, es wird nur wenige Projekte geben, die alle oben beschriebenen Inhalte des Projektmanagementplans in einem Dokument unterbringen. Auch müssen die meisten Projektleiter nicht alle Punkte des Projektmanagementplans jedes Mal neu entwickeln, sondern Unternehmen, die regelmäßig Projekte durchführen, haben oft eine festgelegte Vorgehensweise, die mehr oder weniger detailliert beschreibt, wie die Projekte durchgeführt werden. Und erinnern Sie sich, wie der PMBOK Guide diese Vorgaben nennt? Richtig: **Prozessvermögen der Organisation**.

In der Auflistung der Inhalte des Projektmanagementplans taucht der Begriff des *Basisplans* (Baseline) auf. In einem Projekt gibt es verschiedene Basispläne, z.B. für Inhalt und Umfang, den Termin- oder Kostenbasisplan. Einzelheiten dazu erläutern wir Ihnen in den entsprechenden Wissensgebieten.

Frage

Was ist der Unterschied zwischen einem Projektmanagementplan und einem Basisplan?

Antwort

Der *Projektmanagementplan* ist ein Arbeitsdokument, er wird auf Basis des aktuellen Projektfortschrittes aktualisiert. Ein *Basisplan* ist dagegen ein zeitweise »eingefrorener« Plan, gegen den der Fortschritt des Projekts gemessen wird.

Eine weitere Komponente des Projektmanagementplans ist der **Konfigurationsmanagementplan.** Er beschreibt, für welche Projektinformationen welche Informationen wie aufgezeichnet und aktualisiert werden, damit das Produkt, die Dienstleistung oder das Ergebnis des Projekts konsistent bzw. betriebsfähig bleibt.

Ziel des Konfigurationsmanagements ist es, sicherzustellen, dass die einzelnen Informationen und Dokumente, die in den verschiedenen Prozessen generiert werden, konsistent sind. Es beantwortet zum Beispiel folgende Fragestellungen: Welcher Basisterminplan wird mit welchem aktuellen Terminplan verglichen? Wenn der Kostenbasisplan in Version 2 vorliegt, welches ist die korrespondierende Version des Terminbasisplans (auch schon 2 oder noch 1)? Wie wird sichergestellt, dass eine neue Version des Risikoregisters bei der aktuellen Kostenplanung berücksichtigt wird? etc. Für die Theorie reicht es, wenn Sie die folgenden Punkte verinnerlichen. Für die Praxis ist eine detaillierte Auseinandersetzung mit dem Konfigurationsmanagement aber unumgänglich.

Das Konfigurationsmanagement umfasst folgende Schwerpunkte:

- Festlegung, welche Elemente im Konfigurationsmanagement wie behandelt werden, und Festlegung der Verantwortlichkeiten (Konfigurationsidentifizierung)

- Festlegung eines Systems zur Kennzeichnung der Konfiguration, z.B. welche Status es gibt (z.B. Entwurf, Freigegeben), wie die Versionierung erfolgt (Konfigurationsstatusbuchführung)

- Regelmäßige Überprüfungen, ob das Konfigurationsmanagement wie geplant funktioniert (Konfigurationsverifikation und -audits)

Durch ein Konfigurationsmanagement ist es dem Projektteam möglich,

- die aktuell relevanten Dokumente für das Projekt eindeutig zu identifizieren;

- die Zusammenhänge und Unterschiede zwischen verschiedenen Konfigurationen darzustellen;

- festzustellen, welche Dokumente und Versionen von identifizierten Fehlern und Verbesserungen betroffen sind;

- die Verfügbarkeit der aktuellen und früheren Konfigurationen zu gewährleisten;

- die Integrität (Gültigkeit, Inhalte) von Dokumenten sicherzustellen.

Zusammenfassend sollten Sie sich drei Punkte zur Entwicklung des Projektmanagementplans merken:

1. Die Entwicklung ist keine einmalige Angelegenheit, sondern verläuft iterativ. Am Projektanfang ist der Projektmanagementplan ziemlich grob, da nur wenige Informationen vorliegen. Im Laufe der weiteren Projektausführung, beispielsweise nach der Erstellung des Projektstrukturplans und der Durchführung einer Risikoanalyse, wird er zunehmend detaillierter.

2. Der Projektmanagementplan ist ein integratives Dokument, er setzt sich aus den Managementplänen der einzelnen Wissensgebiete sowie den Basisplänen (für das magische Dreieck) zusammen.

3. Kritischer Erfolgsfaktor der Entwicklung des Projektmanagementplans ist die Kommunikation zwischen allen beteiligten Parteien. Verantwortlich hierfür ist der Projektleiter.

Wichtige Elemente für die Entwicklung des Projektmanagementplans

Im Folgenden wollen wir Ihnen Elemente vorstellen, die für die Entwicklung des Projektmanagementplans und für eine erfolgreiche Projektausführung notwendig sind und die im PMBOK Guide an vielen Stellen angesprochen werden.

Einschränkungen (constraints)

Einschränkungen sind gegebene Rahmenbedingungen, die die Flexibilität des Projektteams einschränken. Dies können externe Rahmenbedingungen sein wie gesetzliche Vorgaben, aber auch interne wie zum Beispiel die Verfügbarkeit von nur einem Experten.

Frage

Überlegen Sie, welchen Einschränkungen Ihr aktuelles Projekt unterliegt.

Antwort

Auf diese Frage kann es natürlich keine allgemeingültige Lösung geben. Beispiele für Einschränkungen sind: Der Lieferant der Komponente xy hat im August Betriebsferien. Systemtests können nur am Wochenende oder nachts durchgeführt werden, wenn keine Anwender aktiv sind.

Die Einschränkungen werden in der Planung unter Beteiligung möglichst vieler Stakeholder identifiziert und (ganz wichtig) dokumentiert. Während der Detaillierung der Projektplanung und der Projektausführung sollte regelmäßig überprüft werden, ob die Einschränkungen noch aktuell bzw. ob neue hinzugekommen sind.

Annahmen (assumptions)

Annahmen sind Faktoren, die vom Projektteam als vorgegeben angesehen werden. Im Gegensatz zu Einschränkungen herrscht über den Eintritt von Annahmen Unsicherheit. Sie werden als wahr angenommen, können eintreffen, müssen aber nicht. Annahmen enthalten damit immer ein gewisses Maß an Unsicherheit und müssen im Rahmen des Risikomanagements auf Eintrittswahrscheinlichkeit und Auswirkungen untersucht werden. Abhängig davon müssen ggf. Maßnahmen definiert werden.

Frage

Überlegen Sie: Wie wurde Ihr letztes Projekt von Annahmen beeinflusst, die eingetroffen sind – oder auch nicht?

Antwort

Auch auf diese Frage kann es keine allgemeingültige Antwort geben. Ein Beispiel für den Einfluss einer Annahme ist: Das alte Produktionssystem soll im Projekt durch ein neues Produktionssystem ersetzt werden. Es wird angenommen, dass die Zuverlässigkeit der beiden Systeme identisch ist. Wenn in der Realität die Zuverlässigkeit des neuen Systems dann geringer als die des alten Systems ist, kann dies Auswirkungen auf die Qualität oder die Termineinhaltung haben. Ein anderes Beispiel ist die Mitarbeiterqualifikation. Wenn Sie einen neuen Mitarbeiter einsetzen, treffen Sie Annahmen über seine Fähigkeiten. Ob er aber wirklich für eine Arbeit ausreichend qualifiziert ist, merken Sie oft erst im tatsächlichen Einsatz.

4

Wie auch Einschränkungen werden Annahmen in der Planung unter Beteiligung von möglichst vielen Stakeholdern identifiziert. Im weiteren Projektverlauf sollte regelmäßig

- überprüft werden, ob die identifizierten Annahmen noch gültig sind, ob ihre Einschätzung bzgl. Eintrittswahrscheinlichkeit und Auswirkungen noch stimmen;
- festgestellt werden, ob Annahmen bereits eingetroffen sind und welche Auswirkungen dies hatte;
- untersucht werden, ob neue Annahmen getroffen werden müssen.

Projektdokumente

Ein weiterer Begriff, der gegen den Projektmanagementplan abgegrenzt werden muss, ist **Projektdokument**. Während der Projektmanagementplan beschreibt, wie das Projekt geplant, ausgeführt und gesteuert wird, sind die Projektdokumente Ergebnisse, die während der tatsächlichen Projektplanung, -durchführung und -steuerung erstellt werden. Beispiele hierfür sind Schätzungen, Meilensteinpläne, Informationen über die Projektleistung und Änderungsanträge.

4.1.3 Projektausführung lenken und managen

In der Praxis ist der Prozess »Projektausführung lenken und managen« eine der Hauptaufgaben des Projektleiters. In der Theorie wird die Projektausführung relativ knapp behandelt, denn es müssen ja »nur« die geplanten Projektaktivitäten, so wie sie im Projektmanagementplan festgelegt wurden, abgearbeitet werden.

Kernpunkte der Projektausführung

Wichtige Punkte, die Sie zu dem Prozess »Projektausführung lenken und managen« wissen sollten, sind:

- Die Durchführung des Projekts hängt stark vom zu entwickelnden Projektprodukt bzw. Anwendungsbereich ab.

- Der Name des Prozesses leitet etwas in die Irre, denn in diesem Prozess wird nicht nur gemanagt, sondern der Prozess liefert auch ein handfestes Ergebnis: Bei der Durchführung werden die definierten Arbeitspakete fertiggestellt und die **Liefergegenstände** erstellt.

- Der Prozess ist ein Ausführungsprozess.

- Der Prozess beschreibt, wie die verschiedenen technischen und organisatorischen Schnittstellen im Projekt gemanagt werden.

- Der Prozess behandelt die Umsetzung der genehmigten Änderungsanträge (Eingangswert), liefert aber als Ausgangswert auch neue Änderungsanträge.

- Es müssen regelmäßig Informationen über die Arbeitsleistung ermittelt werden, z.B. welcher Anteil einer geplanten Leistung bereits erbracht wurde, welche Kosten dafür angefallen sind etc. Ein Ergebnis des Prozesses sind daher die **Arbeitsleistungsdaten,**

- Während der Ausführung werden in der Regel die meisten Ressourcen eingesetzt.

- Es werden regelmäßig Teambesprechungen auf verschiedenen Ebenen durchgeführt.

Arbeitsfreigabesystem

Ein wichtiges Verfahren, um die Projektausführung zu managen und zu lenken, ist das *Arbeitsfreigabesystem (work authorization system)*. Bei diesem Verfahren ist es einem Projektmitarbeiter erst dann erlaubt, mit einer Arbeit zu beginnen, wenn sie ihm (formell oder informell) zugeteilt wurde. Somit wird sichergestellt, dass nicht nur die definierten Arbeiten durchgeführt werden, sondern auch, dass die geplanten Arbeiten in der richtigen Reihenfolge ausgeführt werden und die Ressourcenauslastung zentral gelenkt werden kann.

Schnittstellen zu anderen Prozessen

Da mit dem Prozess »Projektausführung lenken und managen« die Erstellung der Liefergegenstände gemanagt wird, hat der Prozess starke Wechselwirkungen mit anderen Prozessen: Der Projektmanagementplan (der sich ja aus Elementen aller Wissensgebiete zusammensetzt) liefert Inputs aus jedem der anderen Wissensgebiete.

Und der Prozess liefert die Basis für eine effektive Steuerung des Projekts. Die hier ermittelten **Arbeitsleistungsdaten**, die der Prozess als Output erstellt, gehen in die Steuerungsprozesse der anderen Wissensgebiete als Input ein. In den Steuerungsprozessen werden dann die ermittelten Arbeitsleistungsdaten, das heißt der Istzustand des Projekts, mit den entsprechenden Plänen verglichen und daraus der Projektstatus abgeleitet, es werden pro Wissensgebiet die **Arbeitsleistungsinformationen** zum Beispiel in Bezug auf Termineinhaltung oder Budgetverwendung erstellt. Diese Informationen gehen dann in den nächsten Prozess des Integrationsmanagements, 4.4. »Projektarbeit überwachen und steuern« als Eingangswerte ein.

Damit dieses Zusammenspiel der einzelnen Elemente gemanagt werden kann, müssen die für das Projekt relevanten Daten gesammelt und verteilt werden. Dies geschieht mittels eines **Projektmanagementinformationssystems (PMIS)**. Die Ausprägung des PMIS hängt dabei nicht nur von den Rahmenbedingungen des Unternehmens ab, sondern auch von dem zu erstellenden Projektprodukt und der Projektorganisation an sich. Ein PMIS kann durch Software realisiert werden – muss aber nicht. Auch eine Papierablage ist ein PMIS. Aber wie auch immer die Umsetzung aussieht, der PMBOK Guide fordert: Jedes Projekt benötigt ein PMIS.

4

Da keine Projektausführung genau nach Plan abläuft, ist auch das Thema **Änderungsmanagement** ein zu beachtender Faktor in der Projektausführung: **Genehmigte Änderungen gehen als Eingangswerte in den Prozess ein**, und der Prozess liefert – wenn während der Projektausführung Verbesserungspotenzial erkannt wird – **Änderungsanträge als Ausgangswerte** (über deren Durchführung dann im Prozess »Integrierte Änderungssteuerung durchführen« entschieden wird). Änderungsanträge können dabei verschiedene Ausprägungen haben. Neben der Fehlerbehebung spielen im Projekt vor allen Dingen Korrektur- und Vorbeugemaßnahmen eine Rolle.

Frage

Kennen Sie den Unterschied zwischen Fehlerbehebung, Korrektur- und Vorbeugemaßnahmen?

Antwort

Die drei Begriffe können folgendermaßen abgegrenzt werden:

Fehlerbehebung – Maßnahmen zur Fehlerbehebung werden in der Regel definiert, wenn erkannt wird, dass das Projektprodukt nicht den Anforderungen entspricht.

Korrekturmaßnahmen – Werden definiert, wenn es Abweichungen zwischen Plan und Ist gibt, um das Projekt »zurück auf die Spur« zu bringen. Um es mit einem Sprichwort auszudrücken: »Das Kind ist bereits in den Brunnen gefallen«, und Sie treffen Maßnahmen, um es wieder herauszuholen.

Vorbeugemaßnahmen – Werden definiert, um sicherzustellen, dass die Projektziele erreicht werden. Um bei unserem Sprichwort zu bleiben: Sie sehen die Gefahr, dass das Kind in den Brunnen fällt, und ergreifen Maßnahmen zu seinem Schutz.

Korrekturmaßnahmen sind damit Tätigkeiten, die ausgeführt werden, wenn eine Abweichung entdeckt wurde und sichergestellt werden soll, dass diese oder eine andere Abweichung nicht noch einmal auftritt. Damit dies erreicht wird, muss nicht nur der Fehler selbst ausgemerzt (dies ist die Fehlerbehebung), sondern auch die Ursache(n) des Fehlers beseitigt werden. Damit Korrektur- und Vorbeugemaßnahmen erfolgreich sind, müssen sie analog dem PDCA-Zyklus von Deming (siehe auch Kapitel »Qualitätsmanagement«) abgewickelt werden:

- Planen (**Plan**): Die Notwendigkeit einer Maßnahme feststellen und die Maßnahme planen

- Tun (**Do**): Die Maßnahme durchführen

- Prüfen (**Check**): Erfolg der Maßnahme prüfen

- Agieren (**Act**): Die Maßnahme in den Standardablauf integrieren

4.1.4 Projektwissen managen

Der Prozess »Projektwissen managen« wird ausgeführt, um vorhandenes Wissen zu nutzen und neues Wissen zu schaffen, damit einerseits die Projektziele erreicht und andererseits der Wissensaufbau der Organisation gefördert wird. Wie alle anderen Prozesse, die das Verb »managen« im Namen haben, ist er ein Ausführungsprozess.

Da Projekte einmalig sind und in einem Unternehmen meistens mehrere Projekte parallel ablaufen, ist eine Herausforderung und ein kritischer Erfolgsfaktor für Unternehmen, Erkenntnisse, die aus einem Projekt gewonnen werden, auch auf andere Projekte und die Unternehmensorganisation zu übertragen.

Der Prozess soll z.B. sicherstellen, dass das Projekt einerseits über neue Erkenntnisse aus anderen Projekten informiert wird, aber auch, dass das durch das Projekt erzeugte Wissen zur Unterstützung der Betriebsabläufe und zukünftiger Projekte oder Phasen der Organisation genutzt wird.

Beim Management von Wissen müssen zwei Aspekte berücksichtigt werden:

- Es gibt »explizites« Wissen, das einfach mithilfe von Wörtern, Bildern und Zahlen aufgezeichnet, gespeichert und verteilt werden kann.

- Es gibt das »implizite« Wissen oder stilles Wissen, das einer Person innewohnt, aber nur schwer mit Worten zu beschreiben oder zu vermitteln ist.

Wissensmanagement befasst sich sowohl mit dem impliziten als auch mit dem expliziten Wissen. In der Praxis wird unter Wissensmanagement oft nur die Dokumentation des Wissens verstanden, damit später darauf zugegriffen werden kann. So werden z.B. die gesammelten Erfahrungen bei Projektende archiviert, um den nachfolgenden Projekten zu ermöglichen, darauf zuzugreifen. Aber so kann nur explizites Wissen weitergegeben werden, das aus dem Kontext herausgenommen falsch interpretiert werden kann. Die Herausforderung im Unternehmen besteht darin, Verfahrensweisen zu etablieren, um implizites Wissen weiterzugeben.

Da sich das implizite Wissen nur in den Köpfen der Menschen befindet, muss die Person, die das Wissen in sich trägt, aus eigener Motivation heraus das Wissen weitergeben.

Damit dies gelingt, werden nicht nur Werkzeuge und Methoden zum **Wissensmanagement** (Interaktionen zwischen Menschen) und **Informationsmanagement** (Austausch von explizitem Wissen), sondern auch zu **Sozialkompetenz und Teamfähigkeit** eingesetzt, z.B. aktives Zuhören, Moderation, Leadership (Führung) und Networking.

Ergebnis des Prozesses ist das **Register der gesammelten Erfahrungen**.

Unter gesammelten Erfahrungen versteht man das Wissen, das sich das Projektteam während der Projektausführung aneignet und das für den Projektverlauf bzw. für zukünftige Projekte relevant sein kann. Sie merken, gesammelte Erfahrungen umfassen ein weites Spektrum. Sie hängen eng mit dem Begriff historische Daten zusammen, denn wenn die gesammelten Erfahrungen dokumentiert werden, werden sie zu **historischen Daten**. Und wenn diese Daten dann genutzt werden, um dem Projektleiter zu helfen, ein Projekt zu planen und abzuwickeln, werden sie als **historische Informationen** (historical information) bezeichnet.

Historische Daten bzw. Informationen können z.B. sein:

- Schätzungen
- Projektstrukturpläne
- Ablaufpläne
- gewonnene Erkenntnisse
- Ressourcenzuordnung
- Risikolisten
- Testberichte etc.

Sie werden vom PMBOK Guide so dargestellt, als ob sie immer verfügbar sind. Vor diesem Hintergrund sollten Sie auch die Prüfungsfragen beantworten, auch wenn es in der Praxis leider nicht immer der Fall ist, dass Daten von vorherigen Projekten strukturiert gesammelt und archiviert wurden. Der Hauptnutzen von historischen Informationen liegt in verbesserten Schätzungen, effektiverem Risikomanagement und damit letztendlich in einer stabileren Projektplanung.

4.1.5 Projektarbeit überwachen und steuern

Während der Prozess »Projektausführung lenken und managen« ein Ausführungsprozess ist, in dem Aktivitäten durchgeführt werden, um das Projektprodukt zu erstellen, und regelmäßig der Status der Arbeitsleistung ermittelt wird, hat der Prozess »Projektarbeit überwachen und steuern« als einer von zwölf Steuerungsprozessen folgende Aufgaben:

- Überprüfung, ob die tatsächlich erbrachte Leistung mit der geplanten Leistung übereinstimmt

- Erkennen und Analysieren von Planabweichungen auf Basis der Ergebnisse, die die anderen Steuerungsprozesse liefern, z.B. Arbeitsleistungsinformationen, Terminplan- und Kostenprognosen

- Bereitstellen von Informationen über den Projektstatus u.a. in Arbeitsleistungsberichten (»work performance reports«)

- Festlegung von notwendigen Korrektur- und Vorbeugemaßnahmen, um Prozessverbesserungen zu erreichen

Wie auch der Prozess »Projektmanagementplan entwickeln« nicht separat betrachtet werden kann, sondern auf die Ergebnisse der anderen Planungsprozesse angewiesen ist und diese integriert, so ist auch der Prozess »Projektarbeit überwachen und steuern« ein Integrationsprozess der Steuerungsprozesse der anderen Wissensgebiete, die in der Struktur sehr ähnlich sind (Ausnahme »Inhalt und Umfang validieren«). Sie vergleichen alle den Plan (Projektmanagementplan plus weitere relevante Dokumente) mit dem Ist (Arbeitsleistungsdaten) und liefern folgende Ergebnisse:

- Arbeitsleistungsinformationen

- Änderungsanträge

- Aktualisierungen des Projektmanagementplans

- Aktualisierungen der Projektdokumente

Und teilweise

■ Aktualisierungen des Prozessvermögens der Organisation

Wir werden daher bei den Erläuterungen der Steuerungsprozesse diese Ausgangswerte nicht immer ansprechen, sondern nur darauf eingehen, wenn der Prozess noch weitere Ausgangswerte liefert.

Der integrative Prozess »Projektarbeit überwachen und steuern« konsolidiert jetzt die Informationen aus den anderen Steuerungsprozessen und setzt sie in Zusammenhang mit dem gesamten Projektmanagementplan. Das beinhaltet:

■ Sammlung und Aufbereitung der Informationen der Vergangenheit bis zum aktuellen Datum

■ Vergleich der tatsächlichen Projektleistung mit dem Projektmanagementplan

■ Analyse, inwieweit der ermittelte Projektfortschritt mit denen in den Basisplänen festgelegten Planvorgaben übereinstimmt

■ Erstellung von Prognosen über den zukünftigen Projektverlauf

■ Überprüfung des Status von Projektrisiken

■ Überwachung der Umsetzung genehmigter Änderungen bei ihrer Durchführung

■ Sicherstellen, dass das Projekt weiterhin den geschäftlichen Bedürfnissen entspricht

Die Dokumentation der Bewertung des gesamten Projektstatus erfolgt in sogenannten **Arbeitsleistungsberichten**.

Sie liefern Informationen über den Status des Projekts bezogen auf das magische Dreieck (Inhalt und Umfang, Termine, Kosten), aber z.B. auch über eingetretene Probleme, Veränderungen in der Risikoeinschätzung oder eine Zusammenfassung der im Berichtszeitraum eingetretenen Änderungen.

Wie bereits erwähnt, Sie müssen nicht die einzelnen Ein- und Ausgangswerte der Prozesse auswendig können, aber den Zusammenhang, wo und wie Arbeitsleistungsdaten ermittelt werden, wie aus den Daten Informationen werden, welcher Prozess Prognosen über den Projektverlauf liefert und was alles im Projekt vorliegen muss, damit Arbeitsleistungsberichte erstellt werden können, sollten Sie rekapitulieren können.

4.1.6 Integrierte Änderungssteuerung

Der Prozess »Integrierte Änderungssteuerung durchführen« ist der zweite Steuerungsprozess des Wissensgebiets »Integrationsmanagement«.

Frage

Meinen Sie, dass Änderungen in einem Projekt sinnvoll sind?

Antwort

Auf jeden Fall kann es in einem Projekt sinnvolle und notwendige Änderungen geben. Da es im Normalfall kein Projekt gibt, bei dem alles nach Plan läuft, ist ein adäquates Änderungsmanagement ein kritischer Erfolgsfaktor für jedes Projekt.

Bevor Änderungen aber adäquat gemanagt werden können, muss erst einmal ein gutes Änderungsmanagement konzipiert werden, das Verantwortlichkeiten und Vorgehensweisen festschreibt (und wo ist dieses dokumentiert? – Jawohl, im Änderungsmanagementplan, einem Element des Projektmanagementplans).

Drei Quellen, die der integrierten Änderungssteuerung Input liefern, haben Sie bereits kennengelernt: die Prozesse »Projektmanagementplan entwickeln«, »Projektausführung managen und lenken« und »Projektarbeit überwachen und steuern«. Aber das sind nicht die drei einzigen. 22 Ausführungs- und Steuerungsprozesse können **Änderungsanträge** erstellen, die dann in der integrierten Änderungssteuerung geprüft und ggf. beschlossen werden. Der **genehmigte Änderungsantrag** bzw. die Dokumentation der Ablehnung im Änderungsprotokoll (Change Log) sind Ergebnisse des Prozesses. Genehmigte Änderungsanträge werden dann in den Prozessen »4.3 Projektdurchführung lenken und managen«, »8.3. Qualität lenken« und »12.3 Beschaffung steuern« weiter betrachtet.

Dabei kommt die integrierte Änderungssteuerung erst dann zum Tragen, wenn für das Projekt Basispläne festgelegt wurden, vorher müssen Änderungen nicht über den Prozess »Integrierte Änderungssteuerung durchführen« gesteuert werden.

Der Änderungsantrag

Nachdem wir jetzt bereits mehrfach den Begriff des Änderungsantrages verwendet haben, wollen wir uns einmal genauer ansehen, was sich denn dahinter verbirgt.

Ein **Änderungsantrag** ist im Normalfall ein formelles Dokument, das erstellt wird, wenn während der Ausführung des Projektplans erkannt wird, dass die geplante Vorgehensweise geändert werden muss. Das ist beispielsweise dann der Fall, wenn bei der Projektplanung verschiedene Aspekte nicht berücksichtigt wurden oder sich die Rahmenbedingungen geändert haben. Änderungsanträge können genehmigt oder abgelehnt werden. Wie dies geschieht, muss für jedes Projekt definiert werden.

Zur Bewertung, ob ein Änderungsantrag notwendig bzw. sinnvoll ist, können verschiedene Quellen herangezogen werden, z.B.

- Anforderungen von externen Stellen (Kunde, gesetzliche Änderungen ...)
- Planabweichungen
- Fortschrittsberichte
- Prozessanalysen
- Ergebnisse von qualitätssichernden Maßnahmen
- Prognosen
- Wenn-Dann-Analysen

Umgang mit Änderungen

Bestandteil der integrierten Änderungssteuerung ist die Festlegung eines Verfahrens, wie mit erkannten Änderungen (Abweichungen) und Änderungsanträgen umgegangen wird. Seien Sie in der Prüfung auf Fragen gefasst, die hinterfragen, welche Schritte dabei durchlaufen werden müssen. Merken Sie sich daher folgende Punkte.

Ein Projektleiter muss:

1. als Erstes prüfen, was im Projektmanagementplan steht, wie mit Änderungen umgegangen wird

2. die Auswirkungen eines Änderungsantrages bzw. einer aufgedeckten Planabweichung analysieren:

   - Welche Auswirkung haben die Änderungen auf die anderen Aspekte des Projektmanagements (beispielsweise wirken sich Änderungen im Terminplan auch oft auf Kosten und Qualität aus)?

   - Welche Interessen welcher Stakeholder sind betroffen?

3. die Ursache ermitteln, warum ein Änderungsantrag notwendig geworden ist

4. Lösungsvorschläge entwickeln, bewerten und abstimmen

   - Intern mit den entsprechenden Stakeholdern (Sponsor, höheres Management, Projektteam etc.)

   - Gegebenenfalls mit dem Kunden

Frage

Überlegen Sie, welche Alternativen der Projektleiter hat, wenn in einem Projekt Abweichungen vom Terminplan festgestellt werden, das Projekt aber unbedingt termingerecht fertiggestellt werden muss.

Antwort

Der Projektleiter kann z.B. (1) zusätzliche (qualifizierte) Mitarbeiter einsetzen – erhöht evtl. die Kosten. (2) Prüfungen weglassen – reduziert evtl. die Qualität. (3) Nacheinander geplante Aktivitäten überlappend ausführen (*fast tracking*) – erhöht das Risiko.

Ziel der Änderungssteuerung ist es aber nicht nur, Abweichungen und Änderungen zu managen, wenn sie aufgetreten sind, sondern vor allem auch, **Änderungen vorbeugend zu vermeiden**. Dabei ist es die wichtigste Aufgabe des

▪ Projektleiters, das Projekt so zu planen, dass möglichst wenig Änderungen zu erwarten sind, das heißt, vor allem in der Planung sicherzustellen, dass Inhalt und Umfang dcs Projekts genau definiert sind.

▪ oberen Managements, das Projekt vor Änderungen von außen zu beschützen.

Steuerungsgremium für Änderungen

Es ist üblich, dass es in Projekten ein *Steuerungsgremium für Änderungen* (Change Control Board – CCB) gibt. Wie dieses Gremium genau im Projekt organisiert ist und bezeichnet wird, hängt vom Projekt ab (und wieder die Frage: Wo ist es im Projekt dokumentiert? – Richtig, im Projektmanagementplan). Wichtig ist, dass für jedes Projekt folgende Fragen beantwortet werden:

▪ Wer genehmigt Änderungen in einem Projekt?

▪ Nach welchen Kriterien erfolgt eine Ablehnung bzw. Annahme eines Änderungsantrags?

▪ Gibt es Änderungen, die direkt – ohne vorherige Genehmigung – realisiert werden (z.B. bei Notfällen)? Wenn ja, wie erfolgt deren Dokumentation und Rückverfolgbarkeit?

In vielen Projekten entscheidet der Projektleiter über all die Änderungen, die nicht die Erfüllung des genehmigten Projektmanagementplans gefährden. Er kann z.B. die Entscheidung treffen, dass eine Komponente beschafft anstatt selbst hergestellt werden soll, wenn sich hierdurch keine Änderungen für Budget oder definierte Meilensteine ergeben.

Bei allen Änderungen, die zur Konsequenz haben, dass der Projektauftrag nicht im vollen Umfang eingehalten werden kann bzw. die Ziele des Projekts (in Bezug auf Termine, Kosten, Inhalt und Umfang oder Qualität) gefährdet sind, entscheidet das CCB bzw. müssen der Projektsponsor, das höhere Management bzw. der Kunde hinzugezogen werden.

Abbildung 4.1 fasst das oben Beschriebene noch einmal zusammen und zeigt einen möglichen Ablauf der Behandlung eines Änderungsantrags.

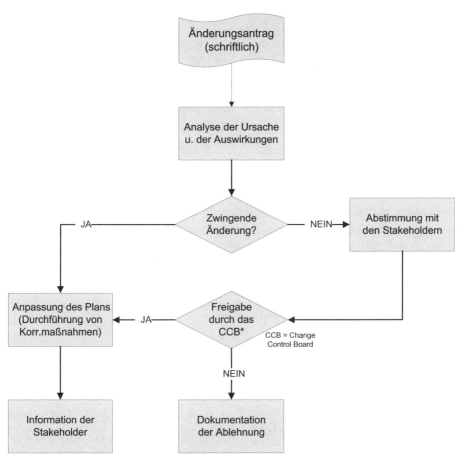

Abbildung 4.1: Behandlung eines Änderungsantrags

4.1.7 Projekt oder Phase abschließen

Schon im Prozessnamen wird das iterative Konzept des PMBOK Guide deutlich. Der Prozess »Projekt oder Phase abschließen« wird nicht nur am Projektende durchgeführt, sondern auch am Ende jeder Projektphase.

Ziel des Prozesses, wenn er am Phasenende durchgeführt wurde, ist es sicherzustellen,

- dass alle geplanten Aktivitäten einer Phase durchgeführt wurden
- und die Ausgangskriterien einer Phase erreicht wurden (und wo stehen diese? Sie ahnen es – im Projektmanagementplan),

- die notwendig sind, die Ergebnisse in die nächste Phase zu übertragen,

- die erforderlich sind, um die Dokumente der Phase zu sammeln und zu archivieren sowie den Erfolg bzw. Nichterfolg zu überprüfen und die gewonnenen Erkenntnisse festzuhalten.

Wenn der Prozess zum **Abschluss des Projekts** durchgeführt wird, sind bereits alle Liefergegenstände durch den Prozess »Projektausführung lenken und managen« erstellt, im Rahmen der »Qualitätslenkung« verifiziert und dann durch den Prozess »Inhalt und Umfang verifizieren« abgenommen worden.

Im Prozess »Projektabschluss« wird das Projekt daher nur noch formal abgewickelt und die **»abgenommenen Liefergegenstände« (Eingangswert)** an den Auftraggeber übergeben. **Ausgangswert** des Prozesses »Projektabschluss« **ist die Übertragung des endgültigen Produkts, der endgültigen Dienstleistung oder des endgültigen Ergebnisses.**

Des Weiteren gehört zum Abschluss, z.B.

- Erstellung des Abschlussberichts

- Archivierung der Projektinformation gemäß den Organisationsrichtlinien

- Managen des Wissensaustauschs und Wissenstransfers

- Finanzieller Abschluss, Sicherstellen, dass alle Kosten dem Projekt belastet wurden, und Schließen der Projektkonten

- Ressourcenübergabe: Freisetzen der Mitarbeiter, Rückgabe von überschüssigem Projektmaterial und Neuzuweisung von Einrichtungen, Anlagen und anderen Ressourcen des Projekts

- Abschluss der Beschaffungen: Bestätigung der förmlichen Abnahme der Arbeit von Verkäufern, Beilegung offener Ansprüche und Begleichung der Rechnungen.

- Messung der Zufriedenheit der Stakeholder

Einen Stolperstein hat der Prozess: In der Praxis haben Projekte oft eine Phase, die ebenso »Projektabschluss« heißt. Verwechseln Sie diese Phase nicht mit dem Prozess!

Dabei wird der Prozess auch durchgeführt, wenn das Projekt nicht erfolgreich war, sondern vorzeitig abgebrochen wurde. Gerade in diesem Falle ist es im

Sinne eines kontinuierlichen Verbesserungsprozesses oder – um es anders auszudrücken – einer lernenden Organisation wichtig, die Gründe für das Scheitern des Projekts zu ermitteln. Der PMBOK Guide fasst diese Überlegungen unter dem Begriff »Aktualisierungen des Prozessvermögens der Organisation zusammen«.

4.2 Prüfungsfragen

Zusätzliche und beispielhafte Prüfungsfragen zu diesem Kapitel finden Sie im Internet unter der Adresse: *www.wuttke.team/pmp-examen-das-buch*

4

5 Inhalts- und Umfangsmanagement in Projekten

»Inhalts- und Umfangsmanagement« ist das Wissensgebiet, das sich mit dem zu erstellenden Projektprodukt und den Rahmenbedingungen des Projekts befasst: Was genau wird in diesem Projekt gemacht (und was nicht)? Wie sehen die Arbeitspakete aus, die die definierten Liefergegenstände erstellen, und wie wird sichergestellt, dass genau das gemacht wird, was der Auftraggeber will?

Der PMBOK Guide weist in der Einleitung zu Kapitel 5 ausdrücklich darauf hin, dass in dem Projekt auch wirklich nur diejenigen Arbeitspakete und Liefergegenstände erbracht werden sollten, die vom Auftraggeber gewünscht wurden, und keine weiteren (siehe hierzu auch Stichwort *Gold Plating* im Kapitel »Qualitätsmanagement in Projekten«). Da das Wissensgebiet »Inhalts- und Umfangsmanagement« die Basis für die erfolgreiche Projektausführung bildet, gibt es viele Schnittstellen zu den anderen Wissensgebieten. So sind zum Beispiel die Inhalts- und Umfangsbeschreibung oder der Projektstrukturplan (als Bestandteil des Projektmanagementplans) Eingangswerte für andere Prozesse. Eine gründliche Vorbereitung dieses Wissensgebietes hilft Ihnen daher auch bei der Prüfungsvorbereitung in den anderen Wissensgebieten.

5.1 Projekt vs. Produkt

Um die Prüfungsfragen im Wissensgebiet »Inhalts- und Umfangsmanagement« erfolgreich beantworten zu können, müssen Sie den Unterschied zwischen dem Inhalt und Umfang des Projekts und dem des Produkts verstanden haben.

Frage

Überlegen Sie, was die Unterscheidungsmerkmale zwischen einem Produkt und einem Projekt sind. Hat ein erfolgreiches Projekt immer ein erfolgreiches Produkt zur Folge? Hatte ein erfolgreiches Produkt immer ein erfolgreiches Projektmanagement?

Antwort

Die wichtigsten Kennzeichen eines Projekts kennen Sie: Es ist zeitlich begrenzt, und es wird ein einmaliges Produkt erstellt. Ein Produkt »lebt« in der Regel länger als das Projekt. Nachdem das Produkt durch ein Projekt erstellt wurde, kann es noch weitere Phasen im Produktlebenszyklus geben. Beispiele hierfür sind Inbetriebnahme, Wartung, Nutzung, Verschrottung.

Die Antworten auf die oben gestellten Fragen lauten daher jeweils »Nein«! Es besteht zwar ein Zusammenhang zwischen einem erfolgreichen Produkt und einem erfolgreichen Projekt, aber es kann auch sein, dass ein Projekt in Bezug auf das Projektmanagement erfolgreich war, das Produkt aber am Markt nicht angenommen wird oder dass trotz eines schlechten Projektmanagements ein erfolgreiches Produkt erstellt wurde.

Lassen Sie uns noch mal zusammenfassen: Der Begriff »Inhalt und Umfang« kann sich im Projekt auf zwei verschiedene Dinge beziehen:

1. Auf den **Produktinhalt und -umfang**

   Produktinhalt und -umfang legen fest, welche Eigenschaften ein Produkt haben muss und welche Funktionen es erfüllen muss. Diese werden Anforderungen oder *Requirements* genannt. Unter Produkten versteht man dabei allgemein ein Ergebnis oder ein Erzeugnis, es kann eine Ware, aber auch ein immaterielles Produkt oder eine Dienstleistung sein. Das Projektprodukt ist üblicherweise in ein oder mehrere Liefergegenstände unterteilt werden. Wenn wir von »Produktqualität« sprechen, also über Merkmale und Eigenschaften des Endprodukts, dann ist Produktqualität ein Teil des Produktinhalts und -umfangs.

2. Auf den **Projektinhalt und -umfang**

Der Projektinhalt und -umfang definiert die Arbeiten, die durchgeführt werden müssen, um den vereinbarten Produktinhalt und -umfang zu erstellen. Damit steht auch fest, dass Projektmanagement immer einer der Liefergegenstände ist. Dazu später mehr ...

Das Hauptaugenmerk dieses Kapitels liegt auf dem Definieren und Steuern des Projektinhalts und -umfangs.

5.2 Prozesse des Wissensgebiets

Im PMBOK Guide, Kapitel 5, werden die folgenden Prozesse des Inhalts- und Umfangsmanagements genannt:

1. **Inhalts- und Umfangsmanagement planen (Prozess 5.1)** – Beschreibung der Vorgehensweise, wie der Projektinhalt und -umfang geplant und erstellt wird

2. **Anforderungen sammeln (Prozess 5.2)** – Hier wird geklärt, welche Anforderungen (»Requirements«) an das Projekt und das Produkt von welchen Stakeholdern gestellt werden.

3. **Inhalt und Umfang definieren (Prozess 5.3)** – Ausarbeiten einer Beschreibung dessen, was im Projekt geleistet werden soll (»Die Liefergegenstände«) sowie mögliche Randbedingungen.

4. **Projektstrukturplan (PSP) erstellen (Prozess 5.4)** – Der Projektstrukturplan strukturiert die Liefergegenstände bzw. die Arbeit, die zur Erstellung der Liefergegenstände notwendig ist, und zwar in Einheiten, die gut gemanagt werden können.

5. **Inhalt und Umfang validieren (Prozess 5.5)** – Die erstellten Liefergegenstände werden formal abgenommen.

6. **Inhalt und Umfang steuern (Prozess 5.6)** – Prüfen, ob der Projektstatus dem geplanten entspricht, Einleiten von Maßnahmen und der Umgang mit Änderungen.

Bitte beachten Sie, dass die Prozesse 5.1. bis 5.4. alle der Prozessgruppe »Planung« zugeordnet werden, auch wenn das Verb *erstellen* suggerieren könnte, dass der Prozess 5.4. ein Ausführungsprozess sei.

5.2.1 Inhalts-und Umfangsmanagement planen

Wir haben uns im letzten Kapitel bereits mit dem Projektmanagementplan auseinandergesetzt. Ein Bestandteil des Projektmanagementplans ist der Inhalts- und Umfangsmanagementplan (»Scope Management Plan«).

Frage

Wissen Sie, was man unter einem Metaplan versteht und welche Aufgabe er hat?

Antwort

Der Begriff *meta* stammt aus dem Griechischen und bedeutet *übergeordnet* oder *darüber liegend*. Ein Metaplan ist demnach ein übergeordneter Plan. Er legt fest, wie etwas im Projekt geplant werden soll. Er dokumentiert nicht die Ergebnisse der Planung an sich.

Der Inhalts- und Umfangsmanagementplan beschreibt, wie der Scope (= »Inhalt und Umfang«) eines Projekts gemanagt werden soll. Er legt fest, wie der Projektinhalt und -umfang definiert und beschrieben, der Projektstrukturplan entwickelt und der Inhalt und Umfang validiert und gesteuert werden soll. Außerdem finden sich in diesem Plan Angaben über den Änderungsprozess, die zu erwartende Änderungsstabilität sowie Angaben über den »Schärfegrad« der Projektzielvorgabe.

Neben dem Inhalts- und Umfangsmanagementplan liefert der Prozess noch einen weiteren Teil des Projektmanagementplans, den Anforderungsmanagementplan bzw. den Requirements Management Plan.

Das gesamte Thema Anforderungsmanagement kann – je nach Projektaufgabenstellung – sehr einfach bis extrem komplex ausfallen. Ein Managementplan für Requirements enthält keine einzige Definition einer Anforderungen, sondern als Metaplan wieder nur Spielregeln, wie in diesem Projekt mit den Anforderungen verfahren wird, wie Verantwortlichkeiten geregelt sind und welche weiteren Rahmenbedingungen in diesem Projekt gelten.

Denn je nach Projekt bzw. Projektprodukt ist das »Anforderungen-Sammeln« sehr schnell erledigt oder bedarf einer umfangreichen Analyse bzw. sogar eines separaten Managements (oder sogar eines separaten Projekts). Denken Sie nur einmal an zwei verschiedene Situationen:

1. Im Laufe einer Ausschreibung erstellt eine Gruppe von Mitarbeitern die sehr detaillierten Spezifikationen und Planungen zur Erstellung des Projektprodukts. Diese Arbeiten münden in ein Angebot, das Angebot wird akzeptiert und ein Projekt zur Erstellung und Auslieferung des Projektprodukts initiiert. Das Projektteam hat dann relativ wenig Aufwand zur Erhebung der Anforderungen (ist ja bereits in der Vertriebsphase passiert).

2. Für das Marktsegment der 14- bis 18-jährigen Social Group User im Internet soll ein spezielles Add-on in einem bereits existierenden Userportal bereitgestellt werden, da hier in den kommenden drei bis fünf Jahren ein überproportionales Wachstum zu erwarten ist. Das Ziel ist klar, die detaillierten Requirements sind noch völlig unklar.

Beide Szenarien zeigen, dass je nach Projektsituation völlig unterschiedliche »Anforderungen« an das Anforderungsmanagement gestellt werden können. Der PMBOK Guide bietet hier für jeden etwas – je nach Projektsituation:

Wie die Anforderungen ermittelt werden, dafür gibt es – je nach Projektsituation – viele Methoden. Angefangen von einer direkten Befragung des Auftraggebers über kreative Gruppen- und Entscheidungsprozesse bis hin zum Bau von Prototypen.

Und wo dokumentiert das Projektmanagementteam, welche konkrete Vorgehensweise in einem Projekt gewählt wurde, welche Personen an der Ermittlung der Anforderungen beteiligt sind, in welchem Detaillierungsgrad die Anforderungen zu ermitteln sind etc.? Genau, im Anforderungsmanagementplan (als Komponente des Projektmanagementplans).

5.2.2 Anforderungen sammeln

Auch im deutschsprachigen Raum ist der Anglizismus für Anforderungen viel gebräuchlicher als das deutsche Original: Requirements!

Der Prozess »Anforderungen bzw. Requirements sammeln« erhebt die Anforderungen der Stakeholder an das Projekt bzw. das Produkt, so wie es im Anforderungsmanagementplan festgelegt wurde.

Oft liegen die Anforderungen zu Beginn des Projekts nur auf einer hohen Ebene vor und werden im Laufe des Projektfortschritts weiter detailliert. Das ist legitim. Aber dann muss der Prozess »Anforderungen sammeln« mehrfach durchlaufen werden. Erst wenn die Anforderungen vollständig und so detailliert festgelegt sind, dass ihre Erfüllung objektiv überprüfbar ist, können sie die Basis für die Messung des Projekterfolgs liefern und in den Basisplan des Inhalts und Umfangs (den wir weiter hinten im Kapitel näher erläutern) überführt werden.

Das Ergebnis des Prozesses ist eine »Anforderungsdokumentation«, also eine Dokumentation bzw. Beschreibung der Anforderungen an das Projekt und das Projektprodukt. Diese umfassen zum Beispiel: Lösungsanforderungen, Geschäftsanforderungen, Anforderungen der Stakeholder, Qualitätsanforderungen, aber auch Einschränkungen und Annahmen.

Die Anforderungen, die in dieser Dokumentation zusammengefasst und verwaltet werden, müssen im Laufe des Projekts nachverfolgt werden. Welche Anforderung wurde wo im Projektplan und in welchem Arbeitspaket berücksichtigt? Welcher Liefergegenstand erfüllt die Anforderung? Antworten auf diese Fragen gibt die **»Anforderungs-Rückverfolgbarkeits-Matrix«** (Requirement Traceability Matrix), die in der Regel als Tabelle (oder als Software-Tool) verfügbar ist.

Tipp

Das Thema Requirements ist im PMBOK Guide nicht sehr inhaltstief ausformuliert. PMI kennt in diesem Zusammenhang das Aufgabenfeld der Business-Analyse und hat hier auch einen eigenen Practice Guide veröffentlicht. Zwar ist alles rund um diesen Practice Guide und darüber hinaus Gegenstand einer eigenen Zertifizierung, die PMI anbietet. Aber die Grundzüge der Zusammenarbeit zwischen Business Analyst und Projektmanager sollten gerade auf dem Gebiet der Requirements verstanden sein. Die kurze Lektüre dieses Practice Guide ist auf jeden Fall empfehlenswert für alle diejenigen, die auf dem Gebiet der Requirements nicht sonderlich sattelfest sind.

5.2.3 Definition des Inhalts und Umfangs

Die gesammelten Anforderungen und der Projektauftrag bilden die Basis für die Definition des Inhalts und Umfangs des Projekts. In dem Prozess »Inhalt und Umfang definieren« wird nicht nur festgelegt, was das Projekt liefern muss, um die Anforderungen zu erfüllen, sondern auch, wie die Arbeit organisiert werden muss. Rahmenbedingungen hierfür liefern natürlich der Projektmanagementplan, aber auch die Vorgaben der Organisation, die vom PMBOK Guide unter dem Begriff »Prozessvermögen der Organisation« zusammengefasst werden.

Vorgehensweisen, wie der Inhalt und Umfang festgelegt werden kann, gibt es viele, und ihr Einsatz ist abhängig von vielen Faktoren. Zum Beispiel spielen die Art des Projektprodukts, die organisatorischen Rahmenbedingungen, aber auch das Know-how der Projektteammitglieder eine Rolle. Verfahren zur Produktanalyse kommen dann zum Einsatz, wenn das Projekt ein, in der Regel, komplexes Produkt (das heißt keine Dienstleistung) erstellt.

Verfahren zur Produktanalyse

Es gibt mehrere Verfahren zur Produktanalyse.

- Die **Strukturierung des Produkts bzw. Produktaufgliederung** *product breakdown)* wird im Projektmanagement mittels eines Baumdiagramms dargestellt. Das Baumdiagramm beschreibt die vollständige, hierarchische Gliederung eines Liefergegenstands in seine Komponenten. Dabei kann das Produkt grundsätzlich nach seinen Funktionen oder nach seinen Ergebnissen gegliedert werden.

- Die **Systemanalyse** *(system analysis)* ist die methodische Analyse eines Problembereichs mit dem Ziel, ein Modell zu erstellen, auf dessen Basis dann das Produkt entwickelt werden kann. Die Systemanalyse umfasst insbesondere die Ermittlung und Beschreibung der Anforderungen im Dialog mit Auftraggeber und Benutzer und wird daher auch als Anforderungsanalyse *(requirements engineering)* gesehen.

- Unter dem Begriff **Systemtechnik** *(system engineering)* versteht man eine interdisziplinäre Methodik zur Problemlösung. Auch im deutschen Sprachgebrauch wird meistens der englische Begriff verwendet. System Engineering ist eine generell anwendbare Vorgehensweise zur zweckmäßigen und zielgerichteten Analyse und Gestaltung komplexer Systeme.

- Die **Wertgestaltung** *(value engineering)* ist ein Verfahren, bei dem wertanalytische Methoden zur Optimierung von Prozessen und Produkten eingesetzt werden.

5

▧ Die **Wertanalyse** (*value analysis*) ist ein Verfahren, das eine Prognose über die Funktionalität und Effizienz von Produkten oder Dienstleistungen unter Berücksichtigung ihres Anschaffungspreises erstellt. Die Wertanalyse hat zum Ziel, optimale Qualität zum niedrigstmöglichen Preis zu erreichen.

▧ **Funktionenanalysen** (*function analysis*) dienen dazu, ein Produkt zu entwickeln oder zu verbessern. Die Funktionenanalyse wird meist im Zusammenhang mit der Wertanalyse eingesetzt. Im ersten Schritt werden die Funktionen für das gesamte Objekt ermittelt und angegeben und anschließend die Funktionen der Einzelteile eines Produkts oder die Teilabläufe einer Dienstleistung bestimmt.

Projektinhalts- und -umfangsbeschreibung (Scope Statement)

Das Scope Statement dient dazu, ein gemeinsames Verständnis der Stakeholder hinsichtlich der Projektliefergegenstände zu schaffen. Die Beschreibung des Inhalts und Umfangs baut auf dem Projektauftrag (auch »Charter« genannt und in Kapitel 4 erläutert) sowie den definierten Anforderungen auf und bildet die Basis für zukünftige Projektentscheidungen.

Die Abgrenzung der beiden Projektartefakte »Charter« und »Scope Statement« ist nicht immer einfach und hat sich in den letzten Ausgaben des PMBOK Guide verändert. War in den ersten Ausgaben des PMBOK Guide ein Charter eher mehr die Ernennungsurkunde des Projektleiters, so sind in der aktuellen 6. Ausgabe des PMBOK Guide viele Elemente des alten Scope Statements in den Charter gewandert. Das Scope Statement ist daher etwas ausgedünnt, dient in erster Linie der Definition der Liefergegenstände, der Abnahmekriterien und der Projektabgrenzung.

Im Detail:

▧ **Projektinhalt und -umfang:** Wie wird das Endresultat aussehen? Fortschreitende Ausarbeitung während der Projektlaufzeit.

▧ **Liefergegenstände:** eine Liste von Produkten, deren vollständige und zufriedenstellende Auslieferung die Erledigung des Projekts kennzeichnet – Woher wissen wir, dass wir fertig sind?

▧ **Abnahmekriterien :** quantifizierbare, messbare Kriterien (Kosten, Termine und Anforderungen der Beteiligten), die erfüllt werden müssen, um das Projekt als erfolgreich anzusehen – War das Projekt ein Erfolg?

▧ **Projektabgrenzung:** Was liefert das Projekt nicht?

Dagegen sind folgende Inhalte des Scope Statement jetzt in dem Charter zu finden. Für eine genaue Beschreibung siehe Kapitel 4.

- Projektbegründung
- Projektziele
- Allgemeine Anforderungen
- Allgemeine Beschreibung und erste Liefergegenstände
- Gesamtprojektrisiko
- Gesamtprojektmeilensteinplan
- Bereits genehmigte Finanzmittel
- Schlüsselbeteiligte, Stakeholder
- Projekterfolgskriterien, Abnahmekriterien
- Projektleiter
- Sponsor

Bitte beachten Sie:

Eine Beschreibung des Inhalts und Umfangs ist ein Bestandteil des Projektmanagementplans! Überfrachten Sie sie nicht mit zu vielen Inhalten aus anderen Komponenten des Projektmanagementplans. Der Sinn und Zweck dieses Dokuments liegt in der Klarstellung von Inhalt und Umfang. Erst wenn hierüber Klarheit besteht, sollte man sich um weitere Details der Projektplanung wie Kosten und Termine kümmern.

5.2.4 Projektstrukturplan erstellen

Bevor wir uns dem Projektstrukturplan inhaltlich zuwenden, müssen wir zunächst die im PMBOK Guide verwendeten Abkürzungen klarstellen. Der Projektstrukturplan heißt im Englischen *Work Breakdown Structure* (WBS). In der deutschen Normensprache heißt dieses Werkzeug *Projektstrukturplan* oder PSP. Beide Bezeichnungen und Abkürzungen sind synonym. Wir verwenden in diesem Buch die Abkürzung PSP.

Im Rahmen des Prozesses »Projektstrukturplan erstellen« werden die Liefergegenstände in kleinere, leichter handhabbare Einheiten unterteilt. Das zentrale Werkzeug bei der Erstellung des Projektstrukturplans ist die Zerlegung. Bei der Zerlegung wird ein Liefergegenstand in kleinere Komponenten unterteilt. Wie das geschieht, erläutern wir weiter unten.

Das PMI hat zum Thema Projektstrukturplan einen eigenen Standard (neben dem PMBOK Guide) entwickelt. Der Standard kann bei PMI bezogen werden und ist für Mitglieder kostenlos als PDF-Dokument erhältlich.

Definition Projektstrukturplan

Der *Projektstrukturplan* ist eine – normalerweise – an Liefergegenständen orientierte hierarchische Anordnung von Elementen, die den gesamten Inhalt und Umfang des Projekts definiert und gliedert. Der Strukturplan beinhaltet sowohl management- als auch produktorientierte Liefergegenstände. Im PSP wird die gesamte Arbeit beschrieben, die das Projektteam ausführen muss, um die Projektziele zu erfüllen und die definierten Liefergegenstände zu erstellen.

Frage

Überlegen Sie, ob folgende Aussage richtig ist: »Auf der obersten Ebene kann ein Projektstrukturplan die Projektarbeit noch nicht vollständig beschreiben. Vollständigkeit wird erst durch die Detaillierung der Liefergegenstände erreicht.«

Antwort

Die Aussage ist nicht korrekt. Auch auf einer oberen Ebene ist ein PSP vollständig. Wenn auch auf einem so hohen Niveau, dass eine detaillierte Planung von Terminen und Kosten eher nicht möglich ist.

Mit jeder Ebene, die man sich nach unten bewegt, wird die erforderliche Projektarbeit detaillierter beschrieben. Die Elemente auf der niedrigsten Ebene des Projektstrukturplans werden *Arbeitspakete* genannt. Dieser Punkt ist wichtig, da aus den Arbeitspaketen die Aktivitäten bzw. Vorgänge für die Ablaufplanung abgeleitet werden. Wie das erfolgt, beschreibt der PMBOK Guide in einem separaten Prozess (6.2, »Definition der Vorgänge«). In der Praxis werden mit einer Projektmanagement-Software oft Strukturpläne entwickelt, die auch Aktivitäten enthalten und nicht auf der Arbeitspaketebene enden. Das ist in vielen Fällen praktikabel und gut, im Sinne der Strukturplandefinition und vor allem des PMP-Examens jedoch nicht korrekt.

Regeln zum Erstellen eines Projektstrukturplans

Wenn Sie bei der Erstellung des Projektstrukturplans einige grundlegende Regeln beachten, sollte die Erstellung (und auch die Beantwortung der Prüfungsfragen) keine Probleme bereiten:

- Ein Projektstrukturplan enthält alle im Projekt notwendigen Arbeiten – ist etwas nicht im Strukturplan, ist es nicht im Projekt.
- Die Detaillierungsebenen der einzelnen Liefergegenstände können unterschiedlich tief sein.
- Im Idealfall sind die Blätter des Projektstrukturplans (die Arbeitspakete) unabhängig von der Struktur der oberen Hierarchie immer identisch.
- Jedes Element im Projektstrukturplan erhält eine Identifikation (PSP-Nr., WBS-Code), oft eine Ziffernkombination. Neben dem Effekt, dass so jedes Element eindeutig bezeichnet werden kann, ist es auch möglich, die entsprechende Strukturplanebene zu erkennen.

5

Frage

Wie werden Ihrer Meinung nach in einem Projektstrukturplan zeitliche Abhängigkeiten von Arbeitspaketen dargestellt?

Antwort

Gar nicht! Ein Projektstrukturplan strukturiert die Projektliefergegenstände – nicht mehr und nicht weniger. Zeitliche Abhängigkeiten zwischen einzelnen Arbeitspaketen werden hierbei nicht betrachtet, dies geschieht erst später in der Ablaufplanung.

Test der Vollständigkeit eines PSP

Um festzustellen, ob ein PSP vollständig ist, sollten Sie für jedes Element der untersten Ebene folgende Fragen beantworten können:

1. Kann man die Erledigung objektiv und messbar feststellen?

2. Kann man Kosten, Aufwand und Dauer schätzen?

3. Kann man klare Verantwortlichkeiten zuweisen?

Wenn eine der Fragen mit Nein beantwortet wird, dann muss weiter strukturiert, das Element weiter aufgeteilt werden.

Frage

Wir haben am Anfang geschrieben, der PSP ist sehr wichtig für das Projekt. Was meinen Sie, warum?

Antwort

Die Ergebnisse des PSP bilden direkt oder indirekt die Basis für weitere Projektmanagementaktivitäten wie Schätzungen, Ablaufplanung, Risikomanagement, Personalplanung und Leistungsmessung.

Der PSP liefert direkten Input

Der Projektstrukturplan ist für den weiteren Projektverlauf essenziell. Er liefert die Basis für die weitere Planung, für die Festlegung des Budgets, die Ablauf- und Terminplanung sowie die Ressourcenzuordnung.

Frage

Überlegen Sie, welche Prozesse auf Informationen aus dem Projektstrukturplan aufbauen.

Antwort

Abbildung 5.1 zeigt auf, in welche Prozesse der Projektstrukturplan eingeht, und zwar als Bestandteil des »Inhalts- und Umfangsbasisplans«, der wiederum ein Teil des Projektmanagementplans ist.

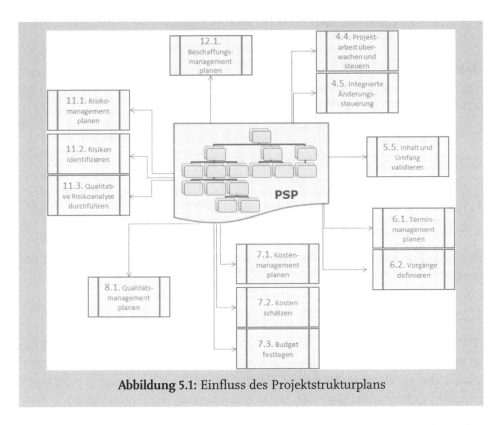

Abbildung 5.1: Einfluss des Projektstrukturplans

Einen Begriff sollten Sie im Zusammenhang mit dem Projektstrukturplan noch kennen:

Control Accounts oder auch Projektkostenstelle bzw. Kontrollkonto. Wenn ein Projektstrukturplan eine bestimmte Größe erreicht hat, wird es schwer, jedes einzelne Arbeitspaket separat zu steuern und zu budgetieren. Hier bieten sich sogenannte *Control Accounts* an, die eine Integration von Steuerungsgrößen darstellen und auf deren Niveau normalerweise die *Earned Value*-Rechnung erfolgt. Meistens sind *Control Accounts* auch von dem Organigramm einer Trägerorganisation beeinflusst.

Inhalts- und Umfangsbasisplan.

Den Begriff des Basisplans haben Sie bereits bei der Erläuterung des Projektmanagementplans kennengelernt. Der **Basisplan** ist eine freigegebene Version eines Plans, die »eingefroren« und gegen den Projektfortschritt gemessen wird. Basispläne dürfen nur mittels einer formalen Änderungssteuerung geändert werden.

Die Messung des Projektfortschritts bezüglich des Inhalts und Umfangs wird demnach anhand des Inhalts- und Umfangsbasisplans gemessen, der sich aus mehreren Komponenten zusammensetzt:

1. Beschreibung des Inhalts und Umfangs (Scope Statement)
2. Projektstrukturplan (PSP) inklusive der
3. Arbeitspakete
4. Planungspakete
5. PSP-Verzeichnisse

Der Inhalts- und Umfangsbasisplan ist das Hauptergebnis des Prozesses »Projektstrukturplan erstellen«.

5.2.5   Inhalt und Umfang validieren

Unter »Inhalt und Umfang validieren« wird die formale Abnahme der Liefergegenstände verstanden. Überprüft wird dabei, ob die erstellten Liefergegenstände die an sie gestellten Anforderungen erfüllen. Und damit wird auch deutlich, welche Informationen für die Validierung benötigt werden:

▪ Die Beschreibung der Vorgehensweise aus dem Projektmanagementplan, der den Inhalts- und Umfangsmanagementplan sowie den Inhalts- und Umfangsbasisplan enthält

▪ Die Abnahmegrundlage, das heißt die Dokumentation der Anforderungen sowie die Anforderungs-Rückverfolgbarkeits-Matrix

▪ Die verifizierten Liefergegenstände (Ergebnis des Prozesses »Qualität lenken«)

▪ Arbeitsleistungsdaten, die Ergebnisse aus den Steuerungsprozessen

Frage

Überlegen Sie, wann im Projekt dieser Prozess durchgeführt wird und welcher Prozessgruppe die Validierung zugeordnet wird.

Antwort

Da bei der Validierung eine Abnahme, also eine Überprüfung durchgeführt wird, ist es ein Steuerungsprozess.

Dieser Arbeitsschritt ist für den Projekterfolg sehr wichtig. Denn er liefert die Basis dafür, dass der Auftraggeber das endgültige Projektergebnis abnimmt und damit zufrieden ist.

Erwarten Sie nicht, dass in der Prüfung immer direkt nach der Validierung von Inhalt und Umfang gefragt wird. Die Formulierungen können vielfältig sein. Schlagwörter bzw. Redewendungen wie Abnahme, Übergabe von Ergebnissen, Voraussetzungen für den Start einer neuen Phase oder Vollständigkeit der Liefergegenstände können auf eine Frage nach der Validierung des Inhalts und Umfangs hinweisen.

5

Frage

Was ist der Unterschied zwischen *Inhalt und Umfang validieren* und *Qualität lenken*? Auf den ersten Blick scheint das doch identisch zu sein!

Antwort

Beim Validieren steht die Abnahme durch den Sponsor oder Kunden im Vordergrund, bei der Verifizierung der Liefergegenstände im Rahmen der Qualitätslenkung wird die Fehlerfreiheit überprüft, die eine Voraussetzung für die Validierung ist.

Entspricht ein Liefergegenstand nicht den geforderten Anforderungen und wird damit auch nicht abgenommen, dann muss der Grund der Abnahmeverweigerung dokumentiert werden. In **Änderungsanträgen** wird festgehalten, welche Maßnahmen ergriffen werden sollen.

Die ermittelten **Arbeitsleistungsinformationen** liefern als weiteres Ergebnis des Prozesses Informationen zum Status der Liefergegenstände.

5.2.6   Inhalt und Umfang steuern

Wie bereits ausgeführt, legt die Beschreibung des Inhalts und Umfangs den Rahmen des Projekts und die zu erstellenden Liefergegenstände fest. Der Projektstrukturplan beschreibt, welche Arbeiten durchgeführt werden müssen, um die definierten Liefergegenstände zu erstellen. Das Projektteam darf nur Ressourcen für Arbeiten aufwenden, die im Projektstrukturplan enthalten sind. Anders ausgedrückt: Alles, was nicht im PSP steht, ist nicht Bestandteil des Projekts. Ist der PSP einmal verabschiedet, dann bedeutet jede Veränderung am PSP eine Änderung des Inhalts und des Umfangs. Erinnern Sie sich an das magische Dreieck? Dort haben wir Ihnen aufgezeigt, dass sich Änderungen an einer Seite des Dreiecks auf mindestens eine andere Seite des Dreiecks (in diesem Fall also Termine oder Kosten) auswirken.

Frage

Wissen Sie, was ein »Scope Creep« ist?

Antwort

Mit dem Ausdruck **Scope Creep** (*scope*: Inhalt und Umfang, *creep*: kriechen) bezeichnet man eine schleichende (meist wachsende) Veränderung des ursprünglich definierten Inhalts und Umfangs, die häufig zu einem unkontrollierten Ausufern der geplanten Umfänge führt.

Diese schleichenden Änderungen stellen eine große Gefahr für den Projekterfolg dar. Oft hat »Scope Creep« seine Ursache darin, dass die Anforderungen an das Projekt bzw. das Projektprodukt nicht detailliert ermittelt und dokumentiert wurden und im Projektverlauf dann unkontrolliert nachgebessert wird.

Merken Sie sich daher (für die Praxis und die Prüfung!): Änderungen an einer freigegebenen Inhalts- und Umfangsbeschreibung bzw. einem freigegebenen Projektstrukturplan dürfen nicht »einfach so« erfolgen, sondern müssen gelenkt werden. Wie dies geschieht, beschreibt der Prozess »Inhalt und Umfang steuern«. Mithilfe einer Abweichungsanalyse wird verglichen, ob die tatsächliche Projektleistung (ermittelt durch die Arbeitsleistungsdaten) mit der der geplanten Leistung übereinstimmt.

Rufen Sie sich hierzu auch noch einmal die Inhalte des Abschnitts »Integrierte Änderungssteuerung« in Kapitel 4 ins Gedächtnis.

Frage

Überlegen Sie, welche Pläne bzw. Projektdokumente die geplante Leistung in Bezug auf Inhalt und Umfang beschreiben.

Antwort

- Die Vorgaben, wie die Leistung erstellt werden soll, die in folgenden Komponenten des Projektmanagementplans dokumentiert sind: Inhalts- und Umfangsmanagementplan, Änderungs-, Konfigurations-, Anforderungsplan
- Die Anforderungen (Dokumentation und Rückverfolgbarkeitsmatrix)
- Der Inhalts- und Umfangsbasisplan, bestehend aus der Beschreibung des Inhalts und Umfangs, dem Projektstrukturplan und den Arbeitspaketbeschreibungen

5.3 Prüfungsfragen

Zusätzliche und beispielhafte Prüfungsfragen zu diesem Kapitel finden Sie im Internet unter der Adresse: *www.wuttke.team/pmp-examen-das-buch*

6 Terminplanungsmanagement in Projekten

Terminmanagement wird oft (fälschlicherweise!) in der Praxis und von manchen Software-Anbietern mit Projektmanagement gleichgesetzt: Der Terminplan wird dann als Projektplan bezeichnet. Im PMBOK Guide ist Terminplanungsmanagement jedoch (nur) eines von zehn gleichberechtigten Wissensgebieten.

Daher der dringende Rat: Reflektieren Sie, welche Begriffe in Ihrem Projektumfeld welchen Begriffen des PMBOK Guide entsprechen. Auch wenn Sie mit einem Software-Tool arbeiten, sollten Sie noch einmal hinterfragen, welche Begriffe dieses Tool verwendet und mit welchen Methoden gearbeitet wird und ob diese der PMI-Terminologie entsprechen. Einige Software-Hersteller haben die Projektmanagementtheorie nach eigenen Regeln interpretiert. Sprachgebrauch und Methodik sind nicht immer korrekt und in den seltensten Fällen prüfungskonform.

Das gilt insbesondere dann, wenn der Softwareanbieter deutlich daraufhin weist, dass seine Software konform, kompatibel oder passend zum PMBOK Guide ist. Das mag ja sein, aber alleine innerhalb der verschiedenen Ausgaben des PMBOK Guide gibt es erhebliche sprachliche Feinheiten. Und gehen Sie mal nicht davon aus, dass die Softwareanbieter all ihre Versionen zur jeweils gültigen PMBOK-Guide-Ausgabe anpassen.

Grob betrachtet beschäftigt sich das Wissensgebiet »Terminplanungsmanagement« mit der Frage: »Wann wird das Projekt abgeschlossen sein?«

Damit eine verlässliche Antwort auf diese Frage gegeben werden kann, müssen die verschiedenen Prozesse des Terminplanungsmanagements mehr oder weniger nacheinander durchlaufen werden, wobei ein Durchlauf in der Praxis niemals ausreicht.

Neben den üblichen Fragen zu den Wechselwirkungen der Prozesse (Eingangs- und Ausgangswerte) können Sie in der PMP-Prüfung Fragen zur

Erstellung und Berechnung von Netzplänen (bzw. ganz korrekt ausgedrückt Netzplandiagrammen) erwarten. Außerdem umfasst dieses Wissensgebiet viele kleine Abkürzungen, wie zum Beispiel PDM, AON, VKN, PERT, EA, EE, AA, AE usw. Wir sind sicher, dass Sie die benötigten Kenntnisse mit überschaubarem Aufwand mithilfe dieses Buches erwerben können.

6.1   Prozesse des Terminplanungsmanagements

Im PMBOK Guide, Kapitel 6, werden die folgenden sechs Prozesse genannt, die durchgeführt werden sollten, damit das Projekt seine zeitlichen Ziele erreicht.

1. **Terminmanagement planen (Prozess 6.1)** – Der Prozess legt fest, wie im Projekt überhaupt Termine gemanagt werden. Ein Metaprozess.

2. **Vorgänge definieren (Prozess 6.2)** – Der Prozess legt fest, welche Aktivitäten durchgeführt werden müssen, um die Liefergegenstände des Projekts zu erstellen.

3. **Vorgangsfolge festlegen (Prozess 6.3)** – In diesem Prozess werden die Anordnungsbeziehungen zwischen den einzelnen Vorgängen identifiziert und dokumentiert.

4. **Vorgangsdauer schätzen (Prozess 6.4)** – Es erfolgt eine Abschätzung, wie lange es dauert, einen Vorgang mit den geschätzten Ressourcen durchzuführen.

5. **Terminplan entwickeln (Prozess 6.5)** – In diesem Prozess werden die vorhandenen Informationen analysiert (Vorgangsfolgen, Vorgangsdauern, Beschränkungen ...) und der Terminplan entwickelt.

6. **Terminplan steuern (Prozess 6.6)** – Der Prozess wird durchgeführt, um den Projektstatus zu überwachen und den Projektfortschritt gegen sowie Änderungen am Terminbasisplan zu managen.

Die sechs Prozesse bauen logisch aufeinander auf. Das macht es einerseits einfach, die Prozesse zu verstehen. Aber Achtung, damit wird auch die Abgrenzung der einzelnen Prozesse schwierig. Zum Beispiel werden die Prozesse 6.3 (»Vorgangsfolge festlegen«) und 6.5 (»Terminplan entwickeln«) in der Praxis oft zusammengefasst.

Um gut für die Prüfung vorbereitet zu sein, sollten Sie daher genau wissen, durch welche Eingangs- bzw. Ausgangswerte die Prozesse im Wissensgebiet »Terminplanungsmanagement« verknüpft sind.

> **Übung:**
>
> Wir schlagen Ihnen folgende Aufgabe vor: Schreiben Sie sich die Prozesse der Wissensgebiete »Inhalts- und Umfangsmanagement« sowie »Terminplanungsmanagement« auf Kärtchen.
>
> Legen Sie diese auf ein großes Blatt und zeichnen Sie die Verknüpfungen zwischen den Prozessen ein. Schreiben Sie die entsprechenden Ein- und Ausgangswerte an die Pfeile.

6

Es gibt eine Reihe unterschiedlicher »Glaubensrichtungen« in der Terminplanung. Von der Phasenorientierung des klassischen Ansatzes über die bedarfsorientierte Terminplanung und den Lean Prinzipien bis zum agilen Modell.

Zwar dominiert im PMP-Examen noch immer der klassische Terminplanungsansatz, es wird sich aber zeigen, ob künftig nicht auch Fragen im PMP-Examen zum Thema Lean Project Management erscheinen werden.

6.1.1 Terminmanagement planen

Sie haben das Konzept der Managementpläne ja bereits kennengelernt. Hier kommt nun der Terminmanagementplan. Er definiert unter anderem, welche Methoden zur Entwicklung, Dokumentation und Pflege des Terminplans eingesetzt werden, wie der Terminplan überwacht wird und wie mit Änderungswünschen bzw. aufgetretenen Änderungen von geplanten Terminen umgegangen wird.

Auch werden in diesem Plan die unterschiedlichen Lebenszyklusansätze für das Terminplanungsmanagement festgehalten. Im agilen oder auch adaptiven Projekt sieht eine Terminplanung anders aus als im prognostizierbaren Lebenszyklus.

Übung:

Sie haben nun ja schon eine Idee über das Wesen der Managementpläne. Stellen Sie sich vor, Sie entwickeln so ein Dokument. Wie würden die einzelnen Überschriften lauten?

Die Auflösung finden Sie im PMBOK Guide, Kapitel 6.1.3.1

6.1.2 Vorgänge definieren

Arbeitspakete und Vorgänge

Um festlegen zu können, welche Vorgänge (Terminplanvorgänge) benötigt werden, um das Projekt durchzuführen, braucht man vor allem Informationen darüber, was das Projekt alles leisten soll. Wo findet man diese Informationen? Richtig, im Projektstrukturplan. Aber nicht nur dort, sondern auch in anderen Quellen, z.B. in der Inhalts- und Umfangsbeschreibung und im Strukturplanverzeichnis (WBS-Dictionary). Oder auch im Inhalts- und Umfangsbasisplan.

Im Prozess »Vorgänge definieren« wird untersucht, ob bzw. wie Arbeitspakete, die die unterste Ebene des Projektstrukturplans (PSP) bilden, weiter unterteilt werden können. Diese weitere Unterteilung wird dann später in einem anderen Prozessschritt in eine zeitliche Abfolge gebracht. Die Methode kennen Sie schon aus der Erstellung des Projektstrukturplans: Sie heißt **Zerlegung** (*decomposition*). Wenn z.B. ein PSP das Arbeitspaket »Anwendertreffen durchführen« enthält, könnte dieses Arbeitspaket in folgende Vorgänge zerlegt werden:

Teilnehmer einladen

- Rückmeldungen auswerten
- Raum reservieren
- Verpflegung bestellen
- Agenda erstellen
- Treffen durchführen
- Protokoll schreiben
- etc.

Die identifizierten Vorgänge werden in einer **Vorgangsliste** dokumentiert, die neben einer eindeutigen Kennzeichnung der Vorgänge eine Beschreibung der Vorgangsinhalte enthält. Diese Liste kann durch weitere **(Vorgangs-)Attribute** ergänzt werden.

> **Hinweis**
>
> Kurzer Sprachexkurs: Vorgänge und Aktivitäten sind synonym zu verwenden, aber Arbeitspakete bestehen aus Vorgängen (bzw. Aktivitäten). Im Englischen heißen Vorgänge *tasks* und Aktivitäten *activities*.

Rollierende Planung

Die rollierende Planung trägt dem Umstand Rechnung, dass Projekte einmalig sind und damit Unsicherheiten enthalten. Bei der rollierenden Planung wird nicht die Fertigstellung aller Liefergegenstände des Projekts zur gleichen Zeit in der gleichen Tiefe geplant, sondern die Arbeit, die in naher Zukunft durchgeführt wird, wird detaillierter geplant als die Arbeit, die später erledigt wird.

In der rollierenden Planung spiegelt sich das Prozessdenken des PMBOK Guide. Ein Prozess wird nicht nur einmal durchlaufen, sondern mehrmals im Laufe des Projektfortschritts.

Rollierende Planung ist nicht mit Agilität zu verwechseln. Sie ist aber bereits lange vor den agilen Ansätzen aus der Erkenntnis erwachsen, dass eine Komplettplanung eines großen Projekts zu Beginn keinen Sinn macht und nur Scheingenauigkeiten erzeugt.

Meilensteine

Im Prozess »Vorgänge definieren« werden aber nicht nur die Arbeitspakete des PSP zerlegt, sondern es erfolgt auch die Festlegung der bereits bekannten Meilensteine.

Meilenstein ist ein Begriff, der nicht nur in der Projektpraxis, sondern auch in der Umgangssprache häufig verwendet wird. Aber wissen Sie eigentlich genau, was ein Meilenstein ist?

6

Frage

Wie würden Sie Meilenstein definieren, was ist der Unterschied zu einem Vorgang?

Antwort

Meilensteine sind festgelegte Entscheidungspunkte, an denen die bisher erreichte Projektleistung beurteilt und über die weitere Fortsetzung des Projekts entschieden wird. *Vorgänge* besitzen einen Aufwand und eine Dauer. Ein Meilenstein stellt dagegen einen Zeitpunkt dar, der keine Dauer, keinen Aufwand, keine Ressourcen und keine Kosten hat.

Meilensteine haben folgende Merkmale:

- Meilensteine sind Entscheidungspunkte. Sie gliedern das Projekt in Abschnitte.

- Für jeden Meilenstein müssen objektiv messbare Kriterien festgelegt werden, damit keine unterschiedlichen Meinungen hinsichtlich der Fertigstellung entstehen können.

- Für jeden Meilenstein steht ein Termin fest, wann er erreicht werden muss.

- Meilensteine selbst haben jedoch keine Dauer (sie haben eine sogenannte »Nulldauer«)!

Zweck von Meilensteinen:

- Instrument zur Projektfortschrittsmessung und zur Selbstkontrolle

- Kommunikationsinstrument zwischen Auftraggeber, Projektleiter und Projektteam

- Mittel zur Motivation der Mitarbeiter. Da es nicht leicht ist, Ziele zu verfolgen, die in der weiten Ferne liegen, definieren Meilensteine Zwischenetappen.

- Strukturieren des Arbeitsablaufs. Meilensteine stehen immer an entscheidenden Stellen des Projekts.

- Dokumentation von (Zwischen-)Ergebnissen

Meilensteine haben per Definition zwar keine Dauer, aber die Umsetzung dieser Theorie in die Praxis ist trickreich. Denn oft wird die Erreichung der Meilensteine durch eine formelle Abnahme oder ein Statusmeeting festgestellt.

Diese Prüfung, ob der Meilenstein erreicht wurde, ist aber ein Vorgang, der mit Arbeit verbunden ist und selbstverständlich definiert werden muss.

6.1.3 Vorgangsfolge festlegen

Wenn feststeht, welche Vorgänge im Projekt durchgeführt werden müssen, um die Liefergegenstände zu erstellen, kommt der nächste Schritt: die Überlegung, wie die Vorgänge voneinander abhängen, das heißt, welche Anordnungsbeziehungen (bzw. Abhängigkeiten) zwischen den Vorgängen bestehen. Sie erstellen einen Netz- bzw. Ablaufplan oder in »Normendeutsch«: ein *Netzplandiagramm des Projektterminplans*.

Vorgangsknotennetzplan

Die Darstellung der Abhängigkeiten erfolgt heute üblicherweise mit einem *Vorgangsknotennetzplan (VKN)* (bzw. Vorgangsknotendiagramm). Die englischen Bezeichnung *Precedence Diagramming Method (PDM)* ist auch die übliche und gängige Darstellung in fast allen Projektmanagement-Softwarepaketen. Wir verwenden im Folgenden die englischen Abkürzungen. In Abbildung 6.1 sehen Sie ein Beispiel für ein Vorgangsknoten- bzw. PDM-Diagramm.

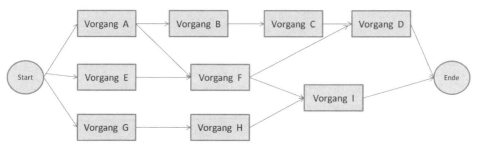

Abbildung 6.1: Darstellung eines PDM-Diagramms

Die Pfeile dienen nur der Darstellung der unterschiedlichen *Anordnungsbeziehungen* im Netzplan, die auch *Abhängigkeiten* genannt werden. Daher wird die Darstellung im Englischen auch *Activity on Node* (AON) genannt. AON bedeutet, dass die Aktivitäten »im Knoten« stehen. Der Knoten ist meistens als Kästchen grafisch dargestellt.

Anordnungsbeziehungen

Es gibt im Knotennetzplan insgesamt vier Anordnungsbeziehungen. Die Anordnungsbeziehungen werden üblicherweise mit zwei Buchstaben abgekürzt:

1. **Ende/Anfang (EA) oder Finish to Start (FS)**

2. **Anfang/Anfang (AA) oder Start to Start (SS)**

3. **Ende/Ende (EE) oder Finish to Finish (FF)**

4. **Anfang/Ende (AE) oder Start to Finish (SF)**

Sie müssen die Definitionen der vier Anordnungsbeziehungen auswendig kennen und auch die Implikationen der Anordnungsbeziehungen verstanden haben.

Ende/Anfang

Der Normalfall unter den Anordnungsbeziehungen. Die Ende/Anfang-Beziehung ist definiert als:

Die Folgeaktivität darf erst beginnen, wenn der Vorgänger beendet ist.

Die Notation der E/A-Beziehung sehen Sie in Abbildung 6.2.

Abbildung 6.2: Ende/Anfang-Beziehung

Anfang/Anfang

Die Anfang/Anfang-Beziehung besagt, dass die Folgeaktivität erst anfangen kann, wenn der Vorgänger begonnen hat (siehe Abbildung 6.3). Das ist ein kleiner Unterschied zu der oft gehörten Interpretation: »Beide Vorgänge fangen zur gleichen Zeit an«.

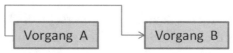

Abbildung 6.3: Anfang/Anfang-Beziehung

Ende/Ende

Die Ende/Ende-Beziehung verhält sich wie die Anfang/Anfang-Beziehung, nur dass das Ende des Vorgangs A das Ende von Vorgang B steuert bzw. der Vorgänger beendet sein muss, bevor die Folgeaktivität beendet werden kann (siehe Abbildung 6.4). Bitte beachten Sie auch hier den Unterschied, dass eine Ende/Ende-Beziehung nicht heißt, dass beide Vorgänge gleichzeitig aufhören müssen, sondern dass das Ende des einen das Ende des anderen steuert.

Abbildung 6.4: Ende/Ende-Beziehung

Anfang/Ende

Die Anfang/Ende-Beziehung ist der Exot unter den Anordnungsbeziehungen, der von der reinen Wortwahl her eher harmlos – ja geradezu normal – klingt, es aber in sich hat. Anfang/Ende-Beziehungen steuern ebenfalls Anordnungen, wobei der Beginn des Vorgangs A das Ende des Vorgangs B steuert (siehe Abbildung 6.5).

Abbildung 6.5: Anfang/Ende-Beziehung

Die offizielle Definition lautet: »Der Vorgänger muss begonnen haben, bevor die Folgeaktivität beendet werden kann.«

Selbst Netzplanprofis setzen diese Anordnungsbeziehung so gut wie nie ein, da das dahinterliegende Staffelstab-Prinzip sehr gut verstanden sein muss.

Für die PMP-Prüfung empfehlen wir Ihnen, die vier unterschiedlichen Anordnungen in einem Projektplanungstool mindestens einmal zu probieren und die Auswirkung der Anordnungsbeziehungen auf die Vorgänge zu analysieren.

6

Vorlaufzeiten und Nachlaufzeiten

Vorlauf- bzw. Nachlaufzeiten sind Kennzeichen besonderer Beziehungen zwischen Vorgängen.

- Eine **Nachlaufzeit** (*lag*) sagt aus, dass der nachfolgende Vorgang nicht sofort begonnen werden kann, sondern dass er etwas warten muss. Wird beispielsweise ein Konzept mit der Post verschickt, dann muss eine Zustellzeit von z.B. einem Tag eingeplant werden, bevor der nächste Vorgang (Konzept prüfen) starten kann.

- Eine **Vorlaufzeit** (*lead*) bedeutet dagegen, dass der nachfolgende Vorgang um eine bestimmte Zeitspanne früher starten kann, auch wenn der vorhergehende Vorgang noch nicht beendet ist.

Gerade bei der Nachlaufzeit ist man geneigt, diese Zeitspanne – die Nachlaufzeit eben – als Teil des Vorgangs zu sehen. Das ist aber für die Steuerung des Vorgangs nicht geschickt.

Der Vorgang »Bodenplatte gießen« kann zwei Tage dauern, das Trocknen der Bodenplatte nochmals drei Tage. Wir können nun einen Vorgang definieren, der fünf Tage dauert, oder einen, der zwei Tage dauert mit einem Nachlauf von drei Tagen. Stellen Sie sich vor, die Bodenplatte gerät in Verzug und würde erst am Ende des dritten Tages fertiggestellt werden können. Bei der Variante mit der Nachlaufzeit würde der Verzug sofort sichtbar. Ohne Nachlaufzeit wäre scheinbar noch »alles im Plan ...«.

Abhängigkeiten

Die Vorgänge in einem Netzplan können auf verschiedene Arten voneinander abhängen:

- **Zwingende bzw. harte Abhängigkeiten** (*hard logic*), die durch die Art der Arbeit bedingt sind (z.B. eine Software muss erst entwickelt werden, bevor sie getestet oder implementiert werden kann).

- **Interne und externe Abhängigkeiten**, die durch Einflüsse von innerhalb der Organisation oder von außen entstehen (z.B. rechtliche Änderungen zu einem bestimmten Stichtag, Urlaub eines Lieferanten).

- **Präferenzielle Abhängigkeiten** (*preferential logic*), die durch das Projektteam festgelegt werden können. Diese präferenzielle Logik modelliert bevorzugte Abhängigkeiten, meist sind dies Best Practices. Ressourcen hingegen sollten nie und nimmer für Abhängigkeiten sorgen, das widerspricht der Absicht des Ablaufplans – vor allem auch, weil zum jetzigen Zeitpunkt noch gar keine Ressourcen bekannt sind. In der PMP-Prüfung können Sie leicht durch eine Frage in Richtung präferenzieller Logik in die Irre geführt werden. Wie? Zunächst ein Beispiel zur Illustration der Problemstellung:

Problem der bevorzugten Abhängigkeit

Sie bauen einen Keller um und möchten gerne an einem Abend noch zwei Aktivitäten erledigen. Die Wände sollen mit Gips ausgebessert und das Türschloss repariert werden. Sie sind allein. Zeichnen Sie für diese beiden Aktivitäten einen kleinen Netzplan.

In unseren Trainings üben wir diese Situation ebenfalls, und in vielen Fällen entsteht der in Abbildung 6.6 dargestellte Vorschlag.

Abbildung 6.6: Netzplan Kellerumbau, Variante 1

Manchmal wird er durch die Alternative 2 ersetzt (siehe Abbildung 6.7).

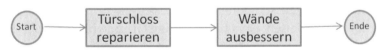

Abbildung 6.7: Netzplan Kellerumbau, Variante 2

Tatsächlich besteht zwischen diesen beiden Vorgängen aber keine harte Abhängigkeit. Zwar ist durch die eine vorgegebene Ressource eine zeitlich sequenzielle Abarbeitung notwendig, aber dennoch besteht zwischen beiden Vorgängen keine notwendige Anordnungsbeziehung.

Man muss nicht vorher eine Wand gipsen, bevor man ein Türschloss repariert. Ein Netzplan, der nur zwingende Anordnungsbeziehungen darstellt, würde daher wie in Abbildung 6.8 gezeigt aussehen:

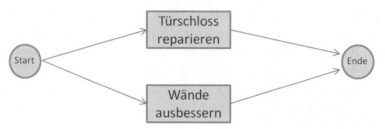

Abbildung 6.8: Netzplan Kellerumbau, zwingende Abhängigkeiten

Bitte beachten Sie, dass Vorgangsfolgen in erster Linie die unbedingt notwendigen Anordnungsbeziehungen (also die »harten«) darstellen sollen und weniger die präferenziellen. Warum ist das so wichtig? Nun, wenn Sie in einem realen Projekt mit dynamischer Netzplanung arbeiten und mit dem ermittelten Termin nicht zufrieden sind, dann können Sie durch Erhöhung von Einsatzmitteln (Ressourcen) eine Verkürzung der Terminsituation erreichen. Aber nur, wenn Ihre Anordnungsbeziehungen korrekt dargestellt sind.

Um in unserem kleinen Beispiel zu bleiben: Sie sind mit Ihrer Abendumbauplanung nicht zufrieden und stocken die Ressourcen auf. Ihr Nachbar hilft Ihnen. Wenn Sie eine der ersten beiden Anordnungsbeziehungen gewählt haben, muss zuerst der eine Vorgang beendet sein, bevor der andere beginnen kann. Wenn nicht gerade zwei Leute die Wände ausbessern können, dann muss der eine warten, bis der andere fertig ist. Das hat den Effekt, dass faktisch keine Verbesserung der Terminsituation eintreten wird.

Unter bestimmten Umständen können aber auch präferenzielle Anordnungselemente einfließen, etwa wenn triftige Gründe für die Wahl einer weichen Logik vorliegen. Das heißt, Sie müssen Ihre Beweggründe genau dokumentieren, da der Terminplan später durch diese Entscheidung betroffen sein kann.

6.1.4 Vorgangsdauer schätzen

Achtung: Auch wenn wir bei der Einleitung zum Terminmanagement geschrieben haben, dass die Prozesse logisch zusammenhängen, heißt das nicht, dass sie stur sequenziell ablaufen. Sie können, müssen aber nicht die Dauer der Vorgänge schätzen, nachdem Sie den Netzplan festgelegt haben. Wenn verschiedene Personen für die Prozesse verantwortlich sind, können die Prozesse auch parallel durchgeführt werden oder erst die Dauer geschätzt und dann der Netzplan erstellt werden. Egal, in welcher Reihenfolge die Prozesse durchgeführt werden, wichtig ist immer, dass Dauer nicht mit Aufwand verwechselt wird.

Aufwand und Dauer

Aufwand *(effort)* ist die Arbeit, die erforderlich ist, um eine bestimmte Aufgabe zu erledigen. **Dauer** *(duration)* ist der Zeitraum, der dazu benötigt wird.

Unklarheiten treten bezüglich der Unterscheidung und des Zusammenhangs auf. Die nachfolgende Erläuterung soll Ihnen helfen, Aufwand und Dauer gegeneinander abzugrenzen, aber auch die Verkettung zu verstehen.

Einer *Arbeit* (zum Beispiel das Anstreichen einer Wand) liegt ein *Aufwand* zugrunde. Dieser Aufwand ist die Nettozeit, die eine Person bräuchte, wenn sie sich nur dieser Aufgabe widmete. Wir nehmen für unser Beispiel zehn Stunden an. Das Verständnis wird durch die Tatsache erschwert, dass Aufwand und Dauer scheinbar die gleichen Einheiten, nämlich Stunden oder Tage oder auch Jahre, verwenden. Zur besseren Abgrenzung verwendet man im Zusammenhang mit dem Aufwand z.B. die Bezeichnung Personentage oder eben entsprechend -stunden, -wochen oder -jahre.

Eine *Dauer* ist ein Zeitraum, den die Durchführung einer Arbeit erfordert. Wir kommen auf unser Beispiel zurück: die zu streichende Wand. Wir haben für den Anstrich der Wand einen Aufwand von zehn Personenstunden ermittelt. Die Ermittlung der Dauer ist von mehreren Faktoren abhängig: Wird ein Maler streichen oder mehrere? Kann man die Streicharbeit an einem Stück erledigen oder wird sie aus Zeitgründen auf drei Vormittage verteilt, weil nachmittags Kundenverkehr im Gebäude ist?

Dann gibt es noch Vorgänge, die gar keinen Aufwand haben, aber eine Dauer. Ein gerne gewähltes Beispiel hierfür ist das Trocknen der Farbe. Dieser Umstand wird zwar meist durch einen Nachlauf (Lag) abgebildet, könnte aber auch durch zwei verschiedene Vorgänge dargestellt werden.

Neben dieser Unterscheidung gibt es noch Vorgänge, die aufwandsorientiert sind, und welche, die dauerorientiert sind.

Ist ein Vorgang **aufwandsorientiert** (»Streichen«) oder **dauerorientiert** (»Trocknen«)? Je nach Typus ergeben sich unterschiedliche Voraussetzungen in Bezug auf die Ermittlung der möglichen Kosten- und Termindimensionen des Vorgangs:

- Aufwandsorientierte Vorgänge lassen sich durch das Jonglieren mit Ressourcen verkürzen bzw. verlängern. Es wird Arbeit erledigt. Der Vorgang ist dann beendet, wenn die Arbeit erledigt ist.

- Auf dauerorientierte Vorgänge ist der Einsatz von Ressourcen wirkungslos. Der Vorgang ist dann beendet, wenn die Zeit (= »Dauer«) abgelaufen ist. Die Dauerlauferprobung einer Maschine kann nicht durch eine Verdopplung der prüfenden Ingenieure verkürzt werden, die dem Dauerlauf zusehen.

Wenn Ihnen die Unterschiede klar sind, dann testen Sie sich:

Frage

1. Wie verhalten sich Kosten und Dauer, wenn in einem aufwandsorientierten Vorgang unter idealen Rahmenbedingungen Ressourcen (mit dem gleichen Kostensatz) hinzugefügt werden?

2. Wie verhalten sich Kosten und Dauer, wenn in einem dauerorientierten Vorgang Ressourcen hinzugefügt werden?

Antwort

Zu 1. Die Dauer verkürzt sich, und die Kosten bleiben gleich.

Zu 2. Die Dauer bleibt unverändert, die Kosten erhöhen sich.

Es gilt daher – auch und besonders bei zeitkritischen Arbeiten – folgende Reihenfolge:

1. Zuerst den Aufwand ermitteln.

2. Durch Ressourceneinsatz und -planung sowie externe Einflüsse die Dauer bestimmen.

Die Argumentation aus der Praxis, »Bei unseren mörderischen Terminplänen interessiert uns nur Dauer«, führt nicht nur im PMP-Examen nicht zum richtigen Ergebnis.

Übung

Wir kommen nochmals auf die **dauergetriebenen** Vorgänge zurück und hatten oben als Beispiel »Streichen« angegeben. Hätten Sie noch andere Beispiele aus dem Projektalltag für dauergetriebene Vorgänge?

Lösung

- Ausbildung
- Training
- Meetings (Statusmeeting, nicht Entscheidungsmeetings)
- Dauerläufe
- ... und letztlich Projektmanagement

6

Grundregeln zum Schätzen

Auch die beste Schätzung kann aus der Unsicherheit, die sie darstellt, keine Sicherheit machen. Die Beachtung elementarer Grundregeln kann aber dabei helfen, zumindest die einer Schätzung zugrunde liegenden Annahmen transparent und nachvollziehbar zu machen. Wenn Sie schätzen, sollten Sie daher auf die folgenden Punkte achten:

- Schätzungen sind immer in die Zukunft gerichtet und daher unsicher. Ein Projektmanager will die bestmögliche Schätzung abgeben, garantieren kann er das Eintreffen seiner Prognose nicht. Das Selbstverständnis eines PMP ist daher in diesem Zusammenhang darauf gerichtet, die Unsicherheiten der Schätzung zu reduzieren (z.B. durch eine Dreipunktschätzung) und die Unsicherheit zu kommunizieren.

- Die mit Schätzungen verbundene Unsicherheit ist am Projektanfang am größten und nimmt immer mehr ab, je näher das Projektende rückt. Trivial? Ja, aber nicht falsch. Die beste Schätzung ist die, die unmittelbar vor dem Projektende für die noch verbleibende Arbeit erstellt wird.

- Aber wir können nicht bis zum Ende warten. Am Projektanfang sind Schätzungen nötig, um Entscheidungen zu treffen. Abhängig von der Phase, in der sich das Projekt befindet, unterscheidet man verschiedene

Schätzmethoden, die wir im nachfolgenden Absatz darstellen. Im Verlauf des Planungsprozesses werden die Rahmendaten besser bekannt, man gelangt über verschiedene Stufen zur endgültigen Schätzung. Diese Schätzung ist dann die Grundlage zur Preisfestsetzung oder Angebotsabgabe oder Budgeterstellung.

- Um die Qualität von Schätzungen zu verbessern, sollten die Schätzungen von Experten durchgeführt werden, die über genügend Sachkenntnis verfügen.

- Planning Poker bzw. jede Art der relativen Schätzung des agilen Umfelds ist keine Ausnahme dieser Grundregeln, gibt sich aber mit einer größeren Unsicherheit zufrieden.

- Schätzungen können u.a. basieren auf:
  - persönlichen Erfahrungen
  - vorliegenden Kosten (Personal, Material etc.)
  - historischen Daten

Schätzmethoden

Nachfolgend finden Sie kurze Erläuterungen zu gängigen Schätzmethoden. Weitere Schätzmethoden werden im Kapitel »Kostenmanagement« vorgestellt.

»Order of Magnitude«-Schätzung

Die »*Order of Magnitude*«-Schätzung, also die Größenordnungsschätzung, ist eine Schätzung auf hoher Ebene. Sie wird angewendet, um in einer sehr frühen Projektphase den Stakeholdern eine Größenordnung zu vermitteln. Denken Sie an den Architekten Ihres Traumhauses, der Ihnen nach dem ersten Gedankenaustausch bereits ein Volumen nennen kann. Er legt dabei ein relativ grobes Raster an, indem er den Preis vergleichbarer Objekte nennt, ohne dass die Details der Ausgestaltung Gesprächsinhalt sind.

Analoge und parametrische Schätzung

Aber egal ob wahrscheinlicher, pessimistischer oder optimistischer Wert, die Schätzwerte müssen verlässlich ermittelt werden, und dafür gibt es verschiedene Vorgehensweisen:

- Sie können Experten befragen und sich so ein *Fachurteil* einholen.

- Sie können historische Daten von vergangenen ähnlichen Projekten analysieren (aber bitte nicht Äpfel mit Birnen vergleichen!) und darauf schließen, dass Ihr Projekt genauso, das heißt analog, ablaufen wird. *Analoge Schätzungen* haben den Vorteil, dass sie mit relativ wenig Aufwand und schnell erstellt werden können (aber nur, wenn vergleichbare Daten vorliegen)! Der Nachteil ist, dass sie nicht sehr genau sind. Sie werden meisten in frühen Projektphasen eingesetzt.

- Wenn die Arbeit zur Erledigung eines Vorgangs durch feste Parameter bestimmt wird, dann können Sie die Schätzwerte auch berechnen, z.B. kann ein Maler nach der Besichtigung eines Raumes ziemlich genau schätzen, wie lange er für das Tapezieren des Raums benötigen wird. Seine *parametrische Schätzung* wird dabei die Raumgröße, Deckenhöhe, Anzahl Fenster, Qualifikation des Mitarbeiters etc. berücksichtigen. Aber Achtung, auch wenn die Schätzwerte berechnet werden: Die Schätzung an sich bleibt unsicher. Der Maler kann Ihnen nicht garantieren, genau zu dem geschätzten Termin fertig zu werden.

Einzelwertschätzungen

Unter *Einzelwertschätzungen* versteht man die Ermittlung eines einzelnen Schätzwerts pro Vorgang, der dann durch eine Person bzw. eine Gruppe von Personen als der »wahrscheinliche Wert« interpretiert wird (»Ich brauche dafür fünf Tage«). Einzelwertschätzungen neigen zur »Selbsterfüllung« und führen zur Einrechnung von (nicht kommunizierten) Reserven.

Wenn Sie einen Kollegen bitten, eine Schätzung abzugeben, wie lange er denn für das Streichen der Wand benötigt (kurze Anmerkung: Jetzt müsste Ihr Kollege nachfragen, ob dies eine Frage nach Aufwand oder Dauer ist), dann möchte der Kollege natürlich »Wort halten« und nicht anschließend seine eigene Schätzung revidieren müssen.

Um auf jeden Fall »Wort zu halten«, wird er einen leichten Zuschlag (das sogenannte *Estimate Padding*) zu seiner Schätzung vornehmen, der dann das gesamte Schätzergebnis unerfreulich aufbläht. Die »Last des Einzelwerts« auf den Schultern der Schätzer ist in der Tat ein nicht zu unterschätzendes Problem.

Hinweis

Einzelwertschätzungen sind auch ein Bestandteil der »Kritischer Pfad«-Methode (CPM), die wir im Folgenden ausführlich behandeln werden (siehe Abschnitt »CPM«). Wenn Sie also nach CPM-Schätzungen gefragt werden, sollten Sie wissen, dass damit eine Einzelwertschätzung gemeint ist.

Wenn Sie das nächste Mal einen Verantwortlichen fragen, wie lange er denn für dieses Arbeitspaket braucht, und er sagt »Zehn Tage«, dann haben Sie gerade eine CPM-Schätzung bekommen. Sagt er jedoch »Wenn's gut geht, sechs, wahrscheinlich elf, im schlimmsten Fall jedoch 22«, dann erhalten Sie eine Dreipunkt- bzw. Bereichsschätzung.

Die Dreipunktschätzung

Verlässlichere Schätzwerte als eine Einzelwertschätzung liefert eine Dreipunktschätzung, **bei der für jeden Vorgang drei Werte geschätzt werden: der optimistische, der wahrscheinliche und der pessimistische Wert.** Alle Annahmen zu diesen Werten werden dokumentiert. Bei einer *einfachen Dreipunktschätzung* werden die Werte addiert und durch drei dividiert, um den Mittelwert zu erhalten.

Gewichtete Dreipunktschätzungen geben dem wahrscheinlichen Wert mehr Bedeutung. Die bekannteste Methode ist hierbei die PERT-Schätzung, wobei PERT die Abkürzung für *Program Evaluation and Review Technique* ist. Bei der PERT-Schätzung wird der Mittelwert mit 4 gewichtet. Die Ermittlung einer einzelnen Summe erfolgt durch eine Formel, die für PERT wie folgt lautet:

$$\text{PERT - Wert} = \frac{\text{optimist. Wert} + (4 \times \text{wahrsch. Wert}) + \text{pessimist. Wert}}{6}$$

In unserem Beispiel von oben, dass die Erledigung eines Arbeitspakets »Wenn's gut geht sechs, wahrscheinlich elf, im schlimmsten Fall jedoch 22 Tage« dauert, errechnen Sie den Mittelwert mit (6+4*11+22)/6=12 und haben nun einen PERT-Schätzwert.

PERT-Schätzungen liefern wesentlich bessere Schätzergebnisse als Einzelwertschätzungen, da insgesamt weniger Zuschläge eingerechnet werden und die Vorgehensweise transparent ist. Allerdings wird die Ermittlung von jeweils drei Werten in der Praxis oft als aufwendig angesehen.

Die Dreipunktschätzung ist die Basis für weitergehende Analysen von Netzplänen und auch bestimmte Aspekte der quantitativen Risikoanalyse wie z.B. der Monte-Carlo-Simulation.

Relative Schätzung

Bekannt aus agilen Umgebungen gehen relative Schätzungen von einem Referenzwert aus, der frei gebildet werden kann. In einer Art paarweisem Vergleich erfolgt eine Annäherung der unterschiedlichen Schätzelemente gegen diesen Referenzwert.

Beispiel

Wenn man die Geschwindigkeit von Tieren schätzen möchte, kann man den absoluten Weg gehen, also eine Annäherung in km/h. Oder eben den relativen. Dazu wählt man ein Referenzobjekt »Kuh«, gibt dem Tier die 100 und fragt sich: »Wenn die Kuh 100 ist, was ist dann das Pferd?« Die dann entstehenden relativen Bezüge lassen sich leicht und auch einvernehmlich bilden und dann anhand eines realen Referenzbezugs auflösen.

Wahrscheinlichkeiten in der Schätzung

Ein kurzer Ausflug in die Wahrscheinlichkeitsbetrachtung: Eine Dreipunktschätzung ist in der Regel triangulär, also der wahrscheinlichste Wert ist eben – wie der Name schon sagt – der wahrscheinlichste Wert und hat gegenüber den beiden anderen Werten eine deutlich höhere Eintrittswahrscheinlichkeit. Das lässt sich am besten durch die Grafik in Abbildung 6.9 illustrieren:

Der errechnete gewichtete Mittelwert aus der PERT-Formel liegt in unserem obigen Beispiel bei 12. Die Flächen links und rechts des PERT-Werts sind identisch. Der PERT-Mittelwert verhält sich daher wie der Scheitelpunkt einer Normalverteilung. Mit anderen Worten: Die Wahrscheinlichkeit, dass der Vorgang in zwölf Tagen *oder eher* beendet ist, liegt bei 50 Prozent. Aber es gilt natürlich auch: Die Wahrscheinlichkeit, dass der Vorgang in zwölf Tagen *oder später* beendet ist, liegt ebenso bei 50 Prozent.

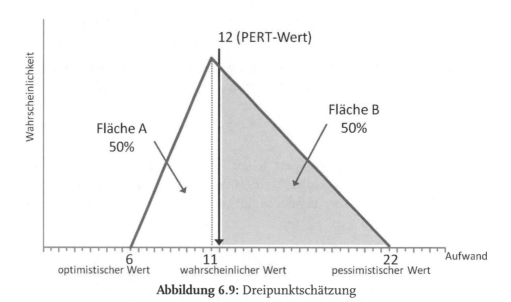

Abbildung 6.9: Dreipunktschätzung

6.1.5   Terminplan entwickeln

Jetzt haben wir schon etliche Schritte durchgeführt, bis endlich die Frage, »Wann wird denn das Projekt abgeschlossen sein?«, beantwortet werden kann. In der Realität ist die Frage nach dem Endtermin oft die erste Frage, die gestellt und (leider) auch oft zu schnell beantwortet wird. Und das, ohne die ganzen Informationen zu ermitteln, die die Prozesse 6.1 bis 6.4 verlangen und ohne dabei die getroffenen Annahmen zu dokumentieren.

Aufgabe

Überlegen Sie, welche Informationen vorliegen müssen, damit ein Terminplan entwickelt werden kann.

Lösung

Sie benötigen die Informationen, die Sie in den vorherigen Prozessen erarbeitet haben:

■ die Information, welche Vorgänge Ihr Projekt beinhaltet (die Vorgangsliste)

■ die Beschreibung der Inhalte der Vorgänge (Vorgangsattribute)

■ die logische Abfolge der Vorgänge, den Ablaufplan bzw. das Netzplandiagramm des Projektterminplans

■ die Information, welche Ressourcen benötigt werden (Ressourcenbedarfsanforderung für den Vorgang)

■ die Information, wann die Ressourcen verfügbar sind (Ressourcenkalender)

■ die Schätzung der Dauer je Vorgang

Darüber hinaus benötigen Sie Informationen über Annahmen und Einschränkungen aus der Projektinhalts- und Umfangsbeschreibung und Informationen über Vorgaben des Unternehmens (Faktoren der Unternehmensumwelt und Prozessvermögen der Organisation)

6

Weitere Modulierungsmethoden

Neben dem bereits vorgestellten Vorgangsknotennetzplan (PDM) gibt es noch weitere Modulierungsmethoden, die in der heutigen Projektpraxis jedoch selten eingesetzt werden. Für die PMP-Prüfung sollten Sie dennoch die Namen kennen und die Methoden gegeneinander abgrenzen können.

PERT

PERT steht für *Program Evaluation and Review Technique* und beschreibt eine Netzplanmethode, die im Auftrag der U.S. Navy 1958/1959 entwickelt wurde. PERT enthält nur Ereignisse, die als Knoten dargestellt werden, und Anordnungsbeziehungen. Die Aktivitäten, die zu den Ereignissen führen, werden nicht beschrieben. Als Netzplanmethode hat PERT heute kaum noch eine Bedeutung. Aber: Leider haben einige Software-Hersteller die Netzplanansicht des Terminplans (also das AON-Diagramm) fälschlicherweise und irreführend PERT-Ansicht genannt. Das ist falsch und im Sinne Ihrer Examensvorbereitung hinderlich.

Allerdings hat – wie bereits dargestellt – ein wesentliches Merkmal von PERT heute noch eine große Bedeutung im Projektmanagement: die Schätzmethode PERT mit der bereits vorgestellten gewichteten Dreipunktschätzung.

CPM

Im Gegensatz zu PERT genießt CPM Kultstatus. CPM steht für *Critical Path Method*, zu Deutsch die Kritischer-Pfad-Methode oder die *Methode des kritischen Weges*.

Tatsächlich verwenden fast alle einschlägigen Software-Tools die Algorithmen des CPM, wobei die Methode an sich nicht unumstritten ist. Das darf uns aber hier nicht der Mühe entheben, Netzplan und CPM-Rechnungen zu beherrschen und Pufferberechnungen durchführen zu können.

Wegen der besonderen Bedeutung von CPM für die Terminplanung werden wir dieses Thema nachfolgend ausführlich behandeln.

Die CPM ermittelt aus den Abhängigkeiten und den für die jeweilige Dauer geschätzten Werten den frühestmöglichen Endzeitpunkt des gegebenen Projekts. Dabei wird das frühestmögliche Ende von der längsten Vorgangsfolge im Netzwerk bestimmt. Diese längste Vorgangsfolge ist der kritische Pfad. Die Idee besagt, dass Verzögerungen auf diesem Pfad sehr wahrscheinlich den Endtermin beeinflussen werden. Es gilt gleichfalls, dass, wenn der Endtermin nach vorne verlegt werden soll, die Aktivitäten auf dem kritischen Pfad verkürzt oder parallel durchgeführt werden müssen.

Unten sind die wichtigsten Aussagen zum Thema kritischer Pfad noch einmal zusammengefasst:

1. Er ist die längste Vorgangsfolge im Netzplan, der die kürzestmögliche Projektdauer bestimmt. Aufgepasst! Die Begriffe »längste« und »kürzeste« sind ideal für die Konstruktion irreführender Fragen geeignet.

2. *Kritische Vorgänge* ist die Bezeichnung für Vorgänge auf dem kritischen Pfad.

3. Der Projektleiter muss jedoch auch noch andere Vorgänge, die nicht auf dem kritischen Pfad liegen, im Auge behalten. Wenn diese Vorgänge mit speziellen Ressourcen oder zu bestimmten Terminen stattfinden, sind sie gemäß CPM nicht kritisch, aus Sicht des Projekts müssen sie aber unbedingt beachtet werden.

4. Es gibt in jedem Netzplan mindestens einen kritischen Pfad.

5. In einem Netzplan können auch mehrere kritische Pfade existieren.

6. Kritische Pfade sind nicht statisch und können im Netzplan wechseln.

7. Kritischer Pfad und präferenzielle Logik vertragen sich nicht besonders gut. Die Kritischer-Pfad-Methode funktioniert dann ohne Probleme, wenn wenig bis keine Ressourcenprobleme existieren.

8. Auf dem kritischen Pfad gibt es keinen Puffer.

9. Durch die Netzplanlogik ergeben sich pro Vorgang frühestmögliche und spätestmögliche Anfangs- und Endtermine, die durch die sogenannte Vorwärts- und Rückwärtsrechnung ermittelt werden.

Abbildung 6.10 zeigt ein Beispiel für einen Netzplan mit Dauer, frühestem sowie spätestem Anfangs- bzw. Endtermin.

Sie sollten die Vorwärts- und Rückwärtsrechnung eines Netzplans beherrschen. Seien Sie auf Prüfungsfragen gefasst, die Ihnen die Netzplansituation textlich darstellen, sodass Sie sich zunächst den Netzplan auf Ihr Konzeptpapier skizzieren müssen, um dann die Berechnungen durchzuführen.

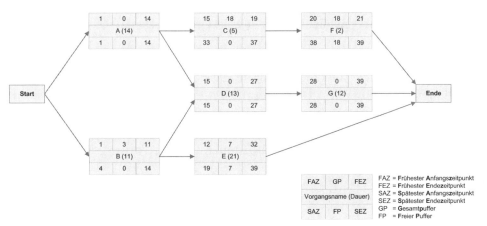

Abbildung 6.10: CPM-Netzplan

Freier Puffer und Gesamtpuffer

Aus der CPM ergeben sich nun die Puffer (auch Terminspielraum und Schlupf genannt), wobei Vorgänge auf dem kritischen Pfad per Definition keinen Puffer besitzen. Ein Wort zur englischen Notation: Puffer wird nicht mit *buffer* übersetzt, sondern mit *slack* oder *float*. Es mögen Unterschiede zwischen Slack und Float existieren, für das PMP-Examen sind sie ohne Belang und deswegen absolut synonym zu verwenden. Oder anders: Was ist der Unterschied zwischen Slack und Float? Antwort: Keiner!

Was ist nun Puffer? Sie sollten zwei verschiedene Arten kennen:

Gesamtpuffer (Total Slack/Total Float)

Gesamtpuffer ist der Puffer, den ein Vorgang hat und durch den das Projektende nicht beeinträchtigt wird. Betrachten Sie das Beispiel in Abbildung 6.11.

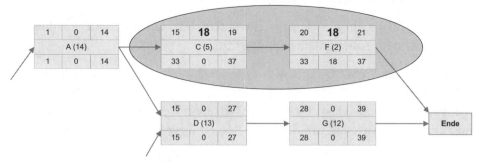

Abbildung 6.11: Beispiel Gesamtpuffer

Vorgang C und F haben 18 Tage Gesamtpuffer, um 18 Tage können sich die Vorgänge demnach verschieben, ohne dass das Projektende beeinträchtigt werden würde. Aufgepasst! Der Gesamtpuffer ist ein Puffer für einen kompletten Vorgangsstrang. In unserem Beispiel haben beide Vorgänge gemeinsam diesen Puffer, nicht jeder für sich. Wenn also der erste Vorgang C von diesen 18 Tagen Puffer fünf verbraucht, stehen für den Vorgang F nur noch 13 Tage zur Verfügung.

Dieser »Pferdefuß« bei der Betrachtung des Gesamtpuffers ist nicht nur für die PMP-Prüfung von Bedeutung. Wenn die Pufferangaben pro Vorgang in Listenform erfolgen, sehen Sie der Liste nicht unbedingt auf den ersten Blick an, welcher Vorgang sich welchen Gesamtpuffer mit welchen anderen Vorgängen teilt.

Bedenken Sie auch, dass sich Aussagen zum Gesamtpuffer nur auf das Projektende beziehen. Im obigen Beispiel resultiert eine Verzögerung des Vorgangs C in einer Terminverschiebung des Vorgangs F. Zwar wird das errechnete Projektende nicht infrage gestellt, dennoch könnten sich für den Vorgang F unangenehme Konsequenzen aus der (zwar für das Projektende unkritischen) Terminverschiebung ergeben.

Das Vorhandensein von *Gesamtpuffer* sagt nichts über das Verhältnis zu den direkten Vorgängern und Nachfolgern aus, sondern nur etwas in Bezug auf das Projektende. Der Puffer, der die Beziehungen zu den unmittelbaren Nachbarn widerspiegelt, heißt *freier Puffer*.

Freier Puffer (Free Slack/Free Float)

Bei der Betrachtung des freien Puffers ist die Anzahl der Tage oder alternativ gewählter Zeiteinheiten von Interesse, um die ein Vorgang verschoben werden kann, **ohne seinen direkten Nachfolger zu beeinflussen**.

Frage

Abbildung 6.12 zeigt einen Netzplan auf. Bitte berechnen Sie den Netzplan und nennen Sie dann den oder die Vorgänge, die

- keinen Puffer haben
- nur Gesamtpuffer haben
- auch freien Puffer besitzen

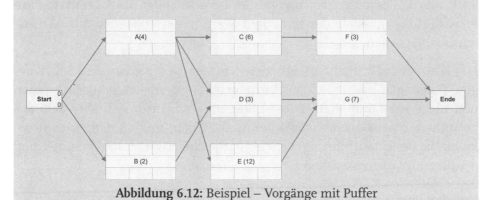

Abbildung 6.12: Beispiel – Vorgänge mit Puffer

Antwort

Die folgende Tabelle zeigt für jeden Vorgang die verschiedenen Pufferwerte auf.

Aktivität	Dauer	FAZ	FEZ	SAZ	SEZ	Gesamtpuffer	Freier Puffer
A	4	1	4	1	4	0	0
B	2	1	2	12	13	11	2
C	6	5	10	15	20	10	0
D	3	5	7	14	16	9	9
E	12	5	16	5	16	0	0
F	3	11	13	21	23	10	10
G	7	17	23	17	23	0	0

Tabelle 6.1: Lösung – Vorgänge mit Puffer

Die kritische Kette

Im Jahre 1997 veröffentlichte Dr. Eliyahu Goldratt den Ansatz der kritischen Kette (»Critical Chain«) in Form eines Romans. Dort wird die kritische Kette als Vorgangsfolge definiert, die sowohl (harte) Aktivitätenabhängigkeiten als auch weiche Ressourcenabhängigkeiten berücksichtigt. Im Gegensatz dazu fokussiert die Methode des kritischen Wegs ja ausschließlich auf Aktivitätenabhängigkeiten. Ein kleiner, aber feiner Unterschied.

Das Konzept der kritischen Kette basiert auf der Überlegung, dass Schätzungen, Planungen und Projektausführungen von Menschen gemacht werden und nicht von Computern. Diese Erkenntnis scheint trivial, aber dennoch beeinflussen persönliche Schwächen und Stärken und die Unternehmenskultur die Projektausführung mehr als (vielleicht) erwartet. Im Planungs- und Ausführungsprozess existieren folgende Verhaltensmuster:

Verhaltensmuster

1. **Sicherheitszuschläge beim Schätzen**

   Wollen Sie der- oder diejenige sein, der/die am Verschieben des Endtermins schuld ist, nur weil Ihre Schätzung zu optimistisch war? Jede Schätzung einer Aktivität enthält einen Sicherheitszuschlag. Dieser ist abhängig vom Schätzer, von der Projektkultur und von der eigenen Erfahrung.

2. **Das Studentensyndrom**

Eine Aktivität, die bekanntermaßen viel (offen kommunizierten) Puffer besitzt, wird doch bis zum letzten Moment aufgeschoben. Passiert dann etwas, ist der anfängliche Puffer vertan und die Aktivität verspätet.

3. **Parkinsonsches Gesetz**

Die Arbeit wächst, um in die »vorgesehene Zeitscheibe« zu passen. Anders formuliert, wenn Sie zehn Tage für die Durchführung einer Aktivität schätzen, wird sie selten eher fertiggestellt. Wird sie in kürzerer Zeit fertig, wird die gewonnene Zeit mit Fehlersuche, Qualitätssicherung oder Erweiterung des Umfangs aufgefüllt.

4. **Multitasking**

Das gleichzeitige Arbeiten an mehreren Aufgaben oder Projekten hat eine deutliche Ineffizienz zur Folge. Neben der »Rüstzeit«, sich immer wieder auf die nächste Aktivität einzustellen, beraubt man sich bei dieser Arbeitsmethode der Möglichkeit, eine Aufgabe tatsächlich frühzeitig abzuschließen.

5. **Keine frühzeitige Beendigung**

Viele Projektkulturen erlauben keine frühzeitige Beendigung von Aktivitäten. Fokussiert wird auf »on time« und »not late«, aber niemals auf »möglichst frühzeitig«. Die Gründe dafür sind auch hier vielfältig, es sei an dieser Stelle nur die Angst genannt, durch vorzeitiges Beenden seine eigenen Schätzungen zu diskreditieren.

Antworten zu den genannten Problemen

Die oben genannten fünf Muster sind auch beliebig kombinierbar. Das Konzept der kritischen Kette hat folgende Antworten, um diesen Problemstellungen zu begegnen:

1. **Rückwärtsplanung**

Rückwärtsplanungen werden auch ohne das Konzept der kritischen Kette oft durchgeführt, allerdings eher in frühen Phasen und im Rahmen grundsätzlicher Projektüberlegungen. Das Konzept der kritischen Kette geht immer von der Rückwärtsplanung aus.

6

2. Späteste mögliche Planung

Es wird konsequent ALAP angewandt: *as late as possible*. Das heißt, die Terminierung der Vorgänge erfolgt nicht nach dem frühesten möglichen Starttermin, sondern nach dem spätesten möglichen Endtermin. Das hat eine ganze Reihe von Vorteilen: Auch die Kosten fallen ALAP an, der Fokus ist besser und die Anzahl der in Arbeit befindlichen Vorgänge wird reduziert. Einen Nachteil hat diese Vorgehensweise jedoch auch: Viele Vorgänge sind dann auf dem kritischen Pfad. Dem wird mit kumulativem Puffer begegnet (siehe unten).

3. Schätzungen

Es wird angestrebt, Schätzungen zu erhalten, die eine ca. 50-prozentige Eintrittswahrscheinlichkeit haben. Es geht also beim Konzept der kritischen Kette in erster Linie um einen Ansatz, auf den einzelnen Vorgang bezogene Sicherheitsschätzungen zu eliminieren. Die Zuschläge werden am Ende in sogenannte Projektpuffer integriert. Diese Technik ist die umstrittenste und interessanteste Neuerung des Verfahrens, werden doch damit gängige Planungsverfahren neu definiert.

4. Das Staffelstabprinzip

Der Übergang von zwei abhängigen Aktivitäten erfolgt nicht nach Start- und Endeplanungen aus der Kritischer-Weg-Berechnung, sondern ähnlich einem Staffellauf. Wenn der Vorgänger sich dem Ende nähert, wird bereits der Nachfolger »hochgefahren« – ähnlich einem Staffelläufer, der schon losläuft, bevor der Vorläufer ankommt. Man könnte dieses Vorgehen als ständiges Fast-Tracking bezeichnen.

5. Updates der Planung

Sie erfolgen vom Prinzip her wie bei der Kritischer-Pfad-Methode, aber die Über- und Unterdeckungen pro Aktivität werden nicht berücksichtigt. Das macht die Steuerung insgesamt einfacher.

6. Puffermanagement

Zentraler Bestandteil des Konzepts der kritischen Kette ist der Umgang mit dem Puffer, der wie eine eigene Ressource gemanagt wird. Dabei werden zwei Pufferarten unterschieden: der Versorgungspuffer bzw. Zulieferpuffer (*Feeding Buffer*) und der Projektpuffer (*Project Buffer*).

– Der *Project Buffer* (am Projektende) schützt die kritische Kette des Projekts, er hat die Einhaltung des geplanten Endtermins im Fokus.

– Der *Feeding Buffer* ist eine Art Stoßdämpfer. Seine Aufgabe ist es, zu verhindern, dass Verzögerungen von Vorgängen, die nicht auf dem kritischen Pfad liegen, die kritische Kette beeinflussen.

Ressourcen und der Terminplan

Der Einfluss auf den Terminplan durch die Steuerung, Auswahl und Einsatz von Ressourcen kam bereits zur Sprache. Es liegt in der Verantwortung des Projektleiters, nicht nur die Terminsituation im Auge zu behalten, sondern auch den Ressourceneinsatz geschickt zu steuern.

Ressourceneinsatz verkürzt die Dauer ...

... nicht um jeden Preis. Wie bereits angeführt, ist die Umwandlung von Aufwand in Dauer von der Anzahl der eingesetzten Ressourcen (Einsatzmittel) abhängig. Das trifft jedoch nur für aufwandsorientierte Vorgänge zu. Die Umrechnung von Aufwand in Dauer kann aber nicht linear erfolgen, da selbst bei Einsatzmitteln, die einem Projekt in vollem Umfang zur Verfügung stehen, die Verfügbarkeit niemals 100 Prozent betragen wird. Es empfiehlt sich, mit einem Wert von ca. 80 Prozent zu beginnen. Übrigens wird in der Realität dieser Grad der Verfügbarkeit oft von zentralen Projektmanagementoffices (PMOs) ermittelt.

Die Umsetzung dieser Überlegungen in eine Prüfungsfrage könnte wie folgt aussehen:

Frage

Überlegen Sie, wie hoch die Dauer für einen Vorgang ist, dessen Aufwand mit 20 Personentagen angesetzt ist und dem zwei Ressourcen zugeordnet werden, die jeweils 70 Prozent für das Projekt zur Verfügung stehen.

Antwort

Lösung: Es stehen insgesamt 2 * 70 Prozent = 140 Prozent Arbeitskraft zur Verfügung, das heißt, dass dieser Vorgang mit 20 / 1,4 = 14,3 Tagen Dauer in der Terminplanung berücksichtigt werden muss.

Selbst bei aufwandsorientierten Vorgängen lässt sich die Dauer aber nicht beliebig durch zusätzliche Ressourcen verkürzen. Wie sagt der Volksmund? »Zu viele Köche verderben den Brei.« Übertragen auf Terminmanagement bedeutet das: Wenn Sie zu viele Ressourcen (Personen) für einen Vorgang einsetzen, erhöht sich in der Regel der Abstimmungs- und Kommunikationsaufwand, die eingesetzten Ressourcen arbeiten nicht mehr effektiv.

Einsatzmittelbedarf über Zeit

Ein zentrales Werkzeug für die Steuerung der Einsatzmittel ist das sogenannte *Einsatzmittelhistogramm (Resource Histogram)*, das die Auslastung des oder der Arbeitsmittel über die Zeit darstellt. Histogramme dieser Art gehören zum Standardrepertoire von Projektmanagement-Software.

Einsatzmittelhistogramme (siehe Abbildung 6.13) geben dem Projektleiter oder in größeren Projekten dem für die Ressourcenzuordnung verantwortlichen Mitarbeiter eine Möglichkeit an die Hand, Über- und Unterlastungen festzustellen und möglichst eine Ressourcenoptimierung durchzuführen. Es gibt zwei unterschiedliche Methoden:

Auslastungsglättung (engl. resource leveling).

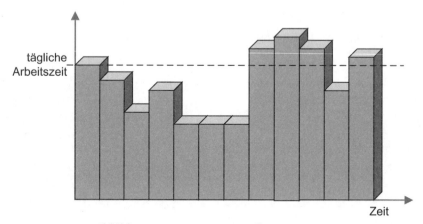

Abbildung 6.13: Einsatzmittelhistogramm

Ziel der Auslastungs*glättung* (*resource leveling*) ist eine möglichst ausgewogene Verteilung der Projektarbeiten auf die zur Verfügung stehenden Ressourcen. Das Verhältnis von Überlastungs- und Leerlaufzeiten soll optimiert werden (siehe Abbildung 6.14). Das gelingt am besten mit der Verschiebung von Projektarbeiten. Sinnvollerweise sollten Vorgänge ausgewählt werden, die freien Puffer aufweisen. Warum? Freier Puffer ermöglicht die zeitlich flexible Verschiebung von Arbeit, ohne Beeinflussung von Nachfolgern.

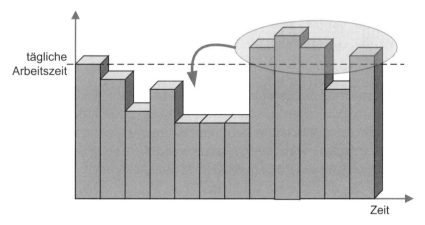

Abbildung 6.14: Einsatzmittelhistogramm mit Glättung

Das heißt andererseits jedoch auch, dass Vorgänge auf dem kritischen Pfad nur schwer geglättet werden können, ohne den Termin zu gefährden.

Ressourcenglättung (engl. resource smoothing).

Ziel der *Ressourcenglättung* (*resource smoothing*) ist auch eine möglichst ausgewogene Verteilung der Projektarbeiten auf die zur Verfügung stehenden Ressourcen. Allerdings nur innerhalb gegebener Puffer. Dadurch ergeben sich durch die Ressourcenglättung keine negativen Auswirkungen auf den Abschlusstermin, aber das Problem der Überlast eines Mitarbeiters wird nicht rückstandsfrei gelöst.

Verkürzung des Terminplans

Nicht immer liefert die Terminplanung Ergebnisse, die den gewünschten bzw. vorgegebenen Terminen entsprechen. Sei es, dass die Terminvorgaben vom Kunden bzw. Projektsponsor zu optimistisch waren oder dass Vorgänge aufgrund von außergewöhnlichen Ereignissen wie z.B. Krankheit von Projektmitarbeitern oder fachlichen Schwierigkeiten länger gedauert haben als geplant und somit die nachfolgenden Vorgänge erst später als geplant gestartet werden können.

In diesen Fällen, wenn die – durch die Terminplanung ermittelten – Endtermine zu spät sind, kommen die Methoden zur Terminplanverkürzung (*Schedule Compression*) zum Einsatz.

Sie haben zum Ziel, **Vorgänge schneller abzuschließen**, als es die die aktuelle Terminplanung vorgibt, aber **ohne den Inhalt und Umfang des Projekts zu reduzieren**. Die bekanntesten Methoden sind:

1. **Crashing**

   Als Verdichtung bzw. Crashing bezeichnet man das Stauchen von Vorgängen. Der im Deutschen eher nach Unfall klingende Name hat keinesfalls eine negative Bedeutung. Es geht hierbei um das Verkürzen von Vorgängen. Die einfachste Form des Crashing ist die Erhöhung der Einsatzmittel, sofern es sich um aufwandsorientierte Vorgänge handelt. Ein Maler benötigt einen Tag, den Raum zu streichen, zwei Maler werden in kürzerer Zeit fertig. Der Vorgang wurde »gecrasht«.

   Dem Projektleiter stehen in der Regel mehrere Alternativen zur Verfügung, um einen Vorgang zu verkürzen. Crashing bezeichnet dabei nicht nur das einfache Verkürzen eines Vorgangs, es ist auch die Verkürzung **unter dem wirtschaftlich günstigsten Aspekt**. Die wirtschaftliche Komponente ist elementarer Bestandteil des Verfahrens!

   Gängige Crashing-Techniken sind:

   – Anordnen von Überstunden

   – Aufstocken des Personals

   – Eingehen eines höheren Risikos

   – Einsatz von mehr Maschinen oder entsprechenden Einsatzmitteln

   – Optimieren der Abläufe

   – Reduzieren des Umfangs

2. **Fast Tracking**

   Fast Tracking bezeichnet die Überlappung eigentlich sequenzieller Aktivitäten, also solcher Aktivitäten, die eine Ende/Anfang-Beziehung zueinander haben. Durch überlappende Arbeitsweise wird die Dauer des Vorgangs selbst nicht verkürzt, also nicht gecrasht, aber es erfolgt eine Verkürzung des Terminplans dadurch, dass nachfolgende Vorgänge bereits starten, ohne dass der Vorgänger vollständig abgeschlossen ist.

Fast Tracking ist eine Bezeichnung aus der Netzplantechnik. Sie darf und soll keinesfalls mit Simultaneous Engineering (SE) verwechselt werden. SE ist eine phasenübergreifende Organisationsform, während Fast Tracking auf das Parallelisieren von Vorgängen abzielt.

> **Wichtig**
>
> Wenn Vorgänge einfach überlappt werden können, ist dies auch ein Anhaltspunkt dafür, dass unter Umständen Anordnungsbeziehungen gewählt wurden, die gar keine sind.
>
> Durch den Einsatz von Fast Tracking werden Terminpläne verkürzt, aber die Risiken steigen. Das ist die Kehrseite der Überlappung.

6

Das Ergebnis: der Terminplan

Der Projektterminplankann auf verschiedene Weise dargestellt werden, abhängig von den Erfordernissen des Projekts und der Phase, in der sich das Projekt befindet.

Meilensteindiagramme

Was Meilensteine sind, haben wir in Abschnitt »Meilensteine« erläutert. Ein Meilensteindiagramm zeigt auf, wann wichtige Ereignisse beginnen bzw. enden sollen. Es liefert keine Informationen darüber, welche Arbeiten zwischen den Meilensteinen durchgeführt werden.

Agile Realeaseplanung

Die Terminplanung eines agilen Projekts erfolgt durch die Hochrechnung der relativen Schätzwerte auf die zur Verfügung stehenden Arbeitseinheiten (»Sprints«) und ergibt dadurch einen parametrisch ermittelten Releasetermin (Endetermin), der überraschend zuverlässig ist, wenn der Prozess der agilen Planung korrekt durchgeführt wurde.

Netzpläne (Netzplandiagramme des Projektterminplans)

Netzpläne zeigen die Vorgänge mit ihren geplanten Anfangs- und Endterminen sowie die Abhängigkeiten zwischen den Vorgängen auf. Wie sie erstellt werden, haben wir Ihnen vorne in diesem Kapitel erläutert.

6

Gantt-Charts

Gantt-Charts (Balkendiagramme) werden in der Regel von Projektmanagement-Software verwendet. Ihr Vorteil ist ihre einfache Darstellung: Jeder Vorgang bzw. jede Aktivität wird durch einen Balken auf einer Zeitachse dargestellt, die Länge des Balkens entspricht der Aktivitätendauer, Anfangs- und Enddatum können direkt von der Zeitachse abgelesen werden.

Es sei an dieser Stelle aber ausdrücklich darauf hingewiesen, dass ursprüngliche Gantt-Charts keine Anordnungsbeziehungen zwischen den Vorgängen aufwiesen. Ein echtes Gantt-Chart sieht daher aus wie das in Abbildung 6.15.

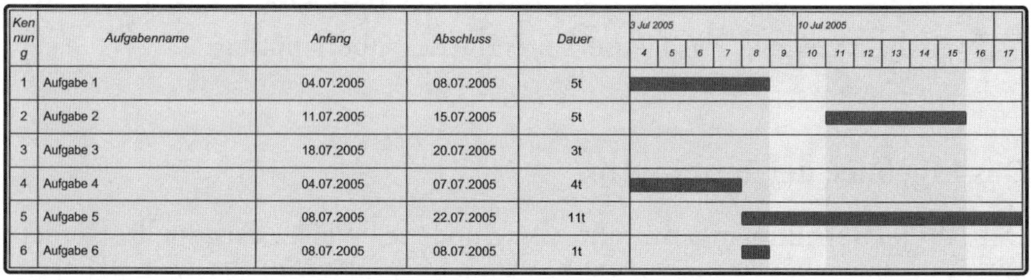
Kennung
Aufgabenname
Anfang
Abschluss
Dauer
3 Jul 2005
10 Jul 2005
4 5 6 7 8 9 10 11 12 13 14 15 16 17
1 Aufgabe 1 04.07.2005 08.07.2005 5t
2 Aufgabe 2 11.07.2005 15.07.2005 5t
3 Aufgabe 3 18.07.2005 20.07.2005 3t
4 Aufgabe 4 04.07.2005 07.07.2005 4t
5 Aufgabe 5 08.07.2005 22.07.2005 11t
6 Aufgabe 6 08.07.2005 08.07.2005 1t

Abbildung 6.15: »Echtes« Gantt-Chart

In vielen Software-Paketen (und inzwischen auch im PMBOK Guide) wird auch eine kombinierte Darstellung zwischen Netzplan und Balkendiagramm als Gantt-Chart bezeichnet (siehe Abbildung 6.16). Bei wenigen Aktivitäten mit ähnlicher Dauer und einfachen Beziehungen klappt die Darstellung von Anordnungsbeziehungen auch. Aber sobald die Projekte komplexer werden, kommen solche kombinierten Gantt-Charts an ihre Grenzen.

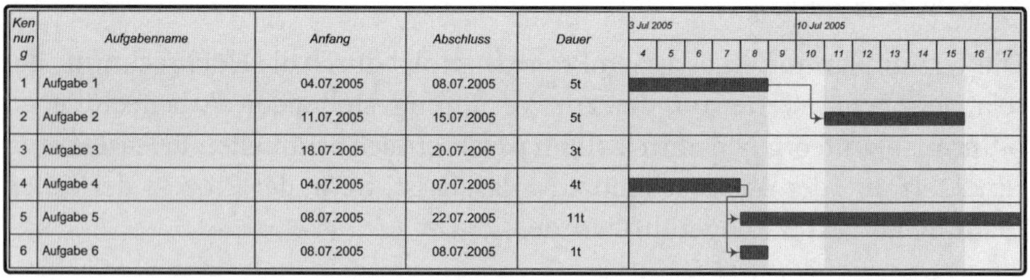
Kennung
Aufgabenname
Anfang
Abschluss
Dauer
3 Jul 2005
10 Jul 2005
4 5 6 7 8 9 10 11 12 13 14 15 16 17
1 Aufgabe 1 04.07.2005 08.07.2005 5t
2 Aufgabe 2 11.07.2005 15.07.2005 5t
3 Aufgabe 3 18.07.2005 20.07.2005 3t
4 Aufgabe 4 04.07.2005 07.07.2005 4t
5 Aufgabe 5 08.07.2005 22.07.2005 11t
6 Aufgabe 6 08.07.2005 08.07.2005 1t

Abbildung 6.16: Gantt-Chart einer Projektmanagement-Software

6.1.6   Terminplan steuern

Der Prozess »Terminplan steuern« ist ein Bestandteil der integrierten Änderungssteuerung und hat – wie die anderen Steuerungsprozesse der integrierten Änderungssteuerung – die Aufgabe:

- den aktuellen Status des Projekts in Bezug auf die Terminsituation zu ermitteln

- die Faktoren zu beeinflussen, die Änderungen am Terminplan verursachen

- zu erkennen, dass sich der Terminplan geändert hat

- aufgetretene Änderungen zu managen

Aus Sicht der Prüfungsvorbereitung (im Gegensatz zur Praxis) stecken in diesem Prozess keine größeren Herausforderungen.

Der Prozess hat relativ viele Methoden, die einerseits der Analyse von (potenziellen) Änderungen und ihren Auswirkungen dienen und andererseits zum Ziel haben, sicherzustellen, dass der Terminbasisplan eingehalten wird, indem überprüft wird, ob Korrektur- und Vorbeugemaßnahmen eingeleitet werden müssen.

Was Sie sich verdeutlichen sollten, ist die Abgrenzung der Begriffe bei der Bewertung der Projektperformance, denn sie werden leicht verwechselt:

1. Um das Projekt zu steuern, benötigt der Projektleiter Informationen

    - darüber, welche Aktivitäten wann geplant waren. Diese erhält er aus dem *Projektmanagementplan*, der den *Terminbasisplan* enthält sowie dem *Projektterminplan*, der die aktuelle Terminplanung dokumentiert.

    - darüber, welche Aktivitäten im aktuellen Berichtszeitraum in Arbeit sind bzw. abgeschlossen wurden (*Arbeitsleistungsinformationen*)

2. Anhand dieser Informationen führt der Projektleiter *Leistungsbeurteilungen* und *Abweichungsanalysen* durch, um potenzielle Änderungen zu erkennen und um zu entscheiden, ob Korrekturmaßnahmen notwendig sind.

    Das Dokument, in dem steht, wie mit Änderungswünschen und eingetretenen Änderungen in Bezug auf den Terminplan umgegangen wird, ist der *Terminmanagementplan*. Als Ergebnis liefert der Prozess u.a.

- die Kenntnis über den Projektstatus (*Messungen der Projektleistung*), der dann laut Kommunikationsmanagementplan an die Stakeholder des Projekts verteilt wird,

- *Änderungsanträge*, die dann im Rahmen der integrierten Änderungssteuerung bearbeitet werden. Änderungen können wertvoll für das Projekt sein, aber sie müssen aktiv gemanagt werden.

Schauen Sie sich die Eingangs- und Ausgangswerte sowie die Methoden der einzelnen Prozesse an. Sie müssen sie nicht auswendig lernen, aber Sie sollten sie, wenn sie in einer Prüfungsfrage auftauchen, richtig zuordnen können.

6.2 Prüfungsfragen

Zusätzliche und beispielhafte Prüfungsfragen zu diesem Kapitel finden Sie im Internet unter der Adresse: *www.wuttke.team/pmp-examen-das-buch*

7 Kostenmanagement in Projekten

»Kostenmanagement« ist eines der drei klassischen Wissensgebiete des magischen Dreiecks und allein daher schon eng mit Termin- sowie Inhalts- und Umfangsmanagement verknüpft.

Ein zentrales Thema in diesem Wissensgebiet ist die Earned-Value-Analyse bzw. -Methode (EVA oder EVM). Diese Methode gewinnt mittlerweile eine immer größer werdende Bedeutung und viele Projektmanager lernen sie im Zuge der Vorbereitung auf das PMP-Examen nun richtig kennen. Die verschiedenen Begriffe und Formeln wirken auf den ersten Eindruck verwirrend. Aber keine Sorge: Wenn Sie die im Buch genannten Begriffe und Formeln beherrschen, sollten Sie für die Prüfung gewappnet sein.

Kostenmanagement in Projekten betrachtet in erster Linie die *Kosten der Einsatzmittel*, die für die Projektausführung erforderlich sind. Es werden zwar auch kurz Liquiditätsaspekte angesprochen (Prozess 7.3. »Budget festlegen«), aber eigentlich gehören diese Fragen nicht zu den Kernaufgaben eines Projektmanagers. Ein weiterer Aspekt des Kostenmanagements sind auch die *(Produkt-)Lebenszykluskosten*. Im Hinblick auf die Minimierung der späteren Produktwartungs- und -unterhaltskosten sollten sich im Projektbudget auch Überlegungen zu und Bewertungen von Aktivitäten wiederfinden, die die Folgekosten des Produktlebenszyklus zum Gegenstand haben.

7.1 Kaufmännische Grundlagen

Sie müssen keine betriebswirtschaftliche Ausbildung haben, um diesen Teil des Examens zu meistern. Der Anspruch ist eher bescheiden, andererseits eilt dem Thema Kostenmanagement alleine schon wegen der Earned-Value-Formeln der Ruf voraus, schwierig zu sein. Alles halb so wild.

7.1.1 Was sind Kosten?

Als *Kosten* bezeichnet man den in Geld bewerteten Verbrauch von Gütern und Dienstleistungen zur Erstellung betrieblicher Leistungen. Kosten werden für eine Periode bzw. eine Menge bestimmt und lassen sich nach verschiedenen Kriterien unterteilen. Sie sollten nicht nur die Klassifizierung der Kosten kennen, sondern sich auch darauf einstellen, dass Sie in der Prüfung (einfache) Berechnungen durchführen müssen.

Nach der Abhängigkeit von der Auslastung einer Einheit werden unterschieden:

▪ **Fixe Kosten**, also Kosten, die unabhängig der Auslastung einer Einheit regelmäßig auftreten (z.B. Mietaufwendungen, Grundgehälter, Versicherungen)

▪ **Variable Kosten**, also Kosten, die abhängig von der Auslastung einer Einheit auftreten. Sie ändern sich im gleichen Verhältnis wie der Auslastungsgrad (z.B. Stückkosten, Aufwendungen für Überstunden, Benzinkosten).

7

Frage

In Ihrem Projekt werden 75 Einheiten produziert. Die variablen Kosten liegen bei 150 Euro/Einheit, die fixen Kosten bei 12.000 Euro. Der Kunde fragt an, ob er auch 90 Einheiten erhalten könnte. Wie hoch wären die Kosten für die Produktion der zusätzlichen Einheiten?

Antwort

Die Mehrkosten betragen 2.250 Euro. Die Formel zur Berechnung lautet *variable Kosten * zusätzliche Einheiten* (150 Euro * 15). Achten Sie bei der Prüfung genau auf die Fragestellung. Hier war nur nach den Kosten für die zusätzlichen Einheiten gefragt. Die Frage, »Wie hoch wären die Kosten für die Produktion von 90 Einheiten?«, klingt sehr ähnlich. Die Lösung ist jedoch eine andere. Die korrekte Antwort auf Frage 2 lautet: 25.500 Euro (= 12.000 Euro + 150 Euro * 90).

Abhängig von der Zuordnung der Kosten unterscheiden wir:

▪ **Direkte Kosten** (Einzelkosten) können einer Einheit nach dem Verursacherprinzip direkt zugeordnet werden.

- **Indirekte Kosten** (Gemeinkosten) können einer Einheit nicht direkt zugeordnet werden, weil sie für alle Einheiten gemeinsam anfallen (z.B. Anschaffung von Projektmanagement-Software für mehrere Projekte, Steuern).

Frage

Die ABC GmbH gewährt Zusatzleistungen in Höhe von 40 Prozent des Grundgehalts. Der Gemeinkostenanteil liegt bei 60 Prozent des Gehalts. Wie hoch sind die Gesamtkosten für Arbeiter, die 22 Euro/Stunde (Grundlohn) erhalten?

Antwort

44 Euro. Die Gesamtkosten bestehen aus Grundlohn plus Zusatzleistungen plus Gemeinkosten.

7.1.2 Abschreibungen

Die *Abschreibung* ist eine Methode zur Ermittlung der Kosten (des Wertverlusts) je Zeitabschnitt durch Verteilung des Anschaffungspreises über mehrere Jahre. Durch die Abschreibung wird dieser Aufwand auf die Lebensdauer der Betriebs- bzw. der Arbeitsmittel verteilt. Die nachfolgenden Ausführungen erheben keinen Anspruch auf Vollständigkeit für den betrieblichen Einsatz. Für das Examen sollten Sie die folgenden Abschreibungsverfahren kennen:

- **Lineare Abschreibung**: Das Wirtschaftsgut wird in gleichbleibenden Jahresbeträgen abgeschrieben. Hierbei wird die Bemessungsgrundlage (Anschaffungs- oder Herstellungskosten plus Erwerbsnebenkosten) gleichmäßig auf die Nutzungsdauer verteilt.

  Beispiel: Ein Unternehmen schafft einen Personal Computer (PC) im Wert von 1.600 Euro an. Die Nutzungsdauer des PC beträgt vier Jahre. Die Abschreibung errechnet sich wie folgt: Abschreibungssatz: 100 Prozent / 4 Jahre = 25 Prozent. Die jährliche Abschreibung beträgt folglich 400 Euro (1.600 Euro * 25 Prozent).

- Im Zuge der **degressiven Abschreibung** wird das Wirtschaftsgut in fallenden Jahresbeträgen abgeschrieben. Im ersten Jahr ergibt sich somit der höchste Abschreibungsbetrag, demgegenüber im letzten Jahr der niedrigste.

Beispiel: Ein Unternehmen erwirbt eine Maschine im Wert von 25.000 Euro mit einer Nutzungsdauer von 15 Jahren. Eine degressive Abschreibung von 30 Prozent erfolgt nun nicht in gleichen Beträgen wie bei der linearen Abschreibung, sondern nimmt als Basis im ersten Jahr 30 Prozent des Anschaffungswertes, das entspricht 7.500 Euro, um im folgenden Jahr die nächsten 30 Prozent vom »Restwert« zu berechnen, also 25.000 Euro – 7.500 Euro = 17.500 Euro. Wiederum werden davon 30 Prozent berechnet, man erhält 5.250 Euro usw.

Die degressive Abschreibung kann in vielen Bilanzierungsmethoden zum Ende der Nutzungsdauer in eine lineare Abschreibung umgewandelt werden.

Es kann vorkommen, dass in einer Prüfungsfrage nach zwei amerikanischen degressiven Abschreibungsmethoden gefragt wird: **double declining balance** und **sum of the years digits**. Es ist ausreichend, wenn Sie diese beiden Begriffe kennen und den Abschreibungsmethoden zuordnen können.

7.1.3   Sunk Cost

Eine weitere nicht uninteressante Kostenart sind die *Sunk Cost*.

Frage

Bevor wir Ihnen jetzt diese Kostenart erläutern, können Sie sich vorstellen, was *Sunk Cost* sind?

Antwort

Sunk Cost sind die bereits aufgelaufenen Kosten, also Kosten, die bereits entstanden sind und die für künftige Investitionsentscheidungen nicht mehr relevant sein dürfen.

Beispiel: Sie kaufen eine Aktie für 50 Euro. Der Kurs fällt auf 20 Euro. Die Entscheidung, ob Sie die Aktie behalten oder abstoßen, sollte ausschließlich auf Basis der derzeit gültigen Rahmenbedingungen erfolgen und nicht durch die bereits verlorenen 30 Euro beeinflusst werden. Das gilt nicht nur für Aktien, sondern auch für Investitionsentscheidungen und daher auch für Projekte. Wenn in einem Projekt bereits fünf Millionen Euro aus dem Gesamtbudget ausgegeben wurden, ist das allein kein Grund, »dem schlechten noch mehr gutes Geld hinterherzuwerfen«.

Eine einfache Regel, die in der Praxis oft verletzt wird. Leider werden nicht nur bei Aktien viel zu sehr die Einstandspreise oder auch die Ist-Kosten betrachtet, was dadurch zu Fehlentscheidungen führt. Das »Sunk Cost Principle« ist ein vor allem in angelsächsischen Ländern viel zitiertes Handlungsprinzip.

7.1.4   Opportunitätskosten

Eine weitere Kostengröße sind die Opportunitätskosten. Unter *Opportunitätskosten* versteht man Kosten, die dadurch entstehen, dass Möglichkeiten (Opportunitäten) zur maximalen Nutzung von Ressourcen nicht wahrgenommen werden können, also Kosten für die alternative Verwendung eines knappen Faktors.

Opportunitätskosten sind virtuelle Kosten, die als Entscheidungsgrundlage dienen und nicht in der Gewinn-und-Verlust-Rechnung auftauchen. So gesehen also keine echten Kosten, aber eine wichtige Größe für Projektauswahl, Projektabbruch und Projektpriorisierung.

Beispiel: Ein Spezialist könnte einen Auftrag für 1.000 Euro/Tag bekommen, hat aber bereits eine Zusage an einen anderen Kunden für 700 Euro/Tag gegeben. Hier entstehen 300 Euro/Tag Opportunitätskosten.

7.1.5   Present Value und Net Present Value (NPV)

Present Value

Present Value (Barwert) bezeichnet die Diskontierung von künftigen Zahlungen. Wie bewertet man 300.000 Euro bei einem angenommenen Zins von 5 Prozent, die in drei Jahren fällig sind? Diese Frage ist deswegen für Projektleiter von Bedeutung, da sich Entscheidungen über Zahlungen, Zahlungsströme und -zeitpunkte direkt auf das Budget auswirken können.

Vorsicht

Present Value wird auch mit PV abgekürzt. Verwechseln Sie es bitte nicht mit dem PV (Planned Value) aus dem Earned Value!

Die Present-Value-Formel hat im Detail folgende Elemente:

- PV = Present Value
- FCF = Zukünftiger Geldbetrag (Future Cash Flow)
- n = Anzahl Perioden
- und als Formel: $PV = FCF / (1 + Zins)^n$

wobei *n* die Anzahl der Zeitperioden bedeutet.

Frage

Wie würde sich in unserem Beispiel der Barwert des künftigen Geldbetrags errechnen?

Antwort

Die Berechnung lautet: Present Value = 300.000 Euro $/ (1 + 0,05)^3 =$ 259.151 Euro

Das heißt, 300.000 Euro in drei Jahren bei 5 Prozent Zins entsprechen einem heutigen Gegenwert von ca. 260.000 Euro.

Net-Present-Value-Methode

Die *Net-Present-Value-Methode* (Kapitalwertmethode) verwendet den oben beschriebenen Present Value, verfeinert die Berechnung aber durch periodengerechte Betrachtung. Dies erlaubt eine differenzierte Darstellung von Geldströmen in unterschiedlichen Perioden.

Frage

Sie haben ein Drei-Jahres-Projekt mit prognostizierten Gesamtkosten von 500.000 Euro und prognostizierten Gesamtumsätzen von 550.000 Euro. Soll das Projekt durchgeführt werden unter der Bedingung, dass nur Vorhaben mit positivem Deckungsbeitrag freigegeben werden?

Antwort

Der reine Zahlenvergleich ergibt einen Überschuss von 50.000 Euro. Da die Geldflüsse jedoch in unterschiedlichen Zeitperioden anfallen, empfiehlt sich die Anwendung von Net Present Value, also dem periodengerechten Ermitteln der jeweiligen Barwerte. Tabelle 7.1 zeigt auf, dass die NPV-Berechnung eine Kostenunterdeckung von fast 33.000 Euro (436.500 Euro – 469.800 Euro) ergibt, das Projekt würde also nicht freigegeben.

Jahr	Umsatz in Tsd. Euro	Barwert bei 10 Prozent Zins in Tsd. Euro	Kosten in Tsd. Euro	Barwert bei 10 Prozent Zins in Tsd. Euro
0	0	0	300	300
1	100	90,9	100	90,9
2	100	82,6	50	41,3
3	350	263	50	37,6
Summe	550	436,5	500	469,8

Tabelle 7.1: Beispiel für die Berechnung eines Net Present Value

Für die PMP-Prüfung sollten Sie eine derartige Berechnung durchführen können. Bitte beachten Sie, dass in obigem Beispiel die PV-Formel achtmal zum Einsatz kam. Die PV-Formel funktioniert mathematisch auch für das

Jahr 0, und auch wenn der Betrag = 0 (zur Not nochmals Potenzrechnen wiederholen ...) ist, ist das Ergebnis mit 0 rechnerisch korrekt.

Das PMP-Examen lässt Sie aber nicht endlose Berechnungen durchführen. Inzwischen ist die Wahrscheinlichkeit höher, dass Sie eine fertige NPV-Rechnung vorgelegt bekommen und gefragt werden, was Sie als Nächstes tun werden. Sie müssen zwar nicht rechnen, aber trotzdem mit den Begrifflichkeiten sattelfest sein.

7.1.6 Payback (oder Pay-off) Period

Die *Payback Period* (die Amortisationsdauer) bezeichnet den Zeitraum, in dem es möglich ist, aus den Rückflüssen einer Investition die Investitionskosten wiederzugewinnen. Im *Break-even-Point* (Kosten-Deckungspunkt, Gewinnschwelle) schneiden sich Umsatzfunktion und Kostenfunktion, sie sind identisch. Der Break-even-Point beschreibt also den Zeitpunkt, an dem der erste Gewinn gemacht wird. Ab dann werden die Fixkosten von den durch den Verkauf erzielten Deckungsbeiträgen vollständig abgedeckt.

In der Praxis werden die Elemente zur Berechnung der Amortisationsdauer ebenfalls diskontiert.

7.1.7 Benefit-Cost Ratio (BCR)

Bei der Ermittlung des *Benefit-Cost Ratio* (Gewinnkoeffizienten) geht es um eine Bewertung der Nutzen-Kosten-Verhältnismäßigkeit.

Der Benefit-Cost Ratio vergleicht Nutzen und Kosten durch Division und ermittelt den Quotienten. Bitte beachten Sie, dass der Nutzen in dieser Formel, im Gegensatz zur üblicherweise gebrauchten deutschen Bezeichnung »Kosten-Nutzen-Verhältnis«, immer im Zähler steht. Daraus lässt sich ableiten, dass je größer der Quotient ist, desto besser das Verhältnis zwischen Nutzen und Kosten ist.

Der Schwerpunkt dieser Methode liegt in der Bewertung des Nutzens. Im Examen sind Fragestellungen zu erwarten, die in folgende Richtung gehen: »Ein Projekt hat einen BCR von 1,2 und das andere von 1,8. Welches würden Sie wählen?«

Das andere natürlich. Aber erst, nachdem Sie eine kleine situative, aber wort- und textreiche Geschichte über dieses Projekt lesen mussten ...

7.2   Prozesse des Wissensgebietes

Das Kostenmanagement in Projekten befasst sich mit der Frage, welches Budget für die erfolgreiche Projektausführung benötigt wird und wie das Projekt im Rahmen dieses Budgets durchgeführt werden kann. Im PMBOK Guide, Kapitel 7, werden die folgenden Prozesse des Kostenmanagements genannt:

1. **Kostenmanagement planen (Prozess 7.1)** – Wieder ein Managementplan, der die Frage beantwortet: »Wie wollen wir eigentlich Kostenmanagement machen?«

2. **Kosten schätzen (Prozess 7.2)** – Es wird abgeschätzt, welche Kosten für die benötigten Einsatzmittel anfallen.

3. **Budget festlegen (Prozess 7.3)** – Aus den geschätzten Kosten der einzelnen Vorgänge wird ein Gesamtkostenbasisplan erstellt.

4. **Kosten steuern (Prozess 7.4)** – Das Projektbudget wird überwacht und die Abweichungen werden ermittelt. In diesem Prozess befindet sich die komplette Earned-Value-Methode.

Noch ein Wort zu den **Verantwortlichkeiten**. In der Praxis ist es ja manchmal so, dass der Projektleiter keinen direkten Zugriff auf die Budgets hat, sondern jede Mittelverwendung von den Linien freigeben muss. Dies ist ganz und gar nicht die Betrachtung des PMBOK Guide im Zusammenhang mit Kostenmanagement. Der Projektleiter erhält ein Budget, das er vorher ausgearbeitet, beantragt und dann freigegeben bekommen hat. Gegen dieses Budget läuft die Projektausführung. Dieses Budget findet sich dann im Kostenbasisplan.

Preis und Budget. Bitte verwechseln Sie nicht (Verkaufs-)Preis und (Projekt-) Budget eines Projekts. Ein Preis ist eine Managemententscheidung und hängt natürlich mit dem benötigten Budget zusammen.

Es gilt das Grundprinzip, dass der Preis generell über dem Budget liegen sollte, sonst gibt es die Organisation nicht mehr lange. Aber in der Praxis entsteht dadurch die Unsitte des Umkehrschlusses: Der Vertrieb hat das Projekt zum Preis X verkauft, also muss der Projektleiter mit einem Budget X – 1 auskommen (sehr beliebte Vorgehensweise nicht nur in Beratungshäusern).

Hinweis

Auch wenn das Grundprinzip zum Überleben Preis > Budget heißt: Der Projektleiter ist verantwortlich, die benötigten Budgetmittel zu ermitteln und sich dieses Budget genehmigen zu lassen. Im Grenzfall kann das auch bedeuten: Budget > Preis. Das ist jedoch nicht das Problem des Projektleiters. Wenn ein Projektleiter dieses Dilemma vor Freigabe der Basispläne aber nicht löst, dann wächst sich das für ihn in einer späteren Projektphase ganz schnell zum Megaproblem aus.

7.2.1 Kostenmanagement planen

Wieder ein Managementplan, wieder das gleiche Spiel. Im Kostenmanagementplan findet sich keine einzige Budgetzahl, kein Basisplan und kein Gesamtbetrag.

Als Managementplan vereinbart der Kostenmanagementplan die Grundregeln, wie denn in diesem speziellen Projekt Kostenmanagement gemacht werden soll, wie die Finanzierung erfolgt, wie die Verantwortungen verteilt sind usw.

Inhalte können sein:

- Gewählte Maßeinheiten
- Präzision und Genauigkeit
- Kontrollgrenzwerte
- Regeln der Leistungsmessung
- Berichtsformate
- usw.

7.2.2 Kosten schätzen

Im Kapitel »Terminplanungsmanagement« haben wir bereits Aufwands- und Dauer-Schätzungen erwähnt. Da Schätzungen zur Definition des benötigten Budgets auch im Rahmen des Kostenmanagements eine große Rolle spielen, klassifizieren und erläutern wir an dieser Stelle die gängigsten Schätzmethoden.

Zuvor aber noch ein Hinweis darauf, welche Rahmenbedingungen bei allen Schätzungen beachtet werden müssen:

- Die Annahmen müssen dokumentiert werden.
- Die erwartete Schätzgenauigkeit sollte definiert werden.
- Wenn möglich, sollte die Schätzung verifiziert werden.
- Diejenigen, die die Schätzung ausführen, müssen entsprechend qualifiziert sein.

Unterteilung nach Detaillierungsart

Man kann generell zwei Arten von Schätzungen unterscheiden: die Top-Down- bzw. die Bottom-Up-Ansätze.

1. **Top-Down**-Schätzungen oder auch Projektschätzungen genannt:

   Es wird eine Schätzung des Gesamtprojekts erstellt. Diese Schätzungen sind sehr grob und sollen in frühen Projektphasen erste Anhaltspunkte über die Größenordnung des Projektbudgets liefern. Der Nachteil an Top-Down-Schätzungen ist, dass das Wissen über

   - den detaillierten Projektinhalt und -umfang,
   - die voraussichtlich eingesetzten Ressourcen,
   - die organisatorischen Rahmenbedingungen,
   - die technischen Rahmenbedingungen

   noch recht unvollständig ist.

2. **Bottom-Up**-Schätzungen oder Aktivitätenschätzungen:

   Die Schätzungen werden für die Ergebnisse auf niedrigster Ebene erstellt und anschließend nach oben aggregiert. Die Bottom-Up-Schätzung basiert auf dem Projektstrukturplan und ist daher wesentlich genauer, ihre Erstellung ist aber auch wesentlich arbeitsintensiver als die einer Top-Down-Schätzung.

   Schwierigkeiten ergeben sich bei dieser Art von Schätzung daraus, dass der PSP ggf. nicht vollständig und häufig auch dynamisch ist. Da die Projektstrukturpläne mit Fortschreiten der Projektphasen ständig verfeinert werden, dürfen tiefere Ebenen der PSP nicht auf einmal zu höheren Aufwänden des Gesamtprojekts führen. Das würde ja bedeuten, dass die tie-

7

feren Ebenen Aufwände enthalten, die auf der höheren Ebene nicht beachtet wurden.

In der Praxis können diese beiden Ansätze auch gemischt werden, das ist sinnvoll, wenn für einen Liefergegenstand bereits detaillierte Informationen vorliegen, für einen anderen dagegen nicht.

Schätzverfahren

Es gibt viele verschiedene Schätzverfahren, und viele finden spezifisch in einem bestimmten Bereich Anwendung wie die Function-Point-Methode in der Software-Entwicklung. Für die Prüfung sollten Sie folgende drei Verfahren kennen:

Parametrische Schätzung

Die *parametrische Schätzung* verwendet ein mathematisches Modell zur Ermittlung des Schätzwerts oder Budgets. Es kann sehr einfach gehalten sein. Typisches Beispiel für eine parametrische Projektschätzung ist der erste Besuch beim Architekten, nachdem Sie den Entschluss gefasst haben, ein nettes kleines Häuschen zu bauen. Mithilfe einer einfachen Berechnung – Länge mal Breite mal Höhe und durchschnittlicher Preis pro Kubikmeter umbauter Raum – können Sie schnell, aber für diese Zwecke relativ genau desillusioniert werden.

Die parametrische Schätzung kann jedoch auch für genaue Kostenschätzungen herangezogen werden, wenn die Rahmenbedingungen genau festgelegt sind. Wenn Sie z.B. einen Raum mit Fliesen auslegen wollen und die Fliesen bereits ausgesucht haben, können Sie die Kosten mit der Faustformel *Preis * Quadratmeter + Arbeitsaufwand* voraussagen.

Analogieschätzung, auch historische Schätzung

Wie der Name schon sagt, handelt es sich um eine *analoge oder historische Schätzung* auf Basis von dokumentierten Ist-Werten bereits durchgeführter Projekte bzw. Vorgänge. Analogieschätzungen werden normalerweise auf einem sehr hohen Niveau durchgeführt. Beispiel: »Der Aufbau des Funknetzes in Land A hat x Millionen Euro gekostet, also kostet der Aufbau in Land B x+1 Millionen Euro«.

Analogieschätzungen sind sehr weit verbreitet und werden im Projektalltag häufig eingesetzt.

Die Vorteile liegen auf der Hand: Sie sind schnell, zu einem frühen Zeitpunkt durchführbar und mit ein wenig Erfahrung gut anwendbar. Aber daraus ergeben sich auch die Nachteile: Erfahrungswissen muss tatsächlich vorhanden sein, die verwendeten »Analogiedaten« sollten dokumentiert vorliegen und Sie sollten nicht Äpfel mit Birnen vergleichen.

Außerdem ist die Gefahr, mit dieser Schätzung nicht den gesamten Umfang des Projekts zu erfassen, sehr hoch.

Fachurteil

Auch hier erschließt sich bereits aus dem Namen, wie diese Schätzmethode anzuwenden ist. Das *Fachurteil* bzw. die *Expertenmeinung* ist eine Schätzmethode, bei der ein Fachexperte aufgrund seines Wissens und seiner Erfahrung einen Schätzwert ermittelt. Sie wird häufig in frühen Projektphasen (als Top-Down-Schätzung) eingesetzt, ist aber auch bei Bottom-Up-Schätzungen anzutreffen. Generell gilt: Es kann nur jemand eine Schätzung abgeben, der den Schätzgegenstand kennt und entsprechende Erfahrung hat. Daraus ergibt sich auch, dass ein Projektleiter keinesfalls die Schätzungen alleine durchführen kann. Ist er denn der Experte auf allen Ebenen des Strukturplans?

Weitere Schätzmethoden

Die **Dreipunktschätzung** und die Berechnung des **PERT**-Wertes haben wir Ihnen bereits im Kapitel »Terminmanagement« vorgestellt. (Sie überlegen, wie der PERT-Wert berechnet wird und was das ist? Dann lesen Sie bitte noch einmal den entsprechenden Abschnitt im Kapitel »Terminmanagement« durch.)

Aber nicht nur die »reinen« Schätzmethoden liefern notwendige Informationen. Das Projektteam sollte bei der Kostenschätzung auch Folgendes berücksichtigen:

- eine **Analyse der Reserven**, um festzustellen, welche Risikoreserven eingeplant wurden
- Annahmen, welche **Qualitätskosten** auftreten
- eine Analyse von **Angeboten**

Wie das Projektteam die Schätzung durchführt und dokumentiert, hängt vom Projekt ab. Manchmal reichen Papier und Bleistift, in anderen Projekten wird der Einsatz von Projektmanagement-Schätzsoftware notwendig sein.

7.2.3 Budget festlegen

Der Kostenbasisplan oder auch **Kostenentwicklungsbasisplan** ist ein Ergebnis des Prozesses »Budget festlegen«. Er enthält das genehmigte, auf der Zeitachse verteilte Gesamtbudget des Projekts.

Schauen Sie sich die Eingangswerte für den Prozess »Budget festlegen« genau an. Viele meinen, dass man – um das Budget festzulegen – nur die Kostenschätzungen benötigt. Dies ist aber nicht richtig, da der Kostenbasisplan nicht nur eine reine Kumulierung der geschätzten Kosten enthält. Im Kostenbasisplan finden sich auch Annahmen, wann die Kosten im Projekt anfallen werden, und es können sich Angaben finden, wann Zahlungsflüsse gegen das Budget laufen. Dass bei der Budgetfestlegung auch die terminliche Komponente relevant ist, merken Sie schon an dem Begriff »Vorgangskostenschätzung«, denn – Sie erinnern sich – Vorgänge sind Komponenten der Terminplanung. Weitere für die Erstellung notwendige Informationen sind u.a.:

- Inhalts- und Umfangsbasisplan
- Projektterminplan
- Ressourcenkalender
- Verträge

Wann und wie der Basisplan geändert wird, wird im **Kostenmanagementplan** festgelegt.

Zum Thema Budget festlegen gehören aber noch weitere Überlegungen wie zum Beispiel »Wie hängen Kostenbasisplan und Projektbudget zusammen?« Beide können identisch sein, das Projektbudget kann aber auch aus dem Kostenbasisplan zzgl. einer Managementreserve gebildet werden.

7.2.4 Kosten steuern

Wie bereits oben erwähnt, beinhaltet der Prozess »Kosten steuern« das komplette Thema »Earned Value«. Earned Value wird im nachfolgenden Kapitel separat beschrieben, obwohl es thematisch unter dieses Kapitel fallen müsste.

Wir behandeln an dieser Stelle eine der Eingangsvoraussetzungen des Earned Value. Denn das wichtigste Element, ohne das der gesamte Earned Value nicht funktioniert und mit dem diese Methode steigt und fällt, ist die Ermittlung des Fertigstellungsgrads.

Unabhängig davon ist der Fertigstellungsgrad für die Stakeholder von höchstem Interesse, handelt es sich doch um eine Positionsbestimmung im Projektverlauf, die auch ohne anschließende Weiterbetrachtung als wichtige Kennzahl dient.

Ermittlung des Fertigstellungsgrads

Grundsätzlich gelten für Betrachtungen im Zuge des PMP-Examens folgende Merksätze:

1. Der Fertigstellungsgrad wird nicht nach Gefühl bestimmt, sondern folgt klaren Vereinbarungen, die zu Beginn des Projekts oder während der ersten Planungsiterationen getroffen wurden. Wo? Nun, entweder im Strukturplanverzeichnis oder im Managementplan zum Inhalt und Umfang oder in beiden.

2. Der Wert muss den realen Zustand so gut wie möglich treffen, es dürfen mehrere Verfahren kombiniert werden, wenn sie so eine bessere Näherung ermöglichen.

3. Schwierig zu betrachten sind die angefangenen Arbeitspakete, da deren Bewertung am unsichersten ist.

4. Über den Fertigstellungsgrad sollte es im Projektverlauf keinen Konflikt geben, wenn die Regeln für dessen Ermittlung klar definiert wurden.

Die vier Prinzipien der Fertigstellungsgradermittlung

Es gibt vier Prinzipien zur Ermittlung des Fertigstellungsgrads:

1. Messung nach Statusschritten oder Zeitrastern

2. Proportionale Verfahren (mengenproportional/zeitproportional)

3. Bewertungen der Arbeitspakete durch feste Zuschläge (0/100, 20/80 etc.)

4. Bewertungen der Arbeitspakete durch Schätzungen

Gehen wir die Prinzipien im Einzelnen durch.

1. Ermittlung nach Statusschritten

   Das ist das einfachste Verfahren und setzt das Vorhandensein eines Phasenmodells oder sonstiger grober Zeiteinteilungen voraus, die anerkannt und erprobt sind. Die Ermittlung des Fertigstellungswertes ist direkt abhängig von der Phase, in der sich das Projekt befindet. Die Bewertung des Fortschritts der angefangenen Phase wird in der Regel freihändig geschätzt. Dadurch ist das Verfahren sehr ungenau, aber schnell und einfach anwendbar.

   Beispiel: Man sagt, bei der Entwicklung einer Software werden normalerweise 40 Prozent des Gesamtaufwands für Konzept und Design benötigt, 30 Prozent für die Programmierung und 30 Prozent für Test und Integration. Das Projekt hat gerade die erste Phase abgeschlossen, der Fertigstellungsgrad beträgt somit 40 Prozent.

2. Ermittlung durch proportionale Verfahren

   Die proportionalen Verfahren messen den Fertigstellungsgrad anhand von Menge oder Zeit und brauchen dafür entsprechende Bezugsgrößen. Auch gilt bei dieser Art von Fertigstellungsgradermittlung, dass das zugrunde liegende mathematische Modell realitätsnah sein muss.

3. Mengenproportional

   Hier erfolgt die Fertigstellungsgradermittlung anhand der proportional zur Gesamtmenge fertiggestellten Einheiten.

Frage

Sie haben ein Projekt, dessen Umfang sich dadurch definiert, dass 500 gleichartige PCs ein neues Betriebssystem-Update erhalten. Sie haben 150 PCs umgestellt, wie lautet Ihr Fertigstellungsgrad?

Antwort

Richtig: 30 Prozent (150 / 500 = 0,3)

1. Zeitproportional

   Die Fertigstellungsgradermittlung erfolgt anhand der proportional zur Gesamtdauer verstrichenen Zeit. Dies ist eine gültige proportionale Methode, die allerdings eine Tücke hat. Stellen Sie sich vor, Sie haben ein Arbeitspaket zu bearbeiten, für das zehn Tage als Aufwand und Dauer geschätzt sind. Nach dem sechsten Tag werden Sie nach Ihrem Fertigstellungsgrad gefragt. Der ist jetzt nicht notwendigerweise 60 Prozent. In diesem Buch liest sich das wie eine Selbstverständlichkeit, aber in der Praxis ist es leider eine gängige Fehlerquelle.

Wenn Sie einen Auftrag bekommen, der zehn Tage Aufsicht auf einer Baustelle umfasst und der definitiv nach zehn Tagen vorbei ist und der völlig unabhängig von Ergebnissen ist, dann können Sie mit Recht sagen, dass Sie am Ende des sechsten Tages tatsächlich 60 Prozent erledigt haben. Aber nur dann.

2. Bewertung der Arbeitspakete durch feste Zuschläge

   Hier erfolgt die Ermittlung auf Basis der fertiggestellten Arbeitspakete im Verhältnis zum Gesamtumfang. Das Verfahren ist relativ einfach, wenn man ohne die angefangenen Arbeitspakete rechnet.

Beispiel:

Aktivität	Plan-Wert	Status	Fertigstellungsbeitrag
A-1	10	Fertig	10
A-2	20	Fertig	20
A-3	10	Fertig	10
A-4	30	Fertig	30
A-5	20	Nicht begonnen	0
Summe	90		70

Tabelle 7.2: Bewertung der Arbeitspakete, Beispiel 1

Die oben stehende Tabelle führt fünf Aktivitäten auf, vier davon sind fertig, die fünfte wurde noch nicht begonnen. Der Fertigstellungsgrad beträgt 70/90 oder 78 Prozent.

Beachten Sie bitte, dass der Fertigstellungsgrad auch bei 78 Prozent bleibt, selbst wenn Sie für A-1 statt zehn Tagen 15 gebraucht hätten. Es werden bei dieser Methode niemals Ist-Werte zur Ermittlung herangezogen.

Das eigentliche Problem stellt die Bewertung der angefangenen Arbeitspakete dar.

0/100-Methode

Es werden keinerlei angefangene Arbeiten bewertet. 0 Prozent werden der angefangenen Arbeit zugewiesen, 100 Prozent dann, wenn sie fertig ist. Sehr konservativ! Empfehlenswert bei Vorgängen, deren Erledigung unsicher ist.

20/80-Methode

Diese Methode unterstellt jedem angefangenen Vorgang 20 Prozent seines Planwerts als fertiggestellt, egal, welchen Grad der Fertigstellung er wirklich hat.

50/50-Methode

Für jeden angefangenen Vorgang werden 50 Prozent seines Planwerts als fertiggestellt angenommen, unabhängig davon, welchen Grad der Fertigstellung er wirklich hat. Diese Vorgehensweise empfiehlt sich für Vorgänge, deren Erledigung als sicher gilt und die eher ein kleines Volumen besitzen.

Aufgabe

Betrachten Sie nachstehende Tabelle und machen Sie sich die jeweiligen Unterschiede in Bezug auf den Fertigstellungsgrad deutlich!

			Fertigstellungsbeitrag je nach Methode		
Aktivität	Plan-Wert	Status	0/100	20/80	50/50
A-1	10	Fertig	10	10	10
A-2	20	Fertig	20	20	20
A-3	10	Fertig	10	10	10
A-4	30	Angefangen	0	6	15
A-5	20	Nicht begonnen	0	0	0

Tabelle 7.3: Bewertung der Arbeitspakete, Beispiel 2

			Fertigstellungsbeitrag je nach Methode		
Summe	90		40	46	55
Fertigstellungsgrad			44 %	51 %	61 %

Tabelle 7.3: Bewertung der Arbeitspakete, Beispiel 2 (Forts.)

1. Bewertung der Arbeitspakete durch Schätzung

   Man kann die angefangenen Arbeitspakete auch schätzen. Das Verfahren entspricht im Prinzip dem Verfahren durch feste Zuschläge, nur dass die Zuschläge nun eben nicht mehr fest sind, sondern ermittelt werden müssen. Der Rechengang ist aber exakt identisch.

			Fertigstellungsbeitrag je nach Methode	
Aktivität	Plan-Wert	Status	Schätzung	20/80
A-1	10	Fertig	100 %	10
A-2	20	Fertig	100 %	20
A-3	10	Fertig	100 %	10
A-4	30	Angefangen	40 %	12
A-5	20	Nicht begonnen	0 %	0
Summe	90			52
Fertigstellungsgrad				58 %

Tabelle 7.4: Bewertung der Arbeitspakete, Beispiel 3

Der große Nachteil dieses Verfahrens liegt in der Schätzung an sich begründet. Wieso 40 Prozent? Zu oft kommt es hier zu Missverständnissen, falschen Einschätzungen und auch zeitaufwendigen Recherchen. Zur Umgehung dieses Nachteils gilt die Methode der festen Zuschlagssätze als wirkliche Best Practice, die aber auch nur dann funktioniert, wenn eine genügende Anzahl Vorgänge bzw. Arbeitspakete vorhanden ist, um den innewohnenden Fehler durch eine hinreichend hohe Menge an Objekten auszugleichen.

Fazit

Es gibt nicht *die* eine richtige Methode. Sie ist abhängig von der gewählten Vorgehensweise und den Gegebenheiten im Projekt.

7.3 Earned Value

Earned Value ist ein anerkannter Standard, mit dessen Hilfe der aktuelle Zustand des Projekts ermittelt und der weitere Projektverlauf prognostiziert werden kann. Die dazugehörige Methode heißt einfach *Earned-Value-Methode* (EVM). Im deutschen Sprachgebrauch gibt es einige Abwandlungen, eine der gängigen deutschen Übersetzungen ist die Fertigstellungswertanalyse.

EVM ist aber mehr als eine Methode zur Ermittlung der Kostensituation – EVM ist auch ein sehr starkes Kommunikationstool und hat ebenfalls Bezüge zum Risikomanagement.

Das Verfahren war vom US-Militär geprägt. Sinn und Zweck der Entwicklung des Standards war die Forderung der Auftraggeber, verlässliche Kenngrößen für die Ermittlung des Projektverlaufs der Unterauftragnehmer zu erhalten. Dieses durchaus legitime Ansinnen verfolgen nicht nur Vertreter des Militärs – ein Grund, warum Earned Value zunehmende Verbreitung fand und aus der PMP-Prüfung nicht mehr wegzudenken ist. Lernen Sie daher die Formeln und das Prinzip in- und auswendig. Mindestens zehn Fragen zu diesem Thema sollten Sie im Examen erwarten. Das sind immerhin 5 Prozent des gesamten Pools. Eine sichere Bank, wenn Sie das Verfahren beherrschen.

Wichtig

Das PMP-Examen wird weniger die Formeln abfragen oder Sie eine einfache Rechnung ausführen lassen. Seien Sie darauf gefasst, dass Sie die Kennzahlen eher interpretieren sollen.

Beispiel: *Sie bekommen von einem Teilprojektleiter den CPI 0,96 und den SPI 0,52 genannt. Was könnte in diesem Projekt falsch gelaufen sein?*

Die vier Antwortmöglichkeiten bieten Ihnen dann vier Szenarien, wovon eins die Bedingungen der genannten Kennzahlen erfüllt.

Noch ein Hinweis zur Begriffsterminologie von Earned Value: Das Verfahren ist nicht, wie des Öfteren fälschlicherweise berichtet wird, von PMI erfunden worden. Es handelt sich vielmehr um eine Best Practice, die in verschiedenen Branchen angewendet wird. Der PMBOK Guide in der Version 1996 verwendete noch die allgemein verbreiteten Earned-Value-Begriffe. Mit dem PMBOK Guide in der Version 2000 hat PMI diese Begriffe geändert und verwendet nun andere Abkürzungen. Die neuen Abkürzungen sind kürzer, besser und griffiger – aber nun existieren zwei Lager, nämlich die Abkürzungen im PMBOK Guide seit dessen Version 2000 und die traditionellen Abkürzungen, wie sie auch noch in vielen Software-Paketen zu finden sind. Es handelt sich um drei Elemente, mehr nicht:

1. Aus BCWP (Budgeted Cost of Work Performed) wurde EV (Earned Value).

2. Aus BCWS (Budgeted Cost of Work Scheduled) wurde PV (Planned Value).

3. Aus ACWP (Actual Cost of Work Performed) wurde AC (Actual Cost).

Da die PMP-Prüfung eine Best-Practice-Prüfung ist und sich nicht nur auf den PMBOK Guide bezieht, ist es nicht überraschend, dass in den Examensfragen (dem PMBOK Guide zum Trotz) auch die ursprünglichen Abkürzungen abgefragt werden. Das bedeutet für Sie: Sie müssen auch mit den Abkürzungen BCWP, BCWS und ACWP umgehen können.

7.3.1 Das Prinzip

EVM funktioniert auf Basis von drei Grundwerten, die in unterschiedliche Beziehungen gesetzt werden. Diese Grundwerte sind:

1. Der **Planwert** zum gegenwärtigen Zeitpunkt, genannt **PV (Planned Value)** oder *BCWS* (Budgeted Cost of Work Scheduled). Dieser Planwert ergibt sich aus der Kostenplanung.

2. Der Wert der zum Stichtag angefallenen Kosten (**Ist-Kosten**), **AC (Actual Cost)** oder *ACWP* (Actual Cost of Work Performed).

3. Der Wert der aufgrund des Fertigstellungsgrades geleisteten Arbeit (**Fertigstellungswert**), **EV (Earned Value)** oder *BCWP* (Budgeted Cost of Work Performed).

Diese drei Grundwerte bilden die Basis für weitergehende Berechnungen, die weiter unten dargestellt sind.

Grundgedanke des Verfahrens ist es, eine Bewertung der fertiggestellten Arbeit in Bezug zu den tatsächlich angefallenen Kosten und der ursprünglichen Planung zu ermöglichen.

Beispiel:

Ein Projekt hat ein *Gesamtbudget* (bei der EVM spricht man hier vom BAC, Budget At Completion) von 200.000 Euro. Dieses Budget ergibt sich aus der Planung – und zwar im Wesentlichen aus einer Struktur-, Kosten- und Netzplanung. Diese Planung ist das Produkt des Prozesses 7.3. »Budget festlegen«.

Angenommen, etwas mehr als die Hälfte der Projektlaufzeit ist vorbei, und es sollten bis jetzt der Planung zufolge 120.000 Euro Budget verbraucht sein. Dies ist der *PV*.

Ein Blick in die Projektaufzeichnungen verrät uns, dass inzwischen 90.000 Euro »verbraucht« wurden. Das ist der AC. Ein Vergleich zwischen dem PV und dem AC ist eigentlich sinnlos. Er bleibt auch sinnlos, da nicht klar ist, welchen Projektfortschritt das Projekt besitzt, auch wenn Tausende von Projektberichten immer noch diese beiden Zahlen in Beziehung zueinander stellen. Denn Sie benötigen nun die dritte Dimension, den *Earned Value*.

Hinweis

Ein Vergleich nur zwischen dem Plan und dem Ist macht erst Sinn, wenn das Projekt abgeschlossen ist. Dann ist ja der Fertigstellungsgrad 100 Prozent, und man kann die beiden Zahlen vergleichen. Aber nur dann.

Nehmen wir einmal an, der Projektleiter stellt fest, dass inzwischen 40 Prozent der fertigzustellenden Arbeit erbracht wurde (Details über die Ermittlung des Fertigstellungswerts finden Sie im Abschnitt »Ermittlung des Fertigstellungsgrads«). Diese 40 Prozent entsprechen, gemessen am Gesamtbudget und vorausgesetzt, Planung und Schätzung sind korrekt, einem (virtuellen) »Fertigstellungswert« von 40 Prozent * BAC = 40 Prozent * 200.000 Euro = 80.000 Euro. Das ist der *Earned Value*!

Abbildung 7.1 zeigt ein EVM-Diagramm. Sie sehen dort die Funktionen für PV, EV und AC. Um zu beurteilen, ob ein Projekt im Plan ist, müssen diese drei Kennzahlen jetzt in Beziehung gesetzt werden.

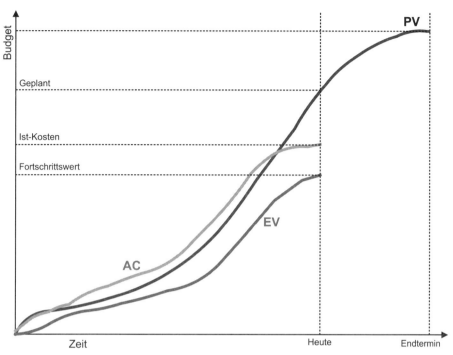

Abbildung 7.1: Beispiel eines EVM-Diagramms

Dies geschieht auf verschiedene Arten:

CV, Cost Variance (Kostenabweichung)

Wir haben 80.000 Euro »verdient« und dafür 90.000 Euro ausgegeben. Der Wert kann mit der Formel **CV = EV − AC** ermittelt werden. CV ist die *Cost Variance*.

In Zahlen: CV = 80.000 Euro − 90.000 Euro = −10.000 Euro

Ein Wert kleiner null ist »kostenungünstig«, null ist genau im Plan, und ein Wert größer null ist »kostengünstig«.

CPI, Cost Performance Index (Kostenentwicklungsindex)

Wir können die beiden Zahlen auch dividieren, also **CPI = EV / AC**. Der CPI ist der *Cost Performance Index*.

In Zahlen: CPI = 80.000 Euro / 90.000 Euro = 0,89.

Hier ist der Übergang von »gut« nach »weniger gut« die 1, nicht die 0. Denn wenn zehn Euro wertgeschöpft wurden und zehn Euro ausgegeben wurden, dann ist der CPI eben EV / AC, also 10 / 10, und das ist 1.

SV, Schedule Variance (Terminabweichung)

Wir haben 80.000 Euro wertgeschöpft, wollten aber bis heute Leistungen erbracht haben, die einen Wert gemäß Planung von 120.000 Euro haben. Wir sind also zeitlich gesehen »hintendran«. Oder auch **SV = EV – PV**. SV ist die *Schedule Variance*.

In Zahlen: SV = 80.000 Euro – 120.000 Euro = –40.000 Euro

Ein Wert kleiner null ist »terminlich ungünstig«, null ist genau im Plan, und ein Wert größer null ist »terminlich günstig«.

Vorsicht

In der Earned-Value-Sprache sagt man nun, dass das Projekt 40.000 Euro zeitlich hinterher ist. Kein Witz!

SPI, Schedule Performance Index (Terminentwicklungsindex)

Wir können die beiden Zahlen auch dividieren, also **SPI = EV / PV**. Der SPI ist der *Schedule Performance Index*.

In Zahlen: SPI = 80.000 Euro / 120.000 Euro = 0,67.

Hier ist der Übergang wie beim CPI von »gut« nach »weniger gut« die 1, nicht die 0.

BAC, Budget At Completion (Geplantes Gesamtbudget)

Wie bereits oben ausgeführt, wird das Gesamtbudget auch BAC genannt, wobei BAC für *Budget At Completion* steht. In unserem Beispielfall sind das die oben genannten 200.000 Euro.

ETC, Estimate To Complete (geschätzte Restkosten)

Interessant wird es nun, wenn wir nach vorne schauen möchten. Diese Kennzahl heißt ETC, und ETC steht für *Estimate To Complete*, also die Kosten der noch zu leistenden Arbeit. Für die noch zu leistende Arbeit sind dabei Annahmen zu treffen.

Grundsätzlich können im Projekt drei Situationen auftreten und damit drei Varianten zur ETC-Berechnung.

1. **Es geht (ab jetzt) so weiter, wie ursprünglich geplant wurde.** Dies ist der Fall, wenn entweder der Projektfortschritt genau dem Plan entspricht oder wenn es zwar eine Abweichung vom Plan gibt, man aber davon ausgeht, dass diese Abweichung durch eine Ursache bedingt ist, die in Zukunft nicht mehr das Projekt beeinflusst. Man spricht in diesem Fall auch von einer **untypischen** oder auch **atypischen Abweichung**.

   Die noch zu leistende Arbeit entspricht der Differenz von BAC und EV. Die Kosten der noch zu leistenden Arbeit sind in diesem Fall identisch. Somit lautet die Grundformel für den ETC wie folgt:

   ETC = BAC – EV

   In Zahlen: ETC = 200.000 Euro – 80.000 Euro = 120.000 Euro

   Es ist noch Arbeit im Wert von 120.000 Euro zu erbringen, und diese Arbeit wird auch 120.000 Euro kosten.

2. **Es geht so (gut oder schlecht) weiter wie im bisherigen Projektverlauf.** Das heißt, die aufgetretene Abweichung (wenn es eine gibt) ist **typisch**. Dann werden die Kosten der noch zu leistenden Arbeit mit dem CPI korrigiert.

   ETC = (BAC – EV) / CPI

   In Zahlen: ETC = (200.000 Euro – 80.000 Euro) / 0,89 = 134.831 Euro

   Es ist noch Arbeit im Wert von 120.000 Euro zu erbringen, aber diese Arbeit wird 134.831 Euro kosten.

   Dieses Prinzip der Korrektur der Restarbeit kann nochmals verschärft werden (in beiden Richtungen), wenn die zeitliche Komponente auch noch eine Rolle spielt. Dann verwendet man als Korrekturfaktor nicht nur den CPI, sondern das Produkt aus CPI und SPI.

   ETC = (BAC – EV) / CPI * SPI

   In Zahlen: ETC = (200.000 Euro – 80.000 Euro) / 0,89 * 0,67 = 201.241 Euro

   Es ist noch Arbeit im Wert von 120.000 Euro zu erbringen, aber diese Arbeit wird 201.241 Euro kosten.

7

3. **Für die noch zu leistende Arbeit erfolgt eine völlig neue Schätzung**, da sich die alte Schätzung als zu ungenau erwiesen hat bzw. sich die Rahmenbedingungen geändert haben.

In diesem Fall gibt es keine Formel für den ETC, sondern es wird ein neuer Schätzwert angesetzt.

Vorsicht

So, jetzt kommt die schlechte Nachricht. Das Examen fragt Sie nicht nach z.B. der atypischen Formel, sondern bietet Ihnen einen Text, aus dem dann Indizien zu pflücken sind, die für die jeweilige Variante sprechen. Die Antwortmöglichkeiten bieten ebenfalls keine Hilfestellung, weil als Lösungen alle Varianten jeweils richtig gerechnet angeboten werden. Es kommt also darauf an, wie Sie den Text interpretieren ...

EAC, Estimate At Completion (Gesamtkosten am Projektende)

Eine weitere Kennzahl, wenn wir nach vorne schauen möchten, ist der EAC, was für *Estimate At Completion steht*. Der EAC entspricht den geschätzten bzw. hochgerechneten Gesamtkosten am Projektende zum heutigen Zeitpunkt. Der EAC errechnet sich aus den angefallenen Ist-Kosten (also dem AC) zuzüglich der noch zu leistenden Arbeit. Die Formel für den EAC lautet daher:

EAC = AC + ETC

Während über den AC keine Unklarheit besteht, kann der ETC – abhängig von der Projektsituation – verschiedene Werte annehmen (siehe hierzu die Beschreibung der Varianten bei der Berechnung des ETC im vorherigen Abschnitt).

Unter der Annahme, dass es im Projekt ab jetzt so weitergeht, wie ursprünglich geplant wurde (Quick-Check: Ist das typisch oder atypisch?), ist der EAC dann in Zahlen:

EAC = (200.000 Euro – 80.000 Euro) + 90.000 Euro = 210.000 Euro

VAC, Variance At Completion (Kostenabweichung am Projektende)

Vom EAC ausgehend lässt sich noch eine weitere Kenngröße ableiten. Dies ist der VAC, *Variance At Completion*. VAC entspricht der Differenz des EAC zum BAC.

Die Formel lautet **VAC = BAC – EAC** und berechnet also den Betrag, um den das Projekt günstiger oder teurer wird als geplant.

In unserem Beispielfall ermittelt sich unter Verwendung der atypischen ETC-Grundformel die Kostenabweichung wie folgt:

VAC = 200.000 Euro – 210.000 Euro = –10.000 Euro

TCPI, To Complete Performance Index (zu erbringender Leistungsindex)

7

Der TCPI liefert eine Aussage darüber, wie hoch der Cost Performance Index (CPI) für die restliche Laufzeit des Projekts sein müsste, damit der BAC (das geplante Gesamtbudget) eingehalten werden kann.

Er wird berechnet, indem der restliche, noch zu erbringende Aufwand (ETC) in Bezug zu dem verbleibenden Budget gesetzt wird. Abhängig vom Projektstand gibt es zwei verschiedene Möglichkeiten, den TCPI zu berechnen:

1. Es wird als **realistisch eingeschätzt, das anfangs geplante Gesamtbudget** zu erreichen. Dann lautet die Formel:

   TCPI (BAC) = (200.000 Euro – 80.000 Euro) / (200.000 Euro – 90.000 Euro) = 120.000 Euro / 110.000 Euro = 1,09

2. Wird jedoch der **ursprüngliche Plan als unrealistisch eingeschätzt**, dann muss sich das auch bei der TCPI-Berechnung widerspiegeln. In diesem Fall muss ein neues Gesamtbudget (EAC) geschätzt und freigegeben (!) werden. Dieses wird dann in der TCPI-Berechnung berücksichtigt. Die Formel lautet:

   TCPI (EAC) = (BAC-EV) / (EAC-AC)

   In unserem Beispiel wäre der TCPI (EAC) = (200.000 Euro – 80.000 Euro) (210.000 Euro – 90.000 Euro) = 120.000 Euro / 120.000 Euro = 1,00

   Wobei wir hier den EAC verwendet haben, den wir im Beispiel oben bei der EAC-Erläuterung errechnet haben.

In der textuellen Aufbereitung erscheint Ihnen die Summe der Informationen vielleicht zunächst verwirrend. Die unten stehende Tabelle soll Sie bei der Vertiefung des Stoffs unterstützen. In der Übersicht wird schnell klar, dass diese Verwirrung sich auflöst, wenn sich Ihnen die Struktur erschlossen hat.

Die Zusammenfassung aller Earned-Value-Formeln:

Begriff	Bedeutung	Formel	Beschreibung
PV BCWS	Planned Value Budgeted Cost of Work Scheduled		Planwert der Kosten und Leistung per heute
BAC	Budget At Completion		Geplantes Gesamtbudget (= PV am Projektende)
EV BCWP	Earned Value Budgeted Cost of Work Performed	$EV = BAC * Fst \%$	Earned Value, Fertigstellungsgrad in Prozent per heute mal Gesamtbudget
AC ACWP	Actual Cost Actual Cost of Work Performed		Tatsächliche Kosten per heute
CV	Cost Variance	$CV = EV - AC$	Kostenabweichung: Wie viel über/unter Budget liegen wir zum aktuellen Zeitpunkt, in absoluten Zahlen?
SV	Schedule Variance	$SV = EV - PV$	Terminabweichung: Wie viel Wert an Arbeit haben wir zum aktuellen Zeitpunkt geleistet, im Vergleich zum Plan (in absoluten Zahlen)?
CPI	Cost Performance Index	$CPI = EV / AC$	Kostenentwicklungsindex: Kennzahl, inwieweit die Kostenplanung eingehalten wird
SPI	Schedule Performance Index	$SPI = EV / PV$	Terminentwicklungsindex: Kennzahl, inwieweit die Terminplanung eingehalten wird

Tabelle 7.5: Zusammenstellung EVM-Formeln

Begriff	Bedeutung	Formel	Beschreibung
ETC	Estimate To Complete		Geschätzte Restkosten: Was, glauben wir, kostet das Projekt ab jetzt noch bis zum Ende?
		ETC = BAC – EV	Variante 1 (Grundformel) Es geht weiter wie geplant (keine oder atypische Abweichung).
		ETC = (BAC – EV) / CPI oder auch = (BAC – EV) / CPI * SPI	Variante 2 Es geht weiter wie gehabt (typische Abweichung), Hochrechnung wird mit CPI (bzw. CPI * SPI) korrigiert.
			Variante 3 Freie Restschätzung
EAC	Estimate At Completion	EAC = AC + ETC	Gesamtkostenhochrechnung zum Projektende
		EAC = BAC / CPI	Rechnerisch identisch zur Berechnung des EAC mit ETC Formel – Variante 2
VAC	Variance At Completion	VAC = BAC – EAC	Kostenabweichung am Projektende: Wie viel über/unter Budget werden wir das Projekt abschließen, in absoluten Zahlen?
TCPI	To Complete Performance Index		Mit welchem CPI muss ab jetzt weitergearbeitet werden, um das Projekt planmäßig abzuschließen?
		TCPI (BAC) = (BAC–EV) / (BAC–AC)	Das anfangs geplante Gesamtbudget wird als realistisch angesehen.
		TCPI (EAC) = (BAC–EV) / (EAC–AC)	Der ursprüngliche BAC wurde im Basisplan durch den EAC ersetzt.

Tabelle 7.5: Zusammenstellung EVM-Formeln (Forts.)

Es sei an dieser Stelle auch auf einen weiteren Standard aus der PMI-Bibliothek hingewiesen, der sich mit Earned Value beschäftigt und von jedem PMI-Mitglied kostenlos als PDF-Dokument von PMIs Webseite unter *www.pmi.org* heruntergeladen werden kann.

ES Earned Schedule

Das jüngste Kind der Earned-Value-Familie hat in der PMBOK-Guide-Ausgabe 6 das Licht der Welt erblickt und steht dort unter der Überschrift »Trends und neu entstehende Praktiken«.

Ob und inwieweit ES-Fragen das PMP-Examen bereichern werden, ist derzeit noch unklar. Grundsätzlich ist es ja so, dass bisher alle EV-Formeln die Y-Achse (legt man die grafische Darstellung zugrunde) berechnen. Sprich, alles wird in Geldeinheiten ausgerechnet und dargestellt.

Earned Schedule ist nun nicht einfach eine neue Formel, sondern nimmt erstmalig die X-Achse in Beschlag und versucht, mit den Bordmitteln der EVM-Methode Terminaussagen (in Zeit, nicht in Geld) zu treffen.

Im klassischen EVM wird eine Terminplanabweichung in Geldeinheiten mit

$$SV = EV - PV$$

ermittelt.

Earned Schedule verwendet nun zwei neue Parameter, nämlich *Tatsächliche Zeit* (*Actual Time – AT*) und eben *ES – Earned Schedule*. Wenn ES – AT > 0 ist, dann hat das Projekt einen Zeitvorsprung verdient, liegt zeitlich also gut im Rennen.

7.4 Prüfungsfragen

Zusätzliche und beispielhafte Prüfungsfragen zu diesem Kapitel finden Sie im Internet unter der Adresse: *www.wuttke.team/pmp-examen-das-buch*

8 Qualitätsmanagement in Projekten

Unternehmensweites Qualitäts- und Projektmanagement sind zwei Themengebiete, die stark miteinander verzahnt sind. Denn einerseits bestimmen die Qualitätsvorgaben der Trägerorganisation, wie sich das Qualitätsmanagement im Projekt gestaltet; andererseits wirken sich die »Lessons Learned«, die gesammelten Erfahrungen im Projekt, im Zuge einer kontinuierlichen Verbesserung wiederum auf das Qualitätsmanagement der Organisation aus.

Das Wissensgebiet »Qualitätsmanagement« kann eine Stolperfalle in der Prüfung sein, da dieses Thema in der praktischen Projektarbeit oft nicht als separates Themengebiet betrachtet wird. Zum Beantworten der Prüfungsfragen wird jedoch ein detailliertes Fachwissen benötigt.

Wenn die Normenreihe ISO 9000 und Statistik bisher für Sie Bücher mit sieben Siegeln waren, dann kommt Arbeit auf Sie zu. Denn neben den allgemeinen Aspekten des Qualitätsmanagements sollten Sie sich vor allem mit den Grundlagen der statistischen Qualitätssicherung vertraut machen. Entscheidend ist auch, dass Sie verstehen, dass Qualitätsmanagement in Projekten nicht nur auf die Produktqualität fokussiert ist, sondern auch die Projektqualität gemanagt wird.

8.1 Allgemeine Themen des Wissensgebiets

Der PMBOK Guide orientiert sich mit seinem Qualitätsverständnis an dem der internationalen Normen ISO 9000 ff. Das hat den Vorteil, dass denjenigen von Ihnen, die sich bereits mit Qualitätsstandards beschäftigt haben, vieles bekannt vorkommen wird.

Es hat aber auch einen (kleinen) Nachteil. Denn die Normenreihe ISO 9000 ff. beschreibt den Aufbau eines unternehmensweiten Qualitätsmanagementsystems mit dem Fokus auf der kontinuierlichen Verbesserung der Unternehmensprozesse. Jetzt ist aber ein Projekt – wie Sie bereits gelernt haben – durch seine Einmaligkeit gekennzeichnet. Dieser Umstand führt dazu, dass sich die in der Normenreihe ISO 9000 ff. definierten Qualitätsprozesse nicht

1:1 auf das Projektmanagement übertragen lassen. Doch dazu mehr, wenn wir die Prozesse des Wissensgebiets erläutern. Zuerst machen wir Sie mit dem Qualitätsverständnis vertraut, der dem PMBOK Guide zugrunde liegt.

8.1.1 Definitionen

Qualitätsmanagement im Unternehmen ist keine einmalige Angelegenheit, sondern ein fortlaufender Prozess. Da die meisten Organisationen ein – mehr oder weniger ausgeprägtes – Qualitätsmanagementsystem haben, wird das Projektmanagement von diesem bestehenden Qualitätsmanagementsystem beeinflusst. Wenn Sie den Projektmanagementplan für Ihr Projekt aufstellen, sollten Sie auf jeden Fall wissen, welche Qualitätspolitik und welche Qualitätsziele Ihr Unternehmen definiert hat.

Darüber hinaus sollten Sie mit folgenden Begriffen vertraut sein:

- Was ist **Qualität**? Im PMBOK Guide wird die Definition der American Society for Quality verwendet, die dem Verständnis der ISO- (International Standard Organisation) Definition entspricht: *Qualität ist »der Grad, in dem eine Gruppe von inhärenten Merkmalen die Anforderungen erfüllt«.*

- **Inhärent** bedeutet »innewohnend«, damit sind also die Merkmale gemeint, die ein Produkt in sich trägt und die nicht ohne eine Einwirkung auf das Produkt selbst geändert werden können (z.B. das Gewicht eines Produkts). Im Gegensatz dazu stehenden die **zugeordneten** Merkmale wie beispielsweise der Verkaufspreis eines Produkts.

- Lassen Sie uns noch kurz auf den Begriff der **Anforderungen** eingehen. Die unzureichende Definition der Anforderungen ist nämlich der Hauptgrund, warum Projekte scheitern. **Unter Anforderung versteht man festgelegte und vorausgesetzte Forderungen.**

Frage

Worin unterscheiden sich festgelegte und vorausgesetzte Forderungen?

Antwort

Festgelegte Forderungen sind ausgesprochen bzw. dokumentiert.

Vorausgesetzte Forderungen sind dagegen nur im Kopf vorhanden und werden nicht ausgesprochen. Beispiel: Wenn Sie ein Brot kaufen, werden Sie die Art des Brotes festlegen (z.B. ein Kilo Mehrkornbrot); dass das Brot nicht vom Vortag und auch schimmelfrei ist, sagen Sie nicht, setzen es aber voraus.

8.1.2 Personenbezogene Konzepte

Die Entwicklung des Qualitätsmanagements wurde stark von verschiedenen Einzelpersonen geprägt. Da die Qualitätsentwicklung in Japan begann, ist sie geprägt von Japanern, aber auch von Amerikanern, die die japanische Qualitätsphilosophie adaptierten und weiterentwickelten.

Auch wenn sich die Konzepte im Einzelnen unterscheiden (die wichtigsten Merkmale haben wir Ihnen unten zusammengefasst), haben sie jedoch das gleiche Verständnis über die fünf Stufen, in denen die Effektivität des Qualitätsmanagements zunimmt. Wobei Stufe 1 am kostenintensivsten ist.

1. Feststellen von Fehlern durch den Kunden. Hiermit leidet nicht nur der Ruf des Unternehmens, sondern es entstehen Kosten für Nacharbeiten, Reparaturen, Gewährleistungsansprüchen etc.

2. Entdecken und Beheben von Fehlern und ihren Auswirkungen im Rahmen von Qualitätskontrollen, bevor die Liefergegenstände an den Kunden ausgeliefert werden. Dadurch entstehen im Unternehmen Prüf- und interne Fehlerkosten.

3. Etablieren eines Qualitätssicherungssystems, um den (Herstellungs-)Prozess selbst zu überwachen, um sicherzustellen, dass keine fehlerhaften Produkte erstellt werden.

4. Etablieren eines Qualitätsmanagementsystems, d.h. Integrieren von Qualitätsüberlegungen in die Planung und den Entwurf, sowohl für das Projekt als auch das Produkt.

5. Schaffen einer Kultur in der gesamten Organisation, die Qualität in Prozessen und Produkten erkennt und unterstützt.

Um für die Prüfung gewappnet zu sein, sollten Sie auf jeden Fall die wichtigsten »Qualitätspäpste« und ihre Ansätze kennen:

8

- **Deming** steht mit seinem Namen für das Prinzip der ständigen Verbesserung. Er legt seiner Philosophie drei Aussagen zugrunde: (1) Jede Aktivität ist ein Prozess und kann entsprechend verbessert werden. (2) Problemlösungen allein genügen nicht, Veränderungen am System sind erforderlich. (3) Die oberste Unternehmensleitung muss handeln, die Übernahme von Verantwortung ist nicht ausreichend.

  Deming machte den PDCA-Zyklus (auch *Deming-Zyklus* genannt) bekannt, der aus den vier Phasen »Plan«, »Do«, »Check« und »Act« besteht (vgl. Kapitel 4) und die notwendigen Schritte für Prozessverbesserungen festlegt. Erfunden hat den PDCA-Zyklus allerdings nicht Deming, sondern Walter A. Shewhart. Wissen sollten Sie auch, dass Deming ein Programm entwickelt hat, das 14 Punkte umfasst, die ein Unternehmen bei der Einführung eines Qualitätsmanagementsystems beachten sollte.

- **Crosby** steht mit seinem Namen für das Null-Fehler-Programm. Seine Aussage »Quality is free« begründet er damit, dass nicht das Streben nach Qualität Kosten verursacht, sondern dass im Gegenteil erhöhte Kosten entstehen, wenn Fehler gemacht werden, das heißt keine Qualität produziert bzw. geliefert wird und dann Aufwand für Nacharbeit, Ausschuss und Imageverlust generiert wird.

- **Feigenbaum** hat das Konzept *Total Quality Control* entwickelt. Feigenbaum definiert Qualität ausschließlich über die Zufriedenheit der Verbraucher. Der Schwerpunkt seines Konzepts liegt auf der Darstellung der Abhängigkeit der Qualität von allen Unternehmensfunktionen wie Marketing, Entwicklung, Konstruktion, Fertigung und Vertrieb etc.

- **Juran** stellt auch den Kunden in den Mittelpunkt seines Qualitätskonzepts und definierte Qualität als »Gebrauchstauglichkeit in den Augen des Kunden« (*fitness for use*).

- **Ishikawa** beschrieb als Erster die sogenannte interne Kunden-/Lieferanten-Beziehung und entwickelte das Konzept der unternehmensweiten Qualitätskontrolle (*Company-Wide Quality Control*). Dieser Begriff umfasst alle qualitätsrelevanten Aktivitäten einer Unternehmung, die des Top-Managements bis hin zu den Aktivitäten der Beschäftigten auf der untersten Hierarchieebene.

Übung

In der folgenden Tabelle stehen in der obersten Zeile die Namen der fünf wichtigen Qualitätsexperten. Wissen Sie noch, wer welche Kernthese vertritt?

Stichworte	Crosby	Deming	Feigen-baum	Juran	Ishikawa
Null-Fehler-Programm					
Gebrauchstauglichkeit					
14-Punkte-Programm					
Interne Kunden-/ Lieferantenbeziehung					
Total Quality Control					
Ständige Verbesserung					
»Quality is free«					

Tabelle 8.1: Übung personenbezogene QM-Konzepte

8.1.3 Methoden, Normen und Modelle

Neben den personenbezogenen Qualitätskonzepten gibt es allgemeine, weltweit verbreitete Qualitätsansätze, deren Grundaussagen bekannt sein sollten:

- **Normenreihe ISO 9000 und 10000:** Diese Normenreihe besteht aus verbindlichen Normen und Leitfäden zum Aufbau und zur Beschreibung von Qualitätsmanagementsystemen. Es ist wichtig zu wissen, dass die Normenreihe – ähnlich dem PMBOK Guide – Rahmenbedingungen festlegt und kein detailliertes Qualitätsmanagementsystem einer Organisation beschreibt.

- **Total Quality Management (TQM)** ist ein umfassendes Qualitätsmanagementsystem, das alle an einem Unternehmen beteiligten Personen einbezieht. Kennzeichnend für TQM ist die Orientierung an Prozessen, Kunden und Mitarbeitern. Es gibt keine Zertifizierung für ein Total Quality Management System, stattdessen können sich Unternehmen, die Total Quality Management eingeführt haben und einsetzen, um Preise bewerben.

Die international bekanntesten Qualitätspreise sind:

- Der **Deming Award** in Japan, der seit den frühen 50er-Jahren vergeben wird.

- Der **Malcolm Baldrige Award**, der seit Mitte der 80er-Jahre in den USA vergeben wird und die weiteste Verbreitung hat.

- Der **European Quality Award**, der in Europa seit Anfang der 90er-Jahre von der European Foundation for Quality Excellence verliehen wird.

Six-Sigma: Unter Six-Sigma versteht man eine Methode kontinuierlicher Verbesserung der Unternehmensprozesse – und daraus resultierend von Produkten und Dienstleistungen. Der Begriff kommt aus der Statistik: Sigma (s) steht für die Standardabweichung der Gauß'schen Normalverteilung. In einem Prozess, der eine Six-Sigma(6s)-Qualität erfüllt, entstehen, bezogen auf eine Million Möglichkeiten, nur 3,4 fehlerhafte Ergebnisse. Damit liegt die Anzahl der fehlerfreien Prozesse bei 99,99966 Prozent. »Normale« Unternehmen liegen in der Regel zwischen drei und vier Sigma; das entspricht einer fehlerfreien Rate von 93,3 bis 99,4 Prozent. Das Ziel von Six-Sigma ist es, keine Fehler zu machen und damit den Fehlleistungsaufwand zu reduzieren. Bei einer flächendeckenden Six-Sigma-Qualität im Unternehmen sinken die Qualitätskosten im Allgemeinen auf weniger als ein Prozent vom Umsatz – bei drei bis vier Sigma liegen sie in einer Größenordnung von 25 Prozent. Entwickelt wurde Six-Sigma in den Jahren 1986/87 bei Motorola. Six-Sigma kann nur dann erfolgreich eingeführt werden, wenn die Mitarbeiter entsprechend geschult sind. Es gibt mehrere Qualifikationsgrade, deren Bezeichnungen an asiatische Kampfsportarten angelehnt sind. Die Skala reicht vom sogenannten Yellow Belt und Green Belt über den Black Belt bis zum Master Black Belt und Champion.

Lean Six Sigma: Lean Six Sigma ist keine »schlanke« Six-Sigma-Methode, sondern beschreibt die Verknüpfung von Lean Management mit Six-Sigma. Ziel von Lean Management ist es, Verschwendung zu vermeiden und Überflüssiges wegzulassen. Lean Six Sigma hat zum Ziel, mit der »Lean-Komponente« eine Verkürzung der Durchlaufzeiten zu erreichen, während die »Six-Sigma-Komponente« die Fehlerfreiheit im Blick hat. So soll eine Erhöhung der Kundenzufriedenheit und die Maximierung des Unternehmenserfolgs erreicht werden.

▪ **Prozessverbesserungs-/Reifegradmodelle:** Es gibt heutzutage etliche Modelle, die beschreiben, welche Faktoren eine Organisation realisieren muss, um sich kontinuierlich zu verbessern. Folgende Modelle sollten Ihnen zumindest dem Namen nach bekannt sein:

– Das **Capability Maturity Model (CMM)**, das 1987 in den USA von dem Software Engineering Institute (SEI) veröffentlicht wurde, um die Software-Lieferanten des Verteidigungsministeriums zu beurteilen, ist heutzutage weit verbreitet. CMM besitzt fünf Reifegradstufen.

– Das **Capability Maturity Model Integration (CMMI)** baut auf CMM auf. Es beschränkt sich aber nicht nur auf die Optimierung von Software-Prozessen, sondern ist allgemein anwendbar auf Entwicklungsprozesse.

– Das **Organizational Project Management Maturity Model (OPM3)** von PMI unterstützt Organisationen dabei, »unternehmensweites« Projektmanagement einzuführen und zu bewerten.

8.1.4 Grundprinzipien

▪ **Kontinuierliche Verbesserung** wird im Englischen mit *continuous improvement* und im Japanischen mit *Kaizen* übersetzt. Wichtig zu wissen ist, dass *Kaizen* eine prozessorientierte Denkweise der Verbesserung in kleinen Schritten und keine Problemlösungsmethode beschreibt.

▪ **Prävention vor Prüfung: Vorbeugungsmaßnahmen** werden durchgeführt, um Probleme zu vermeiden bzw. Risiken im Vorfeld zu mindern und so sicherzustellen, dass das definierte Qualitätsniveau erreicht wird. **Korrekturmaßnahmen** werden durchgeführt, um ein bestehendes Problem/einen entdeckten Fehler zu beheben (siehe Kapitel 4 für weitere Erläuterungen).

▪ **Übererfüllung der Anforderungen** (»Gold Plating«) wird nicht belohnt, sondern schadet dem Projekterfolg, da mehr Aufwand als gefordert und geplant erbracht wird. Das Projekt muss auf jeden Fall die definierten Liefergegenstände erfüllen, nicht weniger, aber auch nicht mehr.

▪ **Qualität** hat die gleiche Priorität wie Termine, Kosten sowie Inhalt und Umfang.

▪ **Aufgabe des Qualitätsmanagements:** Durch den Einsatz von Qualitätsmanagement im Projekt wird sichergestellt, dass das Ergebnis des Projekts auch die Bedürfnisse erfüllt, für die es durchgeführt wurde.

▪ **(Anspruchs-)Klasse** ist nicht das Gleiche wie Qualität! Klasse definiert, welche Qualitätsanforderungen an ein Produkt gestellt werden. Denken Sie zum Beispiel an die Hotelbewertung mit Sternen. An ein Zwei-Sterne-Hotel werden weniger Anforderungen gestellt als an ein Fünf-Sterne-Hotel. Die Hotels gehören unterschiedlichen Hotelkategorien (Klassen) an. Ob ein Hotel qualitativ gut ist, wird daran gemessen, inwieweit das jeweilige Hotel die gestellten Anforderungen erfüllt. Geringe Qualität ist immer ein Problem, geringe Klasse nicht zwangsläufig.

8.1.5 Verantwortung für Qualität

Die Frage, wer denn für Qualität in einem Projekt verantwortlich ist, kann in der Prüfung in verschiedenen Facetten auftauchen. Es gilt:

▪ **Jeder Mitarbeiter** ist für die Qualität seiner Arbeit verantwortlich.

▪ **Der Projektleiter** trägt die Verantwortung für das Qualitätsmanagement des Projekts.

▪ **Das Management** einer Organisation ist verantwortlich dafür, dass genügend Ressourcen für das Qualitätsmanagement bereitgestellt werden.

▪ **Einzelne Organisationseinheiten** können für bestimmte Qualitätsaspekte im Projekt verantwortlich sein. Beispielsweise die Ingenieure/Entwickler für das Fachkonzept und die Testspezifikationen, die Abteilung Beschaffung für die Lieferantenauswahl, die Stabsstelle Vertragswesen für die Vertragsgestaltung usw.

8.1.6 Dimensionen von Qualität

Qualitätsmanagement ist kein Selbstzweck, sondern dient der Zufriedenheit des Kunden. Denn nur zufriedene Kunden werden zum zweiten Mal eine Organisation beauftragen und damit deren Wettbewerbsfähigkeit sichern. Um den Kunden umfassend zufriedenzustellen, müssen bei der Festlegung des geforderten Qualitätsniveaus neben der Erfüllung der Anforderungen noch weitere Aspekte von Qualität beachtet werden:

▪ **Zuverlässigkeit** (Reliability) – Das ist die Fähigkeit einer Einheit, unter festgelegten Bedingungen während einer bestimmten Zeitdauer die gewünschte Funktionalität zu liefern → Es erfolgt eine zeitraumbezogene Betrachtung. Eine Kennzahl zur Bestimmung der Zuverlässigkeit ist die Ausfallrate.

- **Benutzerfreundlichkeit** (Usability) – Sie sagt aus, für wie komfortabel ein Anwender ein Produkt bzw. eine Dienstleistung hält. Die Beurteilung der Benutzerfreundlichkeit hängt von der Situation des Anwenders ab und ist daher nicht objektiv messbar.

- **Wartungsfreundlichkeit** bzw. Wartbarkeit (Maintainability) – Darunter versteht man die Fähigkeit, ein Produkt wieder in einen funktionsfähigen Zustand zu versetzen.

- **Funktionstüchtigkeit** (Fitness for Use) – Die Funktionstüchtigkeit macht eine Aussage darüber, ob alle festgelegten Funktionen existieren und ob die festgelegten Funktionen die Anforderungen erfüllen.

- **Effizienz** (Efficiency) – Unter Effizienz versteht man das Verhältnis eines in definierter Qualität vorgegebenen Nutzens zu dem Aufwand, der zur Erreichung des Nutzens nötig ist. Die Effizienz sagt insofern etwas über das Verhältnis zwischen Leistung und Ressourceneinsatz aus.

8.2 Prozesse des Wissensgebiets

Der PMBOK Guide erläutert in Kapitel 8 die drei Hauptprozesse des Qualitätsmanagements.

1. **Qualität planen (Prozess 8.1)** – Planungsprozess

   Die relevanten Qualitätsanforderungen und -standards werden identifiziert. Des Weiteren wird definiert, wie die Erfüllung der Anforderungen und Standards im Projekt nachgewiesen werden kann. Der Grundsatz lautet: Qualität wird hineingeplant – nicht hineingeprüft!

2. **Qualität managen (Prozess 8.2)** – Ausführungsprozess

   Der Qualitätsmanagementplan wird in ausführbare Qualitätsaktivitäten umgesetzt, die sicherstellen, dass die Qualitätsrichtlinien des Unternehmens eingehalten werden.

3. **Qualität lenken (Prozess 8.3)** – Überwachungs- und Steuerungsprozess

   Die Ergebnisse, die bei der Durchführung der Qualitätsaktivitäten entstehen, werden überwacht und dokumentiert, um die geplante Leistung zu beurteilen und um sicherzustellen, dass die Projektergebnisse wie geplant erstellt wurden und den Kundenerwartungen entsprechen.

Haben Sie den Unterschied zwischen den Definitionen auf Anhieb verstanden? Lassen Sie uns den Unterschied herausarbeiten:

Im Prozess der »**Qualitätsplanung**« wird definiert, welche Qualitätsanforderungen an das Projekt und das Projektprodukt gestellt werden und welche Aktivitäten durchgeführt werden sollen (z.B. Prüfungen, Lieferantenbeurteilungen etc.), damit diese definierten Standards auch erreicht werden.

Der zweite Prozess »**Qualität managen**« erstellt Qualitätsberichte, in denen die Ergebnisse definierten Qualitätsaktivitäten dokumentiert werden. Er verwendet dazu aber auch die Daten und Informationen, die der Prozess »Qualität lenken« ermittelt hat. Ziel dabei ist es, sicherzustellen, dass die geplante Vorgehensweise angemessen ist.

Während des dritten Prozesses der »**Qualitätslenkung**« steht dagegen im Vordergrund zu überprüfen, ob die während dem Projekt erstellten Liefergegenstände ihren geplanten Zweck erfüllen. Die Leistung des Projekts bzw. Projektprodukts wird bewertet. Wenn Abweichungen zwischen Soll- und Ist-Werten aufgedeckt werden, werden Änderungsanträge gestellt. Werden keine Abweichungen festgestellt, werden die fertiggestellten Liefergegenstände verifiziert.

Da die Methoden des Qualitätsmanagements nicht immer eindeutig den Prozessen zugeordnet werden können, werden wir im Folgenden kurz die Prozesse erläutern und dann in einem separaten Abschnitt verschiedene Qualitätsmanagementmethoden vorstellen. Sie sollten die Methoden auf jeden Fall mit Namen kennen und auch wissen, für welchen Zweck sie eingesetzt werden können. Detailwissen, wie die Methoden angewandt werden, benötigen Sie jedoch nicht für die Prüfung.

8.2.1 Qualität planen

Wie bereits oben erwähnt, steht im Fokus des Prozesses »Qualität planen« die Identifizierung von Qualitätsanforderungen und/oder -standards für das Projekt und das Produkt sowie die Planung, wie diese erfüllt werden können. Der Prozess ist damit eng verknüpft mit dem Wissensgebiet »Inhalts- und Umfangsmanagement«.

Die Definition des Begriffs *Anforderungen* und grundsätzliche Überlegungen, welche Qualitätsanforderungen an das Projekt und das Produkt gestellt werden, finden sich im Wissensgebiet »Qualitätsmanagement«. Mit der Problemstellung, wie die Anforderungen ermittelt werden, insbesondere die vorausgesetzten Anforderungen, setzt sich das Inhalts- und Umfangsmanagement auseinander. Wie vorne erläutert, wird im Anforderungsmanagementplan die Vorgehensweise festgelegt, und der Prozess »Anforderungen sammeln« beschreibt, wie die Anforderungen tatsächlich ermittelt, klassifiziert und dokumentiert werden.

Sie sehen, die Qualitätsplanung darf nicht isoliert betrachtet werden, sondern sie muss mit den anderen Projektplanungsprozessen konsolidiert werden. Zum Beispiel kann der Bedarf von spezifischen Prüfungen oder Prüfmitteln die Kosten erhöhen bzw. Termine verschieben.

Der Qualitätsmanagementplan (QM-Plan)

Der Qualitätsmanagementplan ist das spezifische Ergebnis des Prozesses »Qualität planen«. Weitere Ausgangswerte sind: Qualitätsmessgrößen bzw. Kennzahlen sowie Aktualisierungen des Projektmanagementplans, vor allem in Bezug auf Risikomanagement und Inhalt und Umfang sowie die Aktualisierungen der Projektdokumente. Vor allem können sich die Überlegungen, welche Qualität wie erreicht wird, auf das Register der gesammelten Erfahrungen, der Anforderungs- und Rückverfolgbarkeitsmatrix, dem Risikoregister und Stakeholderregister auswirken.

Sie kennen ja bereits das Konzept der Managementpläne: Im Qualitätsmanagementplan wird festgelegt, wie das Projektteam mit dem Thema Qualität im Projekt umgeht. Seine Gestaltung hängt von den Vorgaben der Organisation und vor allem von der Größe und der Komplexität des Projekts ab.

Ein Projekt, das in ähnlicher Art und Weise schon mehrfach von denselben Teammitgliedern durchgeführt wurde, wird eventuell einen kurzen oder nur informellen Qualitätsmanagementplan haben. Ein großes Projekt, das geprägt ist von vielen beteiligten Personen, verschiedenen Kulturen und neuer Technik, wird dagegen einen sehr detaillierten Qualitätsmanagementplan benötigen.

Frage

Kennen Sie den Unterschied zwischen einem Qualitätsmanagementplan und einem Qualitätssicherungsplan in einem Projekt?

Antwort

Im *Qualitätssicherungsplan* (QS-Plan) wird im Allgemeinen produktbezogen festgelegt, welche Merkmale wann und von wem überprüft werden. Der Qualitätssicherungsplan ist damit ein Bestandteil des Qualitätsmanagementplans.

Der *Qualitätsmanagementplan* ist ein Ausgangswert der Projektplanung und legt fest, wie das Qualitätsmanagement im Projekt organisiert ist. Er hat die Aufgabe, sicherzustellen, dass Inhalt und Umfang des Projekts – wie in der Inhalts- und Umfangsbeschreibung definiert und dokumentiert – auch erstellt werden.

Der Qualitätsmanagementplan beinhaltet normalerweise laut PMBOK Guide Aussagen zu folgenden Punkten

- Qualitätsstandards, die im Projekt angewendet werden
- Qualitätsziele des Projekts
- Rollen und Verantwortungen in Bezug auf Qualität
- Liefergegenstände und Prozesse des Projekts, die einer Qualitätsprüfung unterliegen
- für das Projekt geplante Qualitätslenkungs- und Qualitätsmanagementaktivitäten
- Qualitätswerkzeuge, die vom Projekt angewendet werden
- wichtige Verfahren, die für das Projekt relevant sind, darunter der Umgang mit nichtkonformen Ergebnissen, Korrekturmaßnahmen und Verfahren zur kontinuierlichen Verbesserung

8.2.2 Qualität managen

Wie bereits oben erwähnt, ist der Prozess »Qualität managen« von seiner Einordnung her schwierig, da er sich nicht direkt mit der Sicherstellung der Qualität der Liefergegenstände befasst (wie die meisten spontan vermuten), sondern mit der Überwachung, ob das Qualitätsmanagement im Projekt insgesamt gut aufgestellt ist. Denn wenn dies der Fall ist, dann sind im Projekt auch Maßnahmen definiert, die sicherstellen, dass die Qualität des Projektprodukts den Anforderungen entspricht.

Hinweis

Das Ausführen der Qualitäts(sicherungs)aktivitäten an sich (zum Beispiel das Durchführen von Softwaretests, die Überwachung der Einhaltung von Spezifikationen, eine Eingangsprüfung von Produkten etc.) ist nicht durch das Wissensgebiet »Qualitätsmanagement« abgedeckt. Das mag auf den ersten Blick verwirrend erscheinen, es ist aber in der Logik des PMBOK Guide nur konsequent. Denn Qualitätsaktivitäten müssen genau wie andere Projektaktivitäten betrachtet werden. Das heißt, sie werden im Rahmen des Inhalts- und Umfangsmanagements geplant und im Projektstrukturplan aufgenommen. Die Kosten werden ermittelt und überwacht, Ressourcen und Termine geplant, Risiken gemanagt, evtl. Beschaffungen geplant und, und, und ...

8

Frage

Oft wird der englische Begriff *Quality Control* fälschlicherweise mit Qualitätskontrolle anstatt mit Qualitätslenkung übersetzt. Kennen Sie den Unterschied?

Antwort

Qualitätskontrolle (*Quality Inspection*) umfasst die eigentliche Überprüfung der Qualität einer Einheit.

Wie bereits in der Einleitung geschildert, vergleicht der Prozess »Qualität managen« die Ergebnisse (Messungen der Qualitätslenkung) mit den definierten Vorgaben. Relevant hierbei sind der Qualitätsmanagementplan, die festgelegten Qualitätsmessgrößen bzw. Kennzahlen (Hinweis: Die Übersetzung im deutschen PMBOK Guide für *quality metric* verwendet als Übersetzung *Qualitätsmessgrößen und Qualitätskennzahlen*) und ggf. weitere Projektdokumente.

Dadurch, dass der Prozess »Qualität managen« ausgeführt wird, kann leider nicht garantiert werden, dass die im Qualitätsmanagementplan definierten Qualitätsziele alle erfüllt werden. Aber die Wahrscheinlichkeit, dass es gelingt, wird erhöht und Verbesserungspotenzial identifiziert, in dem z.B. aufgedeckt wird, dass Prozesse nicht effektiv sind oder dass Anforderungen nicht (im vollen Umfang) erfüllt werden.

Zusammenfassend hat der Prozess »Qualität managen« die Prozessverbesserung im Blick. Und zwar nicht nur für das Projekt selbst, sondern das Ziel ist auch, das Projektmanagement im Unternehmen insgesamt zu verbessern, damit die gleichen Fehler nicht zweimal gemacht werden.

Merken sollten sie sich, dass der Prozess als Ausgangswert »**Qualitätsberichte**« für die Stakeholder liefert. Wird der Bedarf für Fehlerbehebungs-, Korrektur- oder Vorbeugemaßnahmen erkannt, dann müssen **Änderungsanträge** erstellt werden. Weitere Ergebnisse des Prozesses sind **Test- und Bewertungsdokumente** sowie Aktualisierungen des Projektmanagementplans und der Projektdokumente.

8.2.3   Qualität lenken

Der Prozess »Qualität lenken« ist ein Steuerungsprozess. Er vergleicht einen Sollzustand mit den geplanten Vorgaben. Das heißt, es werden Überprüfungen durchgeführt. Welche Art von Überprüfungen und wie diese Überprüfungen genannt werden, ist vom Projekt und dem Projektprodukt abhängig. Das Ziel ist aber immer,

- die Projektleistung zu bewerten, in diesem Falle in Bezug auf die Prozess- oder Produktqualität

- Liefergegenstände zu verifizieren, wenn sie den geforderten Produktmerkmalen entsprechen (die verifizierten Liefergegenstände gehen dann in den Prozess »Inhalt- und Umfang validieren« ein, in dem die Liefergegenstände formell freigegeben werden)

- die Ursachen für eventuelle Abweichungen zu ermitteln

- ggf. notwendige Änderungen zu identifizieren und Änderungsanträge zu erstellen

Dass der Prozess »Qualitätslenkung durchführen« als Ergebnis **Messungen der Qualitätslenkung** liefert, versteht sich von selbst.

Wichtig zu wissen und nicht so eindeutig ist jedoch, dass der Prozess die **Liefergegenstände verifiziert**, die vom Prozess »Projektdurchführung lenken und managen« im Integrationsmanagement erstellt wurden. Wenn eine Soll-

Ist-Abweichung ermittelt wird, werden auch hier wieder **Änderungsanträge** erstellt (die dann in den Prozess der integrierten Änderungssteuerung eingehen und dort bewertet werden).

Weitere Ausgangswerte sind die üblichen der Überwachungsprozesse: Arbeitsleistungsinformationen, Aktualisierungen des Projektmanagementplans und Aktualisierungen der Projektdokumente.

8.3 Werkzeuge und Methoden des Qualitätsmanagements

Wie angekündigt, folgen jetzt etliche Werkzeuge und Methoden des Qualitätsmanagements. Die meisten werden im PMBOK Guide erwähnt, wir erläutern Ihnen jedoch auch stichwortartig noch weitere prüfungsrelevante Methoden.

Werkzeuge des Qualitätsmanagements gibt es viele und damit auch die Option, viele Prüfungsfragen dazu zu stellen. Erfahrungsgemäß gibt es bei den Werkzeugen zwei Herausforderungen:

1. Sich die vielen verschiedenen Methoden zu merken.
2. Die Zuordnung zu den Prozessen zu kennen. Denn unter den Überbegriffen »Erfassung von Daten« und »Datendarstellung« werden in den drei Prozessen unterschiedliche Werkzeuge subsumiert.

Da in der PMP-Prüfung die Überprüfung von Anwendungswissen im Vordergrund steht, raten wir Ihnen, sich nicht auf das Auswendiglernen der Zuordnung von Werkzeugen zu Prozessen zu konzentrieren, sondern zu verstehen, was der Einsatz einer Methode bewirkt. Dann können Sie im Examen anhand der Fragestellung den Prozess ableiten.

Anhang X6 des PMBOK Guide gruppiert die im PMBOK Guide angesprochenen Methoden und gibt eine gute Übersicht, welche Methoden auch wissensgebietsübergreifend eingesetzt werden können.

8.3.1 QM-Methoden zur Erfassung von Daten

Wenn man sich die Werkzeuge und Methoden zur Datenerfassung im PMBOK Guide anschaut, dann wird wieder einmal deutlich, wie wichtig es ist, dass das Projektmanagementteam die adäquaten Methoden für das eigene Projekt ermittelt, für den PMBOK Guide werden nämlich alle gleichwertig aufgezählt:

Werkzeuge und Methoden	Beschreibung	Prozess
Benchmarking	Siehe Erläuterung unten	Qualität planen
Brainstorming	Kreativitätstechnik, die das Ziel hat, mit mehreren Personen möglichst viele Ideen zu entwickeln	Qualität planen
Interviews	Befragung von Stakeholdern	Qualität planen
Checklisten	Schriftliche strukturierte Liste mit Fragen, Aufgaben etc.	Qualität managen, Qualität lenken
Kontrollblätter	Dient der strukturierten Erfassung von Daten, z.B. als Strichliste	Qualität lenken
Statistisches Stichprobenverfahren	Siehe Erläuterung unten	Qualität lenken
Fragebögen und Umfragen		Qualität lenken

Tabelle 8.2: Werkzeuge und Methoden zur Datenerfassung

Wir konzentrieren uns bei unserer Erläuterung auf die Methoden, von denen wir ausgehen, dass sie nicht allgemein bekannt sind.

Benchmarking

Benchmarking ist ein Vergleich von eigenen Einheiten (Organisationen, Abteilungen, Projekte, Prozesse etc.) mit anderen Einheiten. Es können Vergleiche mit anderen internen Einheiten durchgeführt werden (internes Benchmarking) oder mit dem Klassenbesten (*best of class*) – externes Benchmarking. Ziel ist es, Verbesserungsmöglichkeiten zu erkennen und die optimalen Vorgehensweisen (Best Practices) festzulegen.

Statistische Stichprobenverfahren

Bei der PMP-Prüfung können Fragen zu statistischen Stichprobenverfahren (*statistical sampling*), im Deutschen auch als Stichprobenprüfung bekannt, bzw. allgemein zur Statistik Probleme bei der Beantwortung bereiten. Das liegt in der Regel nicht am Schwierigkeitsgrad, sondern an der mangelnden Vorbereitung auf dieses Thema. Viele Prüfungskandidaten haben sich zum letzten Mal in der Schule bzw. im Studium mit der Materie beschäftigt und sind auch froh, mit diesem Thema nicht mehr konfrontiert worden zu sein. Wenn diese Einstellung auch für Sie zutrifft, dann müssen Sie wahrscheinlich ein bisschen Aufwand investieren, um die Grundlagen wieder aufzufrischen.

Generell ist eine **Stichprobe** (Sample) eine repräsentative Teilmenge aus einer Grundgesamtheit, die dann genommen wird, wenn die Grundgesamtheit sehr groß ist und infolgedessen ihre komplette Prüfung nicht möglich ist, zu lange dauern oder zu hohe Kosten verursachen würde. Eine Befragung aller PMPs weltweit ist zum Beispiel kaum durchführbar. Hier wäre es sinnvoll, eine repräsentative Stichprobe vorzunehmen. Man könnte sich beispielsweise darauf beschränken, 150 repräsentative PMPs zu interviewen.

Folgende Begriffe sollten Sie auf jeden Fall kennen und einordnen können:

- **Variable** (auch Größe) – Ein Element aus einer vorgegebenen Menge, dessen Wert nicht festgelegt bzw. zu Beginn der Betrachtung noch unbekannt ist.

- **Merkmal** – Eine Eigenschaft zum Erkennen bzw. Unterscheiden von Einheiten. Es gibt verschiedene Klassen von Kennzahlen:

  - **Qualitatives Merkmal** – Merkmal, dessen Werte einer Skala zugeordnet sind, auf der keine Abstände definiert sind. Die zugehörige Skala heißt »Topologische Skala«.

  - **Quantitatives Merkmal** – Merkmal, dessen Werte einer Skala zugeordnet sind, auf der Abstände definiert sind. Die zugehörige Skala wird als »Metrische Skala« oder »Kardinalsskala« bezeichnet.

  - **Diskretes Merkmal** – Quantitatives Merkmal, dessen Wertebereich endlich oder abzählbar ist, wie gut/schlecht, bestanden/nicht bestanden.

  - **Stetiges (kontinuierliches) Merkmal** – Quantitatives Merkmal, dessen Wertebereich unendlich ist.

- **Grundgesamtheit** (Population) – Die Grundgesamtheit, auch Los genannt, ist eine Menge gleichartiger Elemente, die betrachtet wird, z.B. alle Project Management Professionals.

- **Wahrscheinlichkeit** – Ein Maß für das Eintreten eines Ereignisses. Der Wert einer Wahrscheinlichkeit ist eine Zahl zwischen null und eins oder eine Angabe in Prozent zwischen 0 Prozent und 100 Prozent.

8

■ **Normalverteilung** – Eine gängige symmetrische Wahrscheinlichkeitsverteilung von Messwerten um den Mittelwert (auch Glocken- bzw. Gauß'sche Glockenkurve genannt). Der Mittelwert ist der häufigste Wert.

■ **Standardabweichung** (Sigma, σ) – Parameter der Normalverteilung, der die Streuung kennzeichnet, das heißt, je kleiner die Standardabweichung, desto geringer die Streuung. Im Bereich $\pm 1\sigma$ um den Mittelwert liegen ca. 2/3 (68,26 Prozent) aller Messwerte ($\pm 2\sigma \cong 95,46$ Prozent, $\pm 3\sigma \cong 99,73$ Prozent, $\pm 6\sigma \cong 99,99$ Prozent).

Stichproben kommen also bei der **statistischen Prozesskontrolle** zum Einsatz, um zu überprüfen, ob ein Prozess präzise und genaue Ergebnisse liefert. Dabei bedeutet »Präzision« in diesem Zusammenhang, dass die Messwerte eng beieinanderliegen, und »Genauigkeit«, dass sie nur eine geringe Streuung um den Mittelwert haben.

Stellen Sie sich eine Zielscheibe mit drei Kreisen und vier Segmenten vor, auf die drei Personen Pfeile schießen:

1. Der erste Schütze schießt seine Pfeile alle in ein Segment, dieser Schütze hat eine hohe Präzision.

2. Der zweite schießt alle in den zweiten Kreis, mal oberhalb, mal unterhalb der Mitte, mal links, mal rechts, er hat eine hohe Genauigkeit, da alle seine Pfeile im ungefähr gleichen Abstand um die Mitte landen.

3. Der dritte schießt alle Pfeile in den inneren Kreis, er hat sowohl eine hohe Präzision als auch eine hohe Genauigkeit.

Genauso ist es mit den Prozessen: Sie sollen genaue und präzise Ergebnisse liefern. Damit das möglich ist, müssen die Prozesse zwei Eigenschaften haben: Sie müssen fähig und beherrscht sein.

■ **Fähiger Prozess** – Ein Prozess heißt fähig, wenn die unvermeidlichen Ergebnisschwankungen kleiner sind als die zulässigen Toleranzen. Das bedeutet, der Prozess ist in der Lage, die an ihn gestellten Qualitätsforderungen zu erfüllen.

■ **Beherrschter Prozess** – Ein Prozess, bei dem sich die Parameter der Verteilung der Merkmalswerte des Prozesses praktisch nicht oder nur in bekannter Weise oder in bekannten Grenzen ändern (Quelle: DIN 55350-11, 1995-08, Nr. 7.2). Das heißt, ein Prozess gilt als beherrscht bzw. unter Kontrolle, wenn er voraussagbare Resultate ohne unerklärliche Abweichungen (»Ausreißer«) liefert.

Wenn bei der statistischen Prozesskontrolle komplexe Systeme und größere Datenmengen betrachtet werden, ist meistens der Einsatz einer entsprechenden Software notwendig.

8.3.2 QM-Methoden zur Datenanalyse

Auch bei den Methoden zur Datenanalyse gilt das Gleiche wie bei der Datenerfassung, die Komplexität der Methoden ist sehr unterschiedlich. Wir erläutern nicht alle, sondern konzentrieren uns auf die komplexeren Methoden.

Werkzeuge und Methoden	Beschreibung	Prozess
Kosten-Nutzen-Analyse	Siehe Erläuterung unten	Qualität planen
Qualitätskosten	Siehe Erläuterung unten	Qualität planen
Alternativenanalyse	Methode, um verschiedene Optionen zu bewerten, um zu entscheiden welche Qualitätsoptionen oder -ansätze am besten verwendet werden	Qualität managen
Dokumentenanalyse	Analyse von Dokumenten, z.B. Qualitätsberichte, um Erkenntnisse für Verbesserungen zu erhalten	Qualität managen
Prozessanalyse	Siehe Erläuterung unten	Qualität managen
Fehler-Ursachen-Analyse	Analyse zur Identifizierung und Beseitigung der Grundursache eines Problems	Qualität managen, Qualität lenken
Leistungsbeurteilungen	Ermitteln, Vergleichen und Analysieren von Messwerten mit den definierten Qualitätskennzahlen	Qualität lenken

Tabelle 8.3: Werkzeuge und Methoden zur Datenanalyse

Kosten-Nutzen-Analyse

»Quality is free« ist eine Aussage von Crosby, die in die Richtung der Kosten-Nutzen-Analyse zielt. Denn »Quality is free« bedeutet nicht, dass Qualität nichts kosten darf, sondern, dass der Nutzen von qualitätsbezogenen Maßnahmen die Kosten dafür übersteigen muss.

So weit die Theorie. In der Praxis gestaltet sich die Kosten-Nutzen-Analyse schwierig, wenn der Nutzen nicht eindeutig bewertet werden kann. Oder können Sie genau beziffern, welchen Wert eine Erhöhung der Kunden- bzw. Mitarbeiterzufriedenheit hat?

Qualitätskosten

Unter Qualitätskosten bzw. nach der deutschen DIN-Norm 8402 korrekterweise qualitätsbezogenen Kosten versteht man die Kosten, die anfallen, damit die definierten Qualitätsanforderungen erfüllt werden, bzw. die Verluste, die entstehen, wenn die erforderliche Qualität nicht erreicht wird.

Abbildung 8.1 zeigt, in welche Kostenkategorien Qualitätskosten aufgeteilt werden. In der Praxis haben sich dabei vor allem zwei Ansichten etabliert:

1. Betrachtung der **Konformitätskosten**, das heißt **Kosten der Übereinstimmung** (Erfüllung), bzw. der **Nonkonformitätskosten**, das heißt **Kosten der Abweichung** (Nichterfüllung). Diese Sichtweise geht auf Crosby zurück.

2. Einteilung der Kosten nach dem Zweck ihres Einsatzes: **Vorbeuge-, Prüf- und** (interne und externe) **Fehlerkosten**. Diese Betrachtungsweise ist international weit verbreitet und spiegelt sich auch in der DIN-Norm 5530-11 wider.

In der Prüfung sollten Sie auf Fragen zu beiden Sichtweisen gefasst sein, da beide in der Praxis eingesetzt werden.

Abbildung 8.1: Qualitätskosten

Frage

Was schätzen Sie, wie viel Prozent der Qualitätskosten werden direkt vom Management verantwortet?

Antwort

Ganz genau lässt sich diese Frage natürlich nicht beantworten, aber nach Deming sind es ca. 85 Prozent.

Prozessanalyse

Die Prozessanalyse ist eng mit den »Lessons Learned«, den gewonnenen Erkenntnissen verknüpft. Ziel der Prozessanalyse ist es, systematisch und regelmäßig zu überprüfen, ob Probleme aufgetreten sind – und wenn ja, die Ursachen zu analysieren und Korrektur- und Vorbeugemaßnahmen zu definieren.

8.3.3 QM-Methoden zur Datendarstellung

In der sechsten Ausgabe des PMBOK Guide findet man die bisher vorhandene Nennung der sieben Standardwerkzeuge des Qualitätsmanagements nicht mehr, sondern diese Methoden sind (fast) alle »nur« noch als Methoden der Datendarstellung aufgeführt. Da wir jedoch davon ausgehen, dass in den Prüfungsfragen analog zur weiterführenden Literatur im Bereich Qualitätsmanagement weiterhin die Standardwerkzeuge eine Rolle spielen, werden wir in der folgenden Tabelle die Methoden auflisten und die Standardwerkzeuge erläutern.

Werkzeuge und Methoden	Beschreibung	Prozess
Logisches Datenmodell	Visuelle Darstellung der Daten einer Organisation, unabhängig von einer bestimmten Technologie	Qualität planen
Mindmapping	Visuelle Ordnung von Informationen, z.B. zur Darstellung der Zusammenhänge von Anforderungen oder Beschränkungen	Qualität planen
Flowcharts	Darstellung von System- oder Prozessabläufen, auch Flussdiagramm oder System-/Prozess-Ablaufdiagramm genannt	Qualität planen, Qualität managen

Tabelle 8.4: Werkzeuge und Methoden zur Datendarstellung

Werkzeuge und Methoden	Beschreibung	Prozess
Matrixdiagramme	Zeigen die Beziehungen zwischen zwei oder mehreren Komponenten auf. Unterstützen das Identifizieren von Qualitätskennzahlen.	Qualität planen, Qualität managen
Affinitätsdiagramme	Stellt Gruppierungen (Affinitäten) dar, um Beziehungen innerhalb der Gruppierungen zu visualisieren	Qualität managen
Histogramme	Darstellung von Messwerten in Form von nebeneinandergereihten Säulen. Ein Pareto-Diagramm ist eine Spezialform des Histogramms, bei dem die Säulen nach Größe sortiert sind (die größte Säule links) und das die Bedeutung einer Einheit zum Ganzen visualisiert.	Qualität managen, Qualität lenken
Streudiagramme	Darstellung der Beziehung zwischen zwei veränderlichen Größen (Variablen)	Qualität managen, Qualität lenken
Ursache-Wirkungs-Diagramme	Darstellung der Zusammenhänge zwischen Ursachen und ihrer Wirkung, auch bekannt als Fischgrätdiagramm oder Ishikawa-Diagramm	Qualität managen, Qualität lenken
Qualitätsregelkarten	Erläuterung siehe unten	Qualität lenken

Tabelle 8.4: Werkzeuge und Methoden zur Datendarstellung (Forts.)

Qualitätsregelkarten, Control Charts

Qualitätsregelkarten (QRK, *control charts*) werden als ein Basistool eingestuft, aber ihre Anwendung ist alles andere als einfach. Wir werden daher diese Methode etwas tiefer gehend erläutern. Qualitätsregelkarten werden in der *statistischen Prozesskontrolle* eingesetzt, im Allgemeinen für die Steuerung von Fertigungsprozessen, sie lassen sich jedoch auch auf Projektprozesse anwenden.

Es gibt verschiedene Arten von Qualitätsregelkarten und Einsatzmöglichkeiten. Aber keine Sorge, für die PMP-Prüfung müssen Sie nicht zum Experten in der statistischen Prozesskontrolle werden. Wir geben Ihnen im Folgenden eine (ganz) kurze Einführung in den Einsatz von Qualitätsregelkarten, damit Sie das für die PMP-Prüfung nötige Wissen erlangen. Nicht mehr – aber auch nicht weniger. Die Erläuterungen haben daher auch nicht den Anspruch, wissenschaftlich »wasserdicht« zu sein, sondern sie sollen Ihnen das Thema umgangssprachlich näherbringen.

Die Qualitätsregelkarte ist ein grafisches Hilfsmittel, um einen Prozess über einen Zeitraum hinweg fortlaufend zu beobachten. In die Qualitätsregelkarte werden statistische Größen wie z.B. Mittelwert und Streuung von Stichproben eingetragen. Aus dem Verlauf dieser Größen kann dann auf Unregelmäßigkeiten geschlossen und entsprechend eingegriffen werden. Qualitätsregelkarten können für Merkmale angewandt werden, bei denen davon auszugehen ist, dass die Messwerte normalverteilt sind, und um einen Mittelwert streuen.

In Abbildung 8.2 sehen Sie die wichtigsten Kennzeichen einer QRK.

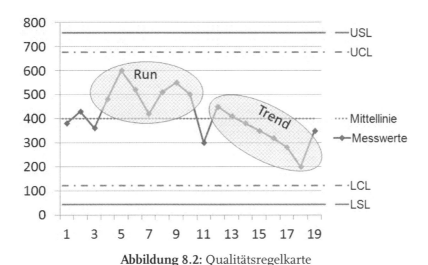

Abbildung 8.2: Qualitätsregelkarte

- Die Kreuze zeigen die Messwerte.
- Die Linien USL (Upper Specification Limit) bzw. LSL (Lower Specification Limit) definieren die obere bzw. untere Spezifikations-/Toleranzgrenze.

Welche Spezifikationsgrenzen gesetzt werden, hängt von den Anforderungen des Unternehmens ab; meistens liegen sie bei + bzw. −3 Sigma.

▣ Die gestrichelten Linien UCL (Upper Control Limit) bzw. LCL (Lower Control Limit) definieren die obere bzw. untere Eingriffs- bzw. Warngrenze.

▣ Die fein gepunktete Linie kennzeichnet die Mitte (*Mean, Average*), die den Durchschnitt der erwarteten Werte darstellt.

▣ Es gibt auch noch Qualitätsregelkarten, in denen weitere Bereiche eingezeichnet werden.

Eingreifen muss man, wenn eine der folgenden Situationen vorliegt:

▣ Ein Punkt liegt außerhalb der Spezifikationsgrenzen. Dann entspricht der gemessene Wert nicht mehr den Vorgaben. Die Ursache hierfür muss untersucht und der Prozess angepasst werden.

▣ Ein Punkt liegt außerhalb der Warngrenzen. Dann entspricht der gemessene Wert zwar noch den Vorgaben, aber es sollte untersucht werden, warum der Messpunkt so weit vom Mittelwert entfernt ist und/oder ob eine Korrektur des Prozesses nötig ist. Wird eine *Warngrenze* überschritten, wird meistens eine zweite Stichprobe genommen.

▣ Die Punktefolge ist ungewöhnlich. Das heißt, es gibt eine Reihe von Werten in Folge, die nicht zufällig zwischen den Grenzen streuen. Oft wird die *Rule of seven* angewendet: Hierbei liefern sieben aufeinanderfolgende Messungen

   – (fast) linear ansteigende oder abfallende Messwerte (Trend).

   – nur Werte oberhalb bzw. unterhalb der Mitte (Run).

Wenn mindestens eine der drei geschilderten Situationen vorliegt, dann ist der Prozess »außer Kontrolle«, das heißt nicht beherrscht.

8.3.4   Weitere QM-Methoden

Auch Besprechungen bzw. **Meetings** sind Qualitätsplanungstools. Workshops, um Risiken zu identifizieren, oder ein Kick-off-Meeting, um die Stakeholder über die Projektziele zu informieren, sind vorbeugende Maßnahmen, um den Projekterfolg sicherzustellen. Darauf, wie Besprechungen organisiert sein sollen, gehen wir im Kapitel »Kommunikationsmanagement« näher ein.

Im Folgenden wollen wir Ihnen noch eine Übersicht über Methoden im Qualitätsmanagement geben, die auch über die im PMBOK Guide genannten Methoden und Werkzeuge hinausgehen, nichtsdestotrotz dennoch prüfungsrelevant sein können.

Statistische Versuchsplanung

Die statistische Versuchsplanung (SVP, Design of Experiments = DoE) wird bei der Optimierung von Prozessen und bei der Neuentwicklung von Produkten eingesetzt. Diese Methode kennzeichnet, dass sie mit einer minimalen Anzahl von Versuchen ein Prozessmodell entwickelt, das die Einflussfaktoren (= unabhängige Variablen) und Zielgrößen (= abhängige Variablen) darstellt.

Wollen Sie zum Beispiel mit Ihrem Projekt eine neue Brotsorte entwickeln, dann hängt die Qualität Ihres Brotes nicht nur von den verschiedenen Zutaten ab, sondern auch von weiteren Einflussgrößen wie z.B. Rührdauer und -geschwindigkeit sowie Backtemperatur und -dauer.

Mit SVP wird jetzt nicht nur untersucht, unter welchen Bedingungen das Brot optimal gelingt, sondern auch, welche Parameteränderungen das Ergebnis besonders beeinflussen bzw. welche Faktoren keinen Einfluss auf das Ergebnis haben.

Die **Versuchsplanung nach Taguchi** ist eine besondere Strategie der statistischen Versuchsplanung, die darauf abzielt, Erkenntnisse zur Gestaltung »robuster« Produkte und Prozesse zu gewinnen. Robuste Systeme zeichnen sich durch eine geringe Anfälligkeit gegenüber Störgrößen aus.

Design for x

Mit Design for X (DfX) wird eine Vorgehensweise in der Produktentwicklung beschrieben, die die verschiedenen Einflussgrößen auf die Produkteigenschaften und die oft widersprüchlichen Anforderungen an ein zu entwickelndes Produkt beschreibt. Ziel ist es, den bestmöglichsten Kompromiss zu finden. Dabei steht das X stellvertretend für die unterschiedlichen Aspekte, z. B. für Design for Cost, Manufacturing, Quality ...

Qualitätsaudits

Ein Qualitätsaudit bzw. **Audit** ist eine besondere Prüfung, die auch international genormt ist. Unter *Prüfung* versteht man allgemein eine Tätigkeit, bei der ein oder mehrere Merkmale einer Einheit untersucht bzw. gemessen und die Ergebnisse mit den festgelegten Forderungen verglichen werden, um festzustellen, ob Konformität für jedes Merkmal erzielt ist. Je nach Anwendungsbereich oder Unternehmen werden für Prüfungen spezielle Begriffe wie Abnahmetest, Design Review oder Endkontrolle verwendet.

Ein Audit überprüft, ob ein Soll- und ein Ist-Zustand übereinstimmen. Der Soll-Zustand wird dabei durch Vorgabedokumente wie zum Beispiel Projektmanagementplan, QM-Plan oder Spezifikationen festgelegt. Es gibt drei Arten von Audits: Produkt-, Verfahrens- und Systemaudits. Der Ist-Zustand wird dabei jeweils durch Befragungen, Prüfungen und ggf. Messungen ermittelt und in sogenannten Qualitätsaufzeichnungen dokumentiert. Qualitätsaufzeichnungen sind Nachweis- oder Ergebnisdokumente und halten fest, »was getan wurde«. Ziel von Audits ist es, Verbesserungen zu erkennen, nicht Schuldige zu suchen!

Frage

Welchem Prozess im Qualitätsmanagement würden Sie Audits zuordnen?

Antwort

Bei einem Audit wird der Status des Projekts bzw. eines Teils eines Projekts ermittelt und mit den Planvorgaben verglichen, um zu überprüfen, ob die definierten Vorgehensweisen adäquat und wirksam sind – eindeutig eine Aktivität im Rahmen des Prozesses »Qualität managen«.

Das Besondere an Audits ist weiterhin, dass sie immer von einem unabhängigen Auditor durchgeführt werden. Der Auditor muss dabei nicht von einem externen Unternehmen kommen. Es kann auch ein Kollege/eine Kollegin aus einem anderen Bereich sein. Wichtig ist nur, dass er Sachverstand hat, methodisch vorgeht und keine Verantwortung in Bezug auf die auditierte Einheit hat bzw. betroffen ist.

Prozessanalyse

Die Prozessanalyse ist eng mit den »Lessons Learned«, den gewonnenen Erkenntnissen verknüpft. Ziel der Prozessanalyse ist es, systematisch und regelmäßig zu überprüfen, ob Probleme aufgetreten sind – und wenn ja, die Ursachen zu analysieren und Korrektur- und Vorbeugemaßnahmen zu definieren.

Kennzahlen von Prozessen

Zur Bewertung der Qualität von Prozessen gibt es verschiedene Kennzahlen. Die bekanntesten wollen wir Ihnen im Folgenden erläutern:

- **Yield (Y):** Ausbeute, die ein Prozessschritt liefert, ohne Berücksichtigung der Nacharbeit. Y = fehlerfreie Einheiten / alle Einheiten
- **Final Yield (FY):** Ausbeute, die der Gesamtprozess liefert, ohne Berücksichtigung der Nacharbeit. FY = fehlerfreie Einheiten / alle Einheiten
- **First Pass Yield (FPY) oder Throughput Yield (TPY):** Ausbeute, die ein Prozessschritt liefert, wenn keine Nacharbeit geleistet wird. FPY = fehlerfreie Einheiten ohne Nacharbeit / alle Einheiten
- **Rolled Throughput Yield (RTY):** Ausbeute des Gesamtprozesses ohne Nacharbeit. RTY = FPY (Prozess 1) * FPY (Prozess 2) * FPY (Prozess n)

Da diese Kennzahlen erfahrungsgemäß für viele Projektmanager unbekannt sind, wollen wir sie mit einem Beispiel erklären und grafisch darstellen (siehe Abbildung 8.3).

In einem Unternehmen werden Regalbretter hergestellt. Im ersten Prozess(schritt) werden die Bretter zugesägt, im zweiten Prozess(schritt) abgeschliffen und im dritten Prozess(schritt) mit Klarlack gestrichen.

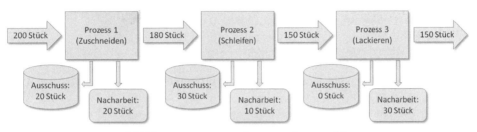

Abbildung 8.3: Beispiel Prozesskennzahlen

In unserem Beispiel gehen 200 Bretter in die Verarbeitung ein:

Bei dem Zuschneiden werden

- 20 Bretter zu lang abgesägt, sie müssen nachgesägt und auf die richtige Länge gekürzt werden → Nacharbeit
- 20 Bretter zu kurz abgesägt und können nicht weiter verwendet werden → Ausschuss
- Yield = 180 / 200 = 90,0 Prozent First Pass Yield = 160 / 200 = 80,0 Prozent

Das heißt, es sind noch 180 Bretter übrig, die im nächsten Schritt abgeschliffen werden. Dabei

- ist bei 10 Brettern die Oberfläche nach dem ersten Schliff noch zu rau und die Bretter werden ein zweites Mal abgeschliffen → Nacharbeit
- werden 30 Stück aussortiert, weil sie zu viele Astlöcher haben → Ausschuss
- Yield = 150 / 180 = 83,3 Prozent First Pass Yield = 140 / 180 = 77,8 Prozent

Damit bleiben noch 150 Bretter übrig, die mit Klarlack bestrichen werden. Bei 120 Brettern reicht ein Anstrich,

- bei 30 Brettern ist ein weiterer Anstrich notwendig → Nacharbeit
- Yield = 150 / 150 = 100 Prozent First Pass Yield = 120 / 150 = 80 Prozent

Für den Gesamtprozess ergeben sich folgende Werte:

- Final Yield = 150 / 200 = 75 Prozent
- Rolled Throughput Yield = 0,800 * 0,778 * 0,800 = 0,498

Das heißt, mit einer Wahrscheinlichkeit von 49,8 Prozent erhalten wir am Ende des Prozesses ein lackiertes Regalbrett, an dem keine Nacharbeit notwendig war.

Prozesskennzahlen werden natürlich am häufigsten in Produktionsprozessen verwendet, aber sie lassen sich auch einsetzen, um administrative Prozesse zu untersuchen.

Kraftfeldanalyse (force field analysis)

Eine Kraftfeldanalyse kann eingesetzt werden, wenn eine gegebene Situation geändert werden soll. Sie ist eine einfache Methode, die untersucht, welche **helfenden bzw. hindernden Kräfte** (auch Vor- und Nachteile) auf ein System wirken.

Nominale Gruppentechnik

Zuerst werden in kleinen Gruppen Themen erörtert, diskutiert und ausgearbeitet. Dies geschieht meist in Workshops und nach den Regeln des Brainstormings. Die Ergebnisse werden dann von einer anderen Gruppe (oder auch von der Gesamtheit aller Teilgruppen) überprüft und bewertet.

6W-Methode(Voice of the customer)

Die 6W-Methode analysiert die Anforderungen (die Stimme) des Kunden, indem sechs W-Fragen gestellt werden: Wer, Was, Wie, Wann, Wo und Warum?

Quality Function Deployment (QFD)

QFD ist eine durchgängige Planungsmethode, um die Bedürfnisse der Kunden zu verstehen, zu steuern und umzusetzen. Mit ihr wird sichergestellt, dass das Projektprodukt mit den Anforderungen übereinstimmt (das heißt, die Leistungen erfüllt, für die es konzipiert war) und gebrauchstauglich ist (das heißt echte Bedürfnisse erfüllt). Bei einer vollständigen QFD durchläuft jede Produktentwicklung zunächst eine Basisphase, in der Kundenanforderungen ermittelt werden, und im Anschluss vier weitere Phasen, wobei für jede Phase ein »House of Quality« entwickelt wird.

Just-in-Time (JIT)

Eine Unternehmenskonzeption, bei der die Termine für Zulieferung und Produktion genau aufeinander abgestimmt werden, um zusätzliche Kosten für die Lagerung zu vermeiden.

Kanban-System

Wird neuerdings mit agilen Projekten in Verbindung gebracht, kommt allerdings aus einer ganz anderen Ecke: Ein System, das zur Fertigungssteuerung

8

bei Just-in-Time eingesetzt wird. Basiert auf Karten und einer Kanban-Tafel, die Engpässe im Durchlauf visualisiert.

Grenzanalyse (Marginal Analysis)

Mit ihrer Hilfe berechnet man – vereinfacht ausgedrückt –, bei welchem Qualitätslevel der Aufwand dem Ertrag entspricht.

Fehlermöglichkeits- und -einflussanalyse (FMEA)

FMEA ist eine Methode, um systematisch mögliche Probleme und deren Risiken zu ermitteln und zu dokumentieren sowie ihre Auswirkungen abzuschätzen und Maßnahmen zu definieren. Ein Kernpunkt der FMEA ist, für jeden aufgedeckten potenziellen Fehler eine Risikoprioritätszahl (RPZ) zu bestimmen, wobei die Risiken mit einer hohen RPZ vorrangig behandelt werden. Das heißt, immer wenn in einer Frage der Begriff *Risikoprioritätszahl* auftaucht, lässt dies auf eine FMEA schließen. Der Einsatz einer FMEA ist immer eine Vorbeugemaßnahme.

Balanced Scorecard

ist ein Bewertungs- und Managementsystem zur umfassenden Beurteilung der Unternehmensentwicklung. Es enthält Kennzahlen aus den vier Bereichen: (1) Finanzen, (2) Kunden und Markt, (3) Interne Prozesse, (4) Lernen und Wachstum.

8.4   Prüfungsfragen

Zusätzliche und beispielhafte Prüfungsfragen zu diesem Kapitel finden Sie im Internet unter der Adresse: *www.wuttke.team/pmp-examen-das-buch*

9 Ressourcenmanagement in Projekten

Der Erfolg eines Projekts hängt maßgeblich von den Personen ab, die es durchführen. Nur wenn der Projektmanager und die Teammitglieder angemessen qualifiziert und motiviert sind, ist die Basis für eine erfolgreiche Projektarbeit geschaffen.

Im PMBOK Guide werden die Fragen rund um die Zusammenstellung und Zusammenarbeit des Teams hauptsächlich in Kapitel 9, »Ressourcenmanagement«, behandelt. Aber auch andere Kapitel enthalten Aspekte dieses Themas. Zum Beispiel hat die Organisationsform eines Unternehmens (siehe Kapitel 3) meist Auswirkungen auf die Zusammenstellung des Teams und Zusammenarbeit im Team.

Auch wenn sich zwei Prozesse dieses Wissensgebiets mit dem Entwickeln und Managen des Projektteams beschäftigen, beziehen sich die grundsätzlichen Überlegungen zum Ressourcenmanagement und die anderen vier Prozesse dazu sowohl auf personelle als auch physische Ressourcen, z.B. Material, Einrichtungen und Infrastruktur.

Wir haben uns ebenfalls in Kapitel 3 mit der Rolle des Projektmanagers auseinandergesetzt. In diesem Wissensgebiet wird jetzt darauf eingegangen, welche Aktivitäten der Projektmanager durchführen muss, damit die benötigten Ressourcen zum richtigen Zeitpunkt am richtigen Ort zur Verfügung stehen, um das Projekt erfolgreich durchzuführen.

Wenn Sie die von PMI geforderten Kriterien für die Zulassung zur PMP-Prüfung erfüllen, dann verfügen Sie bereits über einige Berufs- und Projekterfahrung und gehen bestimmt davon aus, dass diese Erfahrung Ihnen die Beantwortung der Fragen erleichtert. Aber Vorsicht: Ihre Erfahrung muss nicht notwendigerweise deckungsgleich mit dem theoretisch bestmöglichen Weg sein. Beantworten Sie die Fragen daher nicht nur aus Ihrem Erfahrungsschatz heraus, sondern trainieren Sie den notwendigen Transfer.

Am besten lässt sich dieser Rat am Beispiel verschiedener Führungsstile erläutern: Um die geeignete Reaktion auf das Verhalten eines Mitarbeiters zu ermitteln, müssen Sie sowohl Ihre als auch seine Reaktion einordnen. Was aber, wenn Sie sowohl Ihre Art zu führen als auch seine Art, darauf zu reagieren, fehlinterpretieren? Sie nehmen einen Vergleich mit der Praxis und Ihrer Erfahrung vor und bewerten die Situation danach, wie Sie handeln würden. Das kann in der Praxis erfolgreich sein, muss aber nicht unbedingt die beste Lösungsmöglichkeit sein.

In der Prüfung wird aber nach der besten Lösungsmöglichkeit gesucht. Nähern Sie sich daher dem Ideal an, indem Sie im Vorfeld Ihre eigenen Verhaltensweisen im Projektalltag noch einmal nach den Kriterien der Theorie bewerten. Es fällt Ihnen dann leichter, den Unterschied festzustellen und damit auch die richtige Antwortmöglichkeit herauszufinden.

Bedenken Sie außerdem, dass viele Begriffe aus dem Bereich Ressourcenmanagement nicht genormt sind und in der Vielzahl von Veröffentlichungen, die es zu diesem Thema gibt, häufig in unterschiedlichem Kontext verwendet werden. Ausschlaggebend sind die von PMI verwendeten Definitionen.

9.1 Prozesse des Ressourcenmanagements

Ressourcenmanagement in Projekten umfasst sechs Prozesse:

1. **Ressourcenmanagement planen (Prozess 9.1)** – Der Prozess, in dem festgelegt wird, welche personellen und andere Ressourcen im Projekt benötigt werden und wie diese beschafft, gemanagt und im Projekt eingesetzt werden.

2. **Ressourcen für Vorgänge schätzen (Prozess 9.2)** – Der Prozess der Schätzung, welche personellen und physischen Ressourcen in welcher Menge benötigt werden.

3. **Ressourcen beschaffen (Prozess 9.3)** – Dies ist der Prozess, der dafür sorgt, dass dem Projekt die benötigten Ressourcen zur Verfügung stehen.

4. **Projektteam entwickeln (Prozess 9.4)** – In diesem Prozess geht es um die Verbesserung der Kompetenzen, Teaminteraktion und die gesamte Teamumgebung, mit dem Ziel, die Projektleistung zu steigern.

5. **Projektteam managen (Prozess 9.5)** – Managen heißt vor allem Leistungs-messung und den »Weg freimachen« und erfordert vor allem Sozialkom-petenz und Führungsqualitäten.

6. **Ressourcen steuern (Prozess 9.6)** – Der Prozess dient der Sicherstellung, dass die Ressourcen wie geplant zur Verfügung stehen, und der Überwa-chung, ob sie wie geplant eingesetzt werden.

Diese Prozesse stehen miteinander in Beziehung und bauen aufeinander auf. Wir stellen die einzelnen Prozesse folgend kurz vor. Im Anschluss daran wer-den wir auf verschiedene Aspekte näher eingehen.

9.1.1 Ressourcenmanagement planen

Das Ressourcenmanagement im Projekt hängt von verschiedenen Faktoren ab. Neben der gegebenen Aufbauorganisation des Unternehmens sind dies z.B. auch Größe des Projekts, Zusammenarbeit mit dem Auftraggeber, Einbe-ziehung von Subunternehmern und die fachliche Qualifikation der Mitarbei-ter. Und vor allem auch, was für ein Produkt durch das Projekt erstellt wird, denn davon hängt der Bedarf an physischen Ressourcen ab. Ein Projekt, das ein Konzept erstellt, hat naturgemäß einen anderen Ressourcenbedarf an Materialien als ein Bau-Projekt.

Methoden, die in diesem Prozess eingesetzt werden, dienen vor allem der Darstellung von Daten, wie z.B. Organigramme und Verantwortlichkeitsmat-rix.

Die **Verantwortlichkeitsmatrix** (responsibility matrix) stellt dar, wer was im Projekt macht bzw. machen soll und darf. Normalerweise enthält die Matrix nicht nur Informationen über die zu erfüllenden Aufgaben und die zugeord-neten Ressourcen, sondern auch darüber, wie die Ressourcen an der Aufgabe beteiligt sind, ob sie Verantwortung für die Aufgabe tragen, sie durchführen oder nur über den Status informiert werden sollen. Wir unterscheiden die reine Verantwortlichkeitsmatrix (Responsibility Assignment Matrix, RAM) oder die rollenbasierte Verantwortlichkeitsmatrix (Responsible/Accountable/Consult/Inform, RACI).

Dokumentiert werden die Festlegungen des Prozesses »Ressourcenmanage-ment planen« in zwei Dokumenten:

1. Ressourcenmanagementplan

Der Ressourcenmanagementplan ist Teil des Projektmanagementplans und beschreibt, wie Projektressourcen im Projekt kategorisiert, zugewiesen, gemanagt und wieder freigestellt werden. Wenn ein Projekt viele physischen Ressourcen benötigt, kann es sinnvoll sein, den Plan in zwei Teile zu gliedern, in den **Teammanagementplan** und den **physischen Ressourcenmanagementplan**.

Der Ressourcenmanagementplan kann folgende Punkte enthalten:

– Beschreibung, wie die benötigten Ressourcen und ihr Qualifikation ermittelt wird

– Dokumentation der *Aufgaben und Verantwortlichkeiten*, z.B. durch Rollenbeschreibungen

– *Projektorganigramme* zur Darstellung der hierarchischen Berichtswege

– Festlegungen, wie *Ausbildungsbedarf* bei Teammitgliedern erkannt und gedeckt wird

– Festlegungen, wie das *Projektteam zusammengestellt werden soll* (die tatsächliche Zusammenstellung erfolgt dann im Prozess 9.3)

– Festlegungen, welche Teamentwicklungsaktivitäten durchgeführt werden

– Vorgehensweise, wie die *Freistellung der Projektmitarbeiter* erfolgt, wenn ihre Projektaufgaben durchgeführt sind bzw. an wen die *physischen Ressourcen* wie *zurückgegeben* werden

– Festlegungen, ob *Schulungsbedarf* bei Mitarbeitern besteht und wie dieser Bedarf erfüllt wird

– Planungen, ob und welche *Anerkennungen und Belohnungen* für Mitarbeiter ausgesprochen werden

2. Teamauftrag

Der Teamauftrag ist ein Dokument, aus dem die Werte, Vereinbarungen und Arbeitsleitlinien des Teams hervorgehen. Er kann u.a. Vereinbarungen enthalten, wie Entscheidungen im Team getroffen, wie Konflikte gelöst werden oder welche »Spielregeln für die Zusammenarbeit« definiert wurden. Ziel des Dokuments ist es, ein gemeinsames Verständnis über die Erwartungen an ein angemessenes und akzeptables Verhalten zu erhalten.

9.1.2   Ressourcen für Vorgänge schätzen

Damit die Terminplanvorgänge abgearbeitet werden können, müssen Ressourcen eingesetzt werden. *Ressourcen* sind hierbei nicht auf Personen beschränkt, sondern bedeutet wie oben erläutert auch Maschinen, Waren etc.

Aufgabe

Überlegen Sie, zu welchen Wissensgebieten bzw. Prozessen Wechselwirkungen bestehen könnten.

Antwort

Wenn Ressourcen extern beschafft werden müssen, ist das Beschaffungsmanagement involviert. Da die Kosten für die benötigten Ressourcen geschätzt und Budget bereitgestellt werden muss, ist das Kostenmanagement betroffen und es gibt eine Wechselwirkung mit dem Wissensgebiet »Terminmanagement«, da sich die Ressourcenverfügbarkeit auf die Ablaufplanung und die Vorgangsdauer auswirkt.

Die Methoden, die zur Schätzung der benötigten Ressourcen eingesetzt werden, kennen Sie bereits aus dem Termin- und Kostenmanagement, z.B. die *Bottom-Up-Schätzung*, *Analogie-Schätzung* und *Parametrische Schätzung*.

Als Ergebnis liefert der Prozess »Ressourcen für Vorgänge schätzen« die **Ressourcenanforderungen** für das Projekt. Diese können in einem **Ressourcenstrukturplan** kategorisiert werden.

Ressourcenstrukturplan

Ein Ressourcenstrukturplan (*Resource Breakdown Structure, RBS*) ordnet die zur Verfügung stehenden Ressourcen nach ihrem Wissensstand bzw. ihrem Können oder ihrer Ausbildung. Somit erlaubt die RBS eine spezielle Sicht auf die Mitarbeiter, die keineswegs unbedingt mit einem Organigramm (*Organizational Breakdown Structure, OBS*) identisch sein muss.

Vorsicht

Verwechseln Sie nicht RBS mit RBS. RBS kann auch »Risk Breakdown Structure« bedeuten. Wie erkennen Sie den Unterschied? Nur aus dem Zusammenhang!!

9.1.3 Ressourcen beschaffen

Der Prozess »Ressourcen beschaffen« beschäftigt sich mit der Frage, wie die benötigten Ressourcen dem Projekt auch tatsächlich zur Verfügung gestellt werden. Es kann im Projekt sogenannte **Vorabzuweisungen** geben, wenn der Kunde z.B. den Einsatz von bestimmten Mitarbeitern zugesagt bekommen hat oder das Projekt bestimmte Qualifikationen erfordert, die nur ein Spezialist im Unternehmen aufweist. Aber nicht nur Personen können vorab zugewiesen werden. Wenn ein Unternehmen z.B. nur über eine begrenzte Anzahl von Maschinen verfügt, dann kann auch hierfür eine Vorabzuweisung zum Projekt erfolgen.

Ein typisches Projektproblem ist jedoch, dass die Anforderungen an die Ressourcen zwar detailliert ermittelt und dokumentiert wurden, dass aber der vorhandene Ressourcenbestand einerseits knapp ist und der Projektmanager mit anderen Organisationseinheiten (z.B. personalverantwortlichen Linienvorgesetzten, anderen Projektmanagern) in **Verhandlungen** treten muss, um die gewünschten Ressourcen zu erhalten. Oder anders herum: Die verfügbaren Mitarbeiter besitzen z.B. nicht die geforderten Qualifikationen und müssen noch qualifiziert werden.

Wenn in der eigenen Organisation jedoch keine geeigneten Ressourcen zur Verfügung gestellt werden können, dann müssen externe Ressourcen **akquiriert** werden.

Werden dem Projekt nicht die geplanten Ressourcen zur geplanten Zeit und mit der geforderten Qualifikation zur Verfügung gestellt, kann und wird das meistens Auswirkungen auf andere Aspekte des Projekts haben, z.B. die Termin- und Kostenplanung.

Ebenso wird der Aspekt, ob die Teammitglieder an einem Ort zusammenarbeiten oder ein **virtuelles Team** bilden, das heißt an verschiedenen Standorten ihren Arbeitsplatz haben, auf andere Teile des Projektmanagementplans Auswirkungen haben.

Es gibt aber auch die Situation, dass es verschiedene potenzielle Projektteammitglieder gibt und eine Entscheidung getroffen werden muss, welche Personen am besten zu dem Projekt passen. Eine Entscheidungsgrundlage hierfür bildet eine **multikriterielle Entscheidungsanalyse**, die mehrere Kriterien berücksichtigt, z.B. Verfügbarkeit, Kosten, Erfahrung, Fähigkeit, Wissen, Qualifikationen, Haltung, organisatorische Faktoren wie Zeitzonenverschiebung, Verfügbarkeit von Kommunikationsmitteln, Flexibilität etc.

Ergebnis des Prozesses sind die **Zuweisungen der Ressourcen** und zwar

1. Die physischen Ressourcen
2. Die Projektteam-Zuweisungen

Werden am Anfang des Projekts eventuell noch generische Ressourcen, wie z.B. drei Senior-Entwickler, dokumentiert, stehen später nach Durchlauf des Prozesses nicht nur die Teammitglieder namentlich fest, sondern es wird auch in sogenannten »**Ressourcenkalendern**« dokumentiert, wann die Projektteammitglieder für das Projekt zur Verfügung stehen.

9.1.4 Projektteam entwickeln

»Projektteam entwickeln« ist ein sehr komplexer Prozess. Er befasst sich mit der Frage, wie aus einer Gruppe von Personen ein Team gebildet werden kann.

Frage

Was ist der Unterschied zwischen einer Gruppe und einem Team?

Antwort

Es gibt verschiedene Definitionen von Gruppe und Team, aber im Allgemeinen bezeichnet man mit *Gruppe* Personen, die aufgrund charakteristischer Merkmale zusammengehörig erscheinen. Ein *Team* ist eine Gruppe, die sich für ein gemeinsames Ziel engagiert und deren Mitglieder sich gegenseitig zur Verantwortung ziehen.

9

Auch der Methodenbaukasten für diesen Prozess ist gefühlt unendlich groß, und man sollte sich nicht darauf verlassen, dass nur stur nach den Werkzeugen des Prozesses gefragt wird, die im PMBOK Guide beschrieben sind. Die Teamentwicklung ist schließlich *die* Managementkompetenz schlechthin und ein enormer Erfolgsfaktor: für das Projekt, für das Team und für die Organisation!

Ein Erfolgsfaktor für ein erfolgreiches Team ist die **Motivation**, die Ziele zu erreichen. Näheres hierzu erfahren sie in Abschnitt 9.2.

Ein Ergebnis des Prozesses ist das Erkennen, inwieweit das Team gut zusammenarbeitet. Das klingt banal. Aber unserer Erfahrung nach wird in Projekten selten eine systematische **Leistungsbeurteilung auf individueller und auf Teamebene** (nicht des Projektfortschritts!) durchgeführt.

9.1.5   Projektteam managen

Sie werden sich vielleicht fragen: Worin liegt der Unterschied, ein Projektteam zu entwickeln und ein Projektteam zu managen?

Lassen Sie uns zuerst mit der Gemeinsamkeit anfangen. In beiden Fällen wird soziale Kompetenz benötigt. Denn in beiden Prozessen steht das »Miteinander« im Fokus.

Der Unterschied der Prozesse besteht darin, dass die Teamentwicklung zum Ziel hat, alle Voraussetzungen zu schaffen, dass die Mitarbeiter im Projekt gut miteinander arbeiten und somit sowohl individuell als auch als Team eine bestmögliche Leistung erbringen können.

Das Managen des Projektteams hat dagegen im Fokus, sicherzustellen, dass das Projektteam die Projektaufgaben effektiv löst. Während im Prozess »Projektteam entwickeln« die Zusammenarbeit des Teams bewertet wird und die **Teamleistungsbeurteilung** neben den **Arbeitsleistungsberichten** als Input in den Prozess »Projektteam managen« eingeht, wird in dem Prozess »Projektteam managen« die Leistung der einzelnen Mitglieder dahin gehend überwacht, welche Projektergebnisse sie erstellen, um bei Bedarf unterstützend eingreifen zu können.

Wie auch bei der Teamentwicklung gibt es für das Managen des Projektteams eine Vielzahl von Methoden und Werkzeugen. Der PMBOK Guide nennt zum Beispiel **Konfliktmanagement, Entscheidungsfindung, emotionale Intelli-**

genz, Beeinflussung und Führung. Was auf jeden Fall beim Managen des Projektteams gefordert ist, sind die **sozialen Kompetenzen** des Projektmanagers, um die Mitarbeiter zu führen, Stakeholder zu beeinflussen und Entscheidungen zu treffen, da der Projektmanager oft keine hierarchische Weisungsbefugnis gegenüber den Teammitgliedern hat.

Weitere Ausführungen zu den Werkzeugen und Methoden im Bereich sind in Abschnitt 9.2 beschrieben.

9.1.6   Ressourcen steuern

Mit dem Prozess »Ressourcen steuern« soll sichergestellt werden, dass die geplanten und dem Projekt zur Verfügung gestellten Ressourcen zum richtigen Zeitpunkt, mit der notwendigen Dauer und am richtigen Ort zur Verfügung stehen. Wenn Ressourcen nicht durch ihren Einsatz im Projekt verbraucht wurden, sollten sie nach ihrem Einsatz bzw. wenn sie länger nicht gebraucht werden, wie geplant freigegeben werden.

Wie in den anderen Steuerungsprozessen auch, gehen in den Prozess »Ressourcen steuern« nicht nur der **Projektmanagementplan**, insbesondere der Part Ressourcenmanagementplan ein, sondern auch die Projektdokumente, die Auskunft über Planungs- und Ist-Daten über den Ressourceneinsatz geben. Für den Ressourceneinsatz spezifisch sind hier **Zuweisung physischer Ressourcen**, **Ressourcenstrukturplan**, **Ressourcenanforderungen**. Aber auch getroffene **Vereinbarungen** und der **Terminplan** sind relevante Eingangswerte, um als Ergebnis **Informationen über die Arbeitsleistung zu** ermitteln.

9.2   Führen im Projektteam

9.2.1   Arten von Macht

Die persönliche Art zu führen bzw. zu managen hängt von den Macht- und Einflussquellen ab, die der Person zur Verfügung stehen. Vereinfacht ausgedrückt, ist das Ziel von Führung und Management, dass Dinge erledigt werden. In einer Matrixorganisation hat der Projektmanager in der Regel keine formale oder auch Positionsmacht. Viele Projektmanager empfinden dies als Nachteil, der in Wirklichkeit keiner ist. Wer sich auf diesem Gebiet üben möchte, dem sei eine Position als Vereinsvorsitzender empfohlen, der seine Mitglieder zum Arbeitsdienst am kommenden Samstag »motivieren« soll.

Dieses Problem ist einem Projektmanager nicht unbekannt. Hilft hier wirklich die Positionsmacht?

Wir kennen u.a. folgende »Mächte«:

- **Expertenmacht** (*expert power*), basiert auf Fachkompetenz, Erfahrung und Fachautorität. Expertenmacht ist eine der guten Mächte.

- **Identifikationsmacht** (*referent power*), dazu zählen Persönlichkeit, Charisma, Würde und Respekt vor anderen sowie persönliche Autorität und Commitment. Das ist die stärkste und beste Macht, die jemand besitzen und einsetzen kann. Hat übrigens jeder, muss nicht zugewiesen werden. Könnte man auch umschreiben mit »mit Begeisterung bei der Sache sein«. Die Geheimwaffe des Projektmanagers (und im Leben).

- **Informationsmacht** (*informational power*), aufgrund des Zugangs zu wichtigen Informationen. Volksmund: Wissen ist Macht. Eher schwache Macht.

- **Positions- oder formale Macht** (*positional power*), Legitimation aus der Rolle in der Organisation, Amtsautorität. Wird fälschlicherweise als die wahre und gute Macht angesehen (meist von Leuten, die sie noch nie hatten), ist in Wirklichkeit aber eher schwach. Bestätigt jeder Abteilungsleiter.

- **Belohnungsmacht** (*reward-oriented power*), ergibt sich aus der Möglichkeit, Beförderungen oder sonstige Vergünstigungen zu verschaffen. Eher schwache Macht.

- **Beziehungsmacht** (*relational power*) (auch Vitamin B genannt), ergibt sich aus den Verbindungen mit einflussreichen Personen innerhalb und außerhalb der Organisation. Eher schwache Macht.

- **Sanktionsmacht** (*punitive or coercive power*), ergibt sich aus der Möglichkeit, Druck auszuüben und negative Konsequenzen herbeizuführen. Ganz schlechte Wahl.

- **Situationsmacht**(*situational power*), ergibt sich aus einer bestimmten Situation, z.B. einer Krise.

9.2.2 Individuelle Rollen von Teammitgliedern

Dieser Abschnitt beschäftigt sich mit den individuellen Rollen der Teammitglieder bezogen auf das Team. Denn immer, wenn eine Gruppe von Menschen ein Ziel verfolgt, bilden sich verschiedene Rollen heraus, die einzelne Personen wahrnehmen. Achten Sie daher bei Fragen in der Prüfung immer darauf, auf welches Rollenverständnis die Frage abzielt.

Frage

Was meinen Sie, wie ist »Rolle« in diesem Zusammenhang definiert?

Antwort

Die *Rolle* ist die Summe der Erwartungen, die andere an eine Person (bzw. eine Einheit) stellen bzw. die diese Person an sich selbst und ihr Verhalten stellt. Eine Person übernimmt z.B. schnell die Führung, eine andere sorgt durch Witze für eine gute Stimmung, eine dritte merkt sehr genau, wenn es einem Teammitglied nicht gut geht, und bei einer vierten Person entsteht rasch Ungeduld, wenn Person 2 das Wort ergreift.

9

Rollen entstehen aufgrund mehrerer Kriterien:

- persönliche Erfahrungen
- innere Einstellung und Werte

Gruppenrollen können nach verschiedenen Kriterien definiert werden. Die folgenden Auflistungen müssen Sie nicht auswendig wissen, Sie sollten lediglich die einzelnen Begriffe, wenn sie genannt werden, den richtigen Oberbegriffen zuordnen können.

Beteiligung an Gruppenarbeiten

Die Rollenbezeichnung orientiert sich daran, wie die Personen zur Erfüllung der Gruppenaufgaben beitragen. Beispiele hierfür sind:

- Initiatoren/Impulsgeber
- Ideengeber
- Zielformulierer/Zielklärer
- Strukturierer
- Moderierer/Schlichter
- Meinungsforscher
- Informationssammler
- Koordinator und Planer
- (Aus-)Arbeiter
- Kontrollierer

Emotionale, auf das Beziehungsgeflecht im Team bezogene Rollen

Die Rolle wird danach bezeichnet, wie das Klima in der Gruppe gestaltet wird, Spannungen angesprochen und gelöst werden und in welchem Maß die einzelnen Teammitglieder ernst genommen werden. Beispiele sind:

- Ermutiger und Motivator
- Vermittler
- Feedback-Geber
- Klärer
- Gefühls-/Spannungsäußerer
- Veranstalter (sorgt für Gruppenfeste)
- Verantwortlicher (fühlt sich so, auch wenn er es offiziell nicht ist)
- Stimmungsmacher

Dysfunktionale Rollen

In fast jeder Gruppe gibt es auch Personen, die Rollen mit negativen Auswirkungen auf die Aufgabenerfüllung, das Beziehungsgeflecht oder das Gruppenklima haben, Begriffe, die solchen Personen zugeordnet werden, sind:

- Blockierer
- Geltungssüchtige
- Machthungrige
- Clowns
- Aggressive
- Besserwisser

9.2.3 Konfliktmanagement

In einem Projekt treten Konflikte auf, immer!

Frage

Überlegen Sie, warum in einem Projekt immer Konflikte auftreten. Was ist eigentlich ein Konflikt?

Antwort

Konflikte basieren auf unterschiedlichen Interessen bzw. Meinungen, und diese gibt es in einem Projekt auf jeden Fall. Genannt seien nur die unterschiedlichen Interessen der Stakeholder im Allgemeinen und ergänzend dazu die verschiedenen Ansichten der Projektteammitglieder und Abstimmungsschwierigkeiten zwischen Abteilungsleiter und Projektmanager im Besonderen.

Merkmale von Konflikten

Verallgemeinernd lässt sich sagen, dass dann ein Konflikt vorliegt, wenn:

- zwei oder mehrere Parteien beteiligt sind;
- die Parteien miteinander in Beziehung stehen;
- die Parteien – scheinbar oder tatsächlich – unvereinbare Interessen haben;
- die Parteien sich ihrer Konfrontation bewusst sind.

Konflikte sind dabei nicht negativ, wenn konstruktiv damit umgegangen wird. Erst der (erfolglose) Versuch, Konflikte zu vermeiden oder bestehende Konflikte zu ignorieren, macht sie zu Problemfällen. Werden Konflikte produktiv genutzt, so können die dadurch aufgedeckten unterschiedlichen Ansätze zu Verbesserungen im Projekt führen.

Aufgaben des Projektmanagers bei Konflikten

Der Projektmanager hat im Konfliktmanagement drei Hauptaufgaben:

1. Konflikte wahrzunehmen
2. die Ursache der Konflikte zu analysieren
3. die Konflikte zu lösen

Wobei gerade der zweite und dritte Schritt nicht alleine vom Projektmanager getan werden kann, sondern von den Konfliktparteien durch ein konstruktives Handeln ermöglicht werden muss. Bei Konflikten im Projekt sind als Erstes immer die Konfliktparteien selbst verantwortlich, nach einer Lösung zu suchen. Erst wenn dies nicht gelingt, wird der Konflikt eskaliert.

9

Strategien zur Konfliktlösung

Seien Sie darauf gefasst, dass das Thema *Konflikte* verdeckt in den PMP-Fragen auftaucht. Ein möglicher Kontext könnte sein, dass von den einzelnen Stakeholdern verschiedene Alternativen bevorzugt werden. Es stellt sich die Frage, wie damit umgegangen werden soll. Ein anderes Beispiel kann sein, dass ein Projektteammitglied seine Aufgaben nicht rechtzeitig erledigt hat, und was machen Sie dann als Projektmanager?

Echte Konfliktlösungen

Echte Konfliktlösungen gehen aktiv mit dem Konflikt um und wollen ihn beseitigen:

- Die beste Strategie ist, den Konflikt aktiv anzugehen (*confronting*) und das Problem zu lösen (*problem solving*), indem die Konfliktursache beseitigt wird.

- Die zweitbeste Lösung ist, einen Kompromiss zu finden (*compromising*). Das heißt, beide Konfliktparteien müssen bei den eigenen Interessen zurückstecken und eine gemeinsame, für beide positive Lösung erreichen.

»Pseudo«-Konfliktlösungen

»Pseudo«-Konfliktlösungen versuchen nicht, die Ursache des Konflikts aufzuspüren und den Konflikt dauerhaft zu beseitigen. Beispiele hierfür sind:

- Unterdrücken von Meinungen (*forcing*), erfolgt beispielsweise durch das Anordnen von Lösungen

- Vermeidung (*avoidance, withdrawal*), z.B. dadurch, dass die Konfliktbehandlung auf das nächste Meeting verschoben wird

- Nachgeben (*smoothing*), hier wird der Konflikt für nebensächlich erklärt: »Im Großen und Ganzen sind wir uns doch einig ...«

Mögliche Konflikte des Projektmanagers mit den Stakeholdern

Der Projektmanager hat folgende potenzielle Konfliktherde:

1. Mit dem **Abteilungsleiter**
   - Projektverantwortung vs. Einflussmöglichkeiten auf Linienressourcen
   - Wettstreit verschiedener Projekte um Linienressourcen

- Projektkompetenz vs. Linienkompetenz
- Das Teilen von Erfolgen mit der Linie

2. Mit dem **oberen Management**
   - Verschiebung der Machtstruktur innerhalb einer Unternehmensorganisation
   - Verantwortlichkeit des Projektmanagers aufgrund einer unzureichenden Projektdefinition und/oder mangelnder Kompetenzen
   - Fehlende bzw. unzureichende Erfolgskriterien
   - Fraglicher Verbleib des Projektmanagers nach Projektende
   - Mangelnde Unterstützung (Sponsoring) des Projekts

3. Mit den **Teammitgliedern**
   - Fachliche Führung vs. fehlende disziplinarische Einflussmöglichkeiten
   - Heterogenität der Projektmitarbeiter
   - Loyalität der Projektmitarbeiter für das Projekt vs. Linie
   - Prioritätendiskussion mit anderen Projekten

4. Mit **sich selbst**
   - Einhaltung des »magischen Dreiecks«
   - Projektengagement vs. Projektblindheit
   - Eigene Karriereinteressen vs. Teamdynamik (-engagement)

9

Frage

Was sind Ihrer Meinung nach, nachdem Sie den Stoff durchgearbeitet haben, die häufigsten Ursachen von Konflikten in Projekten?

Antwort

War Ihre Antwort auch »persönliche Interessen«? Das ist die am häufigsten gewählte Antwortmöglichkeit. Sie ist trotzdem nicht richtig. In Projekten entstehen die meisten Konflikte aufgrund von engen Terminplänen und unterschiedlichen Ansichten über Prioritäten und Einsatzmittel. Danach folgen Meinungsverschiedenheiten über fachliche und organisatorische Fragen, und erst zum Schluss der Liste werden Kosten und persönliche Interessen aufgeführt.

9.2.4 Motivations- und Führungstheorien

Motivations- und Führungstheorien sind nicht projektspezifisch, sondern gehören zu den allgemeinen Managementtheorien. Wir geben Ihnen in diesem Abschnitt einen kurzen Abriss über die wichtigsten Konzepte. Ihre Bedeutung ergibt sich entweder aus ihrem historischen Einfluss, wie im Fall des Taylorismus, oder in ihrer praktischen Anwendbarkeit, wie bei der intrinsischen und extrinsischen Motivation. Für die Prüfung sollte die Kenntnis dieser Schlagwörter genügen.

Taylorismus

Frederick Winslow Taylor (1856–1915) war Ingenieur bei Henry Ford. Er leitete die Industrialisierung der Arbeit ein. Schwerpunkte seiner Untersuchungen waren die Aufteilung der Arbeit in leicht erlernbare Teilaufgaben und systematische Arbeits- und Zeitstudien.

Er rationalisierte die Arbeit durch betriebliche Arbeitsteilung. Sein Führungsstil beruhte auf Anleitung und Kontrolle sowie einer Entlohnung auf Basis individueller Leistung.

Hawthorne Effect

1929 und 1930 wurden im Hawthorne-Werk der Western Electric Company unter Leitung des Psychologen Elton Mayo Studien durchgeführt. Ziel der Untersuchungen war es, Zusammenhänge zwischen Arbeitsbedingungen wie Licht und Arbeitsraumgestaltung und der Arbeitsleistung zu erkennen.

Das verblüffende Ergebnis der Untersuchung – der sogenannte *Hawthorne Effect* – war, dass nicht die veränderten Arbeitsbedingungen Leistungssteigerung bewirken, sondern die erhöhte Aufmerksamkeit durch die Unternehmensführung und das Entstehen von Gruppengefühl. Dies führte zur Erkenntnis, dass die Motivation von Mitarbeitern nicht ausschließlich den vermuteten Regeln folgt, sondern vielgestaltig beeinflusst wird.

Humanisierung der Arbeit

Aufbauend auf den Ergebnissen der Hawthorne-Untersuchungen, dass nicht nur die Arbeitsplatzbedingungen, sondern auch andere Faktoren wie Anerkennung und Gruppenbeziehungen die Leistung der Mitarbeiter beeinflussen, wurden neue Konzepte entwickelt. Dazu gehören Job Enlargement, Job Enrichment, Job Rotation und teilautonome Arbeitsgruppen. Zusammengefasst werden diese Konzepte unter dem Begriff *Humanisierung der Arbeit*.

Likert-System

Likert (1903–1981) hat basierend auf verschiedenen Studien ein Organisations- und Führungsmodell entwickelt. Ein generelles Ziel für sein sogenanntes *System 4* ist die Entwicklung der Organisation zu einem hoch effektiven System, bei dem die persönlichen Ziele, nämlich die Bedürfnisse und Erwartungen der Mitarbeiter mit den organisatorischen Zielen in Einklang gebracht werden können und müssen (Integrationsprinzip).

Maslows Bedürfnispyramide

Maslows Bedürfnispyramide ist wohl das bekannteste Modell, von dem wahrscheinlich auch fast alle von Ihnen schon einmal gehört haben. Abbildung 9.1 zeigt die von Maslow definierten fünf grundlegenden und aufeinander aufbauenden Bedürfniskategorien und nennt Beispiele.

Abbildung 9.1: Die Bedürfnispyramide nach Maslow

Theory X and Theory Y nach McGregor

McGregor geht davon aus, dass Entscheidungen darüber, wie Menschen zu motivieren und zu führen sind, auf Hypothesen über die menschliche Natur und das menschliche Verhalten beruhen. Er definiert zwei verschiedene Führungstypen. Die einen glauben, dass ihre Mitarbeiter an sich faul sind (Theorie X), die anderen glauben an einen eigenmotivierten Mitarbeiter (Theorie Y).

1. **Theorie X**, traditioneller Ansatz:
   - Der Mitarbeiter will nicht arbeiten und versucht, Anstrengungen zu vermeiden.
   - Druck und Androhung von Konsequenzen bewegen Mitarbeiter zur Arbeit.
   - Der Mitarbeiter möchte keine Verantwortung übernehmen.

   Fazit: Der Führungsstil ist eher autoritär, ausgerichtet auf straffe Führung und Kontrolle.

2. **Theorie Y**, moderner Ansatz, Idealtyp:
   - Der Mitarbeiter möchte arbeiten.
   - Anerkennung und Entwicklungsmöglichkeiten sind Motor der Anstrengung.
   - Der Mitarbeiter möchte Verantwortung übernehmen.

   Fazit: Der Führungsstil ist eher partizipativ, ausgerichtet auf eigenverantwortlich arbeitende Mitarbeiter.

Ein zeitgemäßer Projektmanager sollte auf jeden Fall ein Vertreter der Y-Theorie sein!

Da viele Prüfungskandidaten die Zuordnung, wofür X und wofür Y steht, nach einiger Zeit wiederholen müssen, empfehlen wir Ihnen eine Eselsbrücke: In Idealtyp (siehe Theorie Y) kommt ein Y vor.

Herzberg

Herzberg definiert Arbeitszufriedenheit als zweidimensionales Konzept:

1. Hygienefaktoren
   - Hygienefaktoren bauen Unzufriedenheit lediglich ab, erzeugen jedoch keine Zufriedenheit.

- Sind sie vorhanden, werden sie als selbstverständlich angesehen und wirken nicht motivierend.

Beispiele: Unternehmenspolitik, interne Organisation, Betriebsklima, Arbeitsbedingungen, Gehalt

2. Motivatoren

- Motivatoren erzeugen erst bei Vorliegen der Hygienefaktoren Zufriedenheit.

- Das Vorhandensein der Motivatoren gleicht ein Fehlen von Hygienefaktoren nur unvollständig aus.

Beispiele: Leistungserfolg, Anerkennung, Arbeitsinhalte, Entwicklung.

Intrinsische und extrinsische Motivation

■ **Intrinsische Motivation** bedeutet, dass jemand etwas tut, weil er es für sich selbst als wichtig erachtet. Beispiele für intrinsische Faktoren sind: Streben nach persönlichen Entwicklungsmöglichkeiten, Spaß an der Arbeit, Unabhängigkeit und interessante Arbeitsinhalte.

■ **Extrinsische Motivation** bedeutet, dass der Anreiz, etwas zu tun, von außen kommt. Das heißt, eine andere Stelle (z.B. der Vorgesetzte) möchte eine Person zu einem bestimmten Verhalten motivieren. Beispiele für extrinsische Faktoren sind: Beförderungen, Auszeichnungen, aber auch Androhungen wie z.B. Bonuskürzungen oder disziplinarische Maßnahmen.

Normalerweise haben intrinsische Faktoren eher einen langfristigen Effekt, während über extrinsische Faktoren eine starke, aber nur kurz andauernde Motivation erreicht werden kann.

Situatives Führen nach Hersey und Blanchard

Hier wird nach einem Führungsstil unterschieden, der entweder aufgabenbezogen oder personenbezogen ist. Der Führungsstil hängt vom geführten Mitarbeiter und dessen »Reife« ab. In dem Umfang, in dem sich ein Mitarbeiter entwickelt (»reift«) sollte der Vorgesetzte die Aufgabenorientierung reduzieren und die Beziehungsorientierung verstärken. Hersey und Blanchard beschreiben vier Situationen, die man salopp mit »Der Mitarbeiter wächst an seinen Aufgaben« zusammenfassen kann. Jede Situation erfordert einen eigenen Führungsstil:

9

- **Anweisen** (*telling*) – Der Mitarbeiter hat eine niedrige Reife und es liegt eine hohe Aufgabenorientierung vor. In diesem Fall wird der Vorgesetzte den Mitarbeiter hauptsächlich unterweisen. Das heißt, er macht Vorgaben, welche Aufgaben wann und wie zu erledigen sind.

- **Argumentieren** (*selling*) – Wenn der Mitarbeiter mehr Fähigkeiten entwickelt und mehr Selbstständigkeit anstrebt, sollte der Vorgesetzte einen mitarbeiterbezogenen und aufgabenbezogenen Führungsstil anwenden. Er gibt die Richtung vor, erläutert den Mitarbeitern die Aufgabe sowie deren Sinn, und der Mitarbeiter übernimmt die Verantwortung für die Durchführung.

- **Beteiligen** (*participating*) – Die weitere Entwicklung des Mitarbeiters (hohe Reife) führt dazu, dass nicht mehr die Erledigung der Aufgabe im Vordergrund steht (geringe Aufgabenorientierung), sondern die Beteiligung des Mitarbeiters an der Zielsetzung oder an Entscheidungen.

- **Delegieren** (*delegating*) – Wenn der Mitarbeiter eine sehr hohe Reife hat, benötigt er keine besondere Unterweisung. Der Vorgesetzte sollte die Verantwortung für die Durchführung der Aufgabe abgeben und an den Mitarbeiter delegieren. Der Vorgesetzte bleibt in Entscheidungen einbezogen und überwacht die Ergebnisse, der Mitarbeiter arbeitet jedoch selbstständig.

Die Führungsstile können auf einzelne Personen, aber auch Gruppen, z.B. Projektteams angewandt werden.

9.2.5 Teamuhr – Gruppendynamik nach Tuckman

Teams unterliegen einem Wachstumsprozess, den man beobachten und beschreiben kann, auch wenn die Entwicklungsphasen eines Teams nicht so streng schematisch ablaufen wie die Metamorphose der Puppe zum Schmetterling. Dafür ist die Variationsbreite menschlichen Verhaltens zu groß. Die *Teamuhr* ist ein Modell, das die Entwicklung einer Gruppe zu einem Team in vier Phasen beschreibt. Da die deutschen Begriffe nicht genormt sind, verwenden wir die englischen Begriffe (eine übliche deutsche Übersetzung ist jeweils angegeben).

1. **Forming** (Finden): Die Mitglieder suchen ihre Positionen im Team, es findet ein Meinungsaustausch statt. Die Forming-Phase ist die Phase des Kennenlernens und geprägt von Zurückhaltung und formeller Höflichkeit.

2. **Storming** (Stürmen): In dieser Phase muss sich das Team entscheiden, wie es zusammenarbeiten will. Die Gruppenmitglieder erleben dabei zuerst einmal, dass sie sehr unterschiedliche Ansichten über Macht, Einfluss und die Aufteilung von Ressourcen haben. Im Grunde genommen hängt dieser Prozess mit dem Problem des Machtgefüges zusammen. Drei Fragen stehen im Vordergrund: (1) Wer übt Macht aus? (2) Wie wird Macht ausgeübt? (3) Was geschieht mit denen, die gegen das Machtgefüge verstoßen?

3. **Norming** (Standardisieren): Wenn das Problem des Machtgefüges zur Zufriedenheit gelöst ist, kann sich das Team mit neuer Kraft in die Arbeit stürzen. Die Mitglieder wollen jetzt miteinander arbeiten und sind daran interessiert, das Team funktionsfähig zu machen. In dieser Phase entwickelt das Team Standards, nach denen es arbeiten will und wie die Leistung der Teammitglieder gemessen wird.

4. **Performing** (Leistung erbringen): Nun ist das Team bereit, Leistungen zu erbringen, die aus mehr als der Summe der Einzelleistungen bestehen. Die Mitglieder akzeptieren sich. Es herrscht die Gewissheit, dass jeder bereit ist einzuspringen, wenn Not am Mann ist. Die Funktionen der Teammitglieder sind klar festgelegt und jeder hat seinen eigenen unverwechselbaren Beitrag zu leisten.

5. **Adjourning** (Trennungsphase): Da Projekte zeitlich begrenzt sind, lösen sich Projektteams am Ende des Projekts auf. Wichtig ist, auch diese Phase aktiv zu managen.

Die Phasen werden meist in dieser Reihenfolge durchlaufen. Dabei hängt es sowohl von den individuellen Eigenschaften der Teammitglieder als auch von den gegebenen Rahmenbedingungen ab, wie lange die einzelnen Phasen dauern. Ein Überspringen einer Phase ist nicht möglich, und sobald sich an der Teamstruktur etwas ändert, wenn z.B. ein neuer Mitarbeiter hinzukommt, beginnt sich die Uhr von Neuem zu drehen.

9.2.6   Weitere Ressourcenmanagementthemen

In diesem Abschnitt liefern wir Ihnen kurz und knapp noch Informationen zu weiteren Themen des Ressourcenmanagements, die prüfungsrelevant sein können.

Kraftfeldanalyse

Die *Kraftfeldanalyse (force field analysis)* ist eine Methode, die von dem Psychologen Kurt Lewin (1890–1947) entwickelt wurde. Ziel ist es, in einer Gruppe vom kreativen Denken zum kreativen Handeln zu gelangen. Der Kernpunkt dieser Methode liegt in der systematischen Analyse von Faktoren bzw. Kräften, die die Lösung eines Problems oder die Realisierung einer Lösung fördern oder hemmen. Die Kraftfeldanalyse ist damit eine Kommunikationsmethode, kann aber auch den Qualitätstechniken zugeordnet werden, daher haben wir sie in Kapitel »Qualitätsmanagement« ebenfalls kurz erläutert.

Management by ...

In der Theorie des Ressourcenmanagements gibt es eine Vielzahl von Methoden, um Mitarbeiter zu führen. Die wichtigsten *Management by*-Methoden im Projektmanagement sind:

- Management by **Exception**

  Delegation von Einzelentscheidungen an die Mitarbeiter, Vorgesetzter greift nur in Ausnahmefällen ein.

- Management by **Motivation**

  Führen, indem Anreize gesetzt werden.

- Management by **Objectives**

  Für jeden Mitarbeiter werden herausfordernde, erreichbare und messbare Ziele vereinbart. Zwischen Führungskraft und Mitarbeiter gemeinsam.

Lernkurve

Eine *Lernkurve* beschreibt den Vorgang während des Lernens: Am Anfang, wenn die Materie noch unbekannt ist, werden noch viele Fehler gemacht. Wenn man sich mit den Lerninhalten vertraut gemacht hat, nehmen die Fehler ab, dann folgt ein sogenanntes Lernplateau, das heißt, die Fehleranzahl bleibt konstant niedrig.

Externe Mitarbeiterberatung

Die *externe Mitarbeiterberatung* wird bis jetzt vor allem in den USA unter dem Begriff *Employee Assistance Program (EAP)* angeboten, wird aber auch in Europa immer beliebter. Die externe Mitarbeiterberatung ist ein Beratungsangebot für alle Mitarbeiter eines Unternehmens bei beruflichen, aber auch privaten oder gesundheitlichen Problemen. Die Mitarbeiter haben die Möglichkeit, sich in problematischen Situationen – meist per Telefon – an einen Experten zu wenden, der sie unbürokratisch, anonym und kompetent berät. Ziel eines EAP ist, den Mitarbeitern zu helfen, ihre Probleme zu lösen, und somit die Motivation, Gesundheit und Leistungsfähigkeit der Mitarbeiter zu erhalten bzw. zu verbessern.

9.3 Prüfungsfragen

Zusätzliche und beispielhafte Prüfungsfragen zu diesem Kapitel finden Sie im Internet unter der Adresse: *http://www.wuttke.team/pmp-examen-das-buch*

9

10 Kommunikationsmanagement in Projekten

Einen Großteil ihrer Zeit verbringen Projektmanager mit Kommunikation – z.B. bei Besprechungen mit Mitarbeitern, internationalen Konferenzen, Verhandlungen mit Kunden, am Telefon oder im Gespräch mit Kollegen oder Teammitgliedern. Gute Kommunikation ist nicht nur wichtig für die eigene Motivation, sondern auch, um andere zu motivieren. Sie ist die Voraussetzung für den Aufbau von konstruktiven und vertrauensvollen Beziehungen, dem Informationsaustausch und für die Lösung von Problemen bzw. von Konflikten. Kommunikationsfähigkeiten wie die Kunst des Zuhörens sind dabei das A und O für eine erfolgreiche Kommunikation.

10

Der Mangel an Kommunikation bzw. eine schlechte oder auch ungenügende Kommunikation hingegen steht auf der Antwortliste auf die Frage nach Gründen für das Scheitern eines Projekts bzw. Probleme im Projekt sehr weit oben. Die Kenntnisse über geeignete Kommunikationstechniken sind für einen Projektmanager daher überlebenswichtig. Das in den folgenden Abschnitten vermittelte Wissen soll Ihnen nicht nur eine erfolgreiche Prüfung ermöglichen, sondern ist Ihnen hoffentlich auch im täglichen Leben eine Hilfe.

Kommunikationsmanagement gehört zu den Themengebieten, in denen jeder bereits über Erfahrungen aus dem beruflichen oder auch privaten Alltag verfügt. Das hat Vorteile, denn der Schwierigkeitsgrad der Fragen zu diesem Wissensgebiet ist im Allgemeinen nicht hoch. Dieses Vorwissen birgt aber auch die Gefahr in der Prüfung, dass Sie etwas in eine Frage interpretieren, was gar nicht so da steht. Beachten Sie auch, dass es gerade im Themengebiet Kommunikation viele Schnittstellen zu anderen Wissensgebieten gibt. Nicht nur weil die Frage, wie im Projekt kommuniziert wird, Wechselwirkungen zu den Managementplänen der anderen Wissensgebiete hat, sondern auch, weil in dem Prozess »Kommunikation managen« die Fortschrittsberichterstattung enthalten ist.

10.1   Prozesse des Kommunikationsmanagements

Da im Projekt vor allem die Stakeholder diejenigen sind, die miteinander kommunizieren, deren Anforderungen ermittelt und die informiert werden müssen, ist das »Kommunikationsmanagement« eng mit dem »Stakeholder-management« verknüpft.

Kommunikationsmanagement im Projekt befasst sich mit zwei Sichtweisen, die in drei Prozessen beschrieben sind. (1) Mit der Entwicklung einer Strategie, wie eine effektive Kommunikation erreicht wird (Prozess 10.1.) und (2) mit der Umsetzung der Strategie, dass heißt mit der tatsächlichen Kommunikation (Prozesse 10.1. und 10.2)

1. **Kommunikationsmanagement planen (Prozess 10.1)** – Der Prozess dient dazu, die Informations- und Kommunikationsbedürfnisse der Stakeholder zu ermitteln und zu planen, wie diese im Projekt erfüllt werden.

2. **Kommunikation managen (Prozess 10.2)** – Der Prozess wird durchgeführt, um zu erreichen, dass die Projektinformationen adäquat zusammengestellt, gespeichert und verteilt werden.

3. **Kommunikation überwachen (Prozess 10.3)** – Durch diesen Prozess soll überprüft werden, dass die Stakeholder tatsächlich die Informationen bekommen, die sie benötigen.

10.1.1   Kommunikationsmanagement planen

Kennen Sie die Redewendung: »Man springt niemals zweimal in denselben Fluss«? Genauso wird niemals dasselbe Projekt nochmals durchgeführt, und es wird keine zwei Projekte geben, die identische Kommunikationsanforderungen haben. Der Prozess »Kommunikationsmanagement planen« trägt diesem Umstand Rechnung und wird durchgeführt, um folgende Fragen zu klären:

- Wer (welcher Stakeholder) braucht Informationen?
- Welche Informationen benötigt er?
- Wie werden die benötigten Informationen eingeholt und archiviert?
- Wann und wie oft benötigt er die Informationen?
- In welcher Form (schriftlich, mündlich, per Telefon, Fax, E-Mail oder persönlich) erhält er die Informationen?

In welchem Format erhält er die Information?

Dabei muss der Projektmanager das Umfeld, in dem das Projekt durchgeführt wird, berücksichtigen:

- Sind die Stakeholder von innerhalb oder von außerhalb der Organisation oder von beidem?

- Physischer Standort: Sitzt das Team an einem Ort und ist es virtuell organisiert? Müssen Zeitverschiebungen berücksichtigt werden?

- Kommunikationstechnologie. Welche Technologie steht zur Verfügung? Welche Qualifikationen/Ressourcen brauchen die Stakeholder, um sie zu nutzen?

- Sprache. Sprechen die Stakeholder und Teammitglieder die gleiche Sprache?

- Wissensmanagement. Hat die Organisation ein formales Archiv für das Wissensmanagement? Wie wird es genutzt?

Die Beantwortung der Fragen führt zu der Festlegung eines Kommunikationskonzepts, das in einem *Kommunikationsmanagementplan* dokumentiert wird. Ein weiterer »Metaplan«, den der Projekteiter erstellen und in den Projektmanagementplan integrieren muss ...

Frage

Was meinen Sie, wodurch werden Kommunikationswege bzw. die Kommunikationstechnologie am stärksten beeinflusst?

Antwort

Den größten Einfluss hat im Allgemeinen die Projektorganisation, denn sie legt die Hierarchien und damit auch die Kommunikationswege in einem Unternehmen fest.

Neben der Projektorganisation beeinflussen weitere Faktoren die Festlegungen, auf welche Art und Weise am besten im Projekt kommuniziert wird. Beispiele hierfür sind

▦ Zeitliche Verfügbarkeit (Dringlichkeit)

▦ Anwendbarkeit durch den Benutzer (Benutzerfreundlichkeit)

▦ Vertraulichkeit

▦ Technologische Voraussetzungen bzw. Restriktionen

Grundsätzlich können Informationen direkt zwischen zwei oder mehreren Personen bzw. Gruppen übertragen werden. Bei dieser **interaktiven Kommunikation**, z.B. durch Besprechungen oder Telefonate, ist es am einfachsten, ein gemeinsames Verständnis der Beteiligten zu erzielen. Andere Kommunikationsmethoden haben den Vorteil, dass sie zeitversetzt und unabhängig von der gleichzeitigen Verfügbarkeit der Kommunikationspartner erfolgen können. Bei der **Push-Kommunikation** werden die Informationen verteilt, in der Regel jedoch ohne eine Rückmeldung, ob die Information auch angekommen, und schon gar nicht, ob sie verstanden ist. Eine E-Mail ist ein typisches Beispiel für eine Push-Kommunikation, aber auch Firmen-Newsletter oder Pressemitteilungen fallen darunter. Eine andere Alternative ist die **Pull-Kommunikation**. Bei dieser Methode werden die Informationen zentral abgelegt und von den Empfängern selbstständig »abgeholt«. Um sicherzugehen, dass die Informationen auch abgerufen wurden, müssen Prüfverfahren implementiert werden. Die zentrale Ablage hat jedoch den Vorteil, dass keine redundanten Informationen verteilt werden müssen. Eine zentrale Dateiablage für die Projektdokumentation oder eine Intranetseite des Unternehmens sind Beispiele hierfür.

10.1.2 Kommunikation managen

In den Prozess »Kommunikation managen« gehen neben dem Projektmanagementplan und diversen Projektdokumenten die **Arbeitsleistungsberichte**, die beim Prozess »Projektarbeit überwachen und steuern« (4.4) erstellt wurden, ein. Wie bereits im entsprechenden Kapitel vorne erläutert, fließen in diesen integrativen Steuerungsprozess die Ergebnisse der Steuerungsprozesse der anderen Wissensgebiete ein. Somit auch die Arbeitsleistungsinformationen, die die Kommunikation betreffen und die im Prozess »Kommunikation steuern« ermittelt werden.

Kommunikation findet während des gesamten Projekts statt. Nach Projektstart ist es eine wichtige Aufgabe des Projektleiters, die Key-Stakeholder nicht nur über den Projektstart, sondern auch über weitere relevante Informationen, wie bereits feststehende Meilensteine oder vorgegebene Rahmenbedingungen zu informieren und ein Kickoff-Meeting durchzuführen.

Für jedes Projekt muss daher die Kommunikation gemanagt werden, egal wie groß bzw. klein es ist. Die Ausgestaltung der eingesetzten **Kommunikationstechnologien und -methoden** hängen dabei von den Anforderungen der Stakeholder ab und natürlich auch von der Infrastruktur, die dem Projekt zur Verfügung steht. Und nicht nur von der Anforderungen, sondern auch von den individuellen **Kommunikationsfähigkeiten** der einzelnen Stakeholder.

Jedes Projekt nutzt dabei ein **Projektmanagemement-Informationsmanagementsystem**. Das System kann, muss aber keine spezielle Projektmanagementsoftware umfassen, sondern unter dem Begriff »Informationsmanagementsystem« wird die Organisation und Ablage der gesamten **Projektberichtserstattung** zusammengefasst, sowohl die der Papierdokumente als auch die der elektronischen Kommunikation. In kleineren Projekten kann dies ein gewöhnlicher Ordner sein. Oder Dateien auf einem PC, auf den die Projektteammitglieder zugreifen können. Größere, komplexere Projekte benötigen dagegen definierte Standards und evtl. Softwaresysteme, über die Informationen gespeichert, Berichte generiert und verteilt werden. Unabhängig davon, wie ein Informationssystem ausgestaltet ist, muss es jedoch Informationen über die geplanten und tatsächlichen Projektkosten, den terminlichen Fortschritt und den Entwicklungsstand der Liefergegenstände liefern.

Während des Projekts folgt der Prozess »Kommunikation managen« den Vorgaben des Kommunikationsmanagementplans und verteilt als Ergebnis, abhängig von den Anforderungen der Stakeholder, unterschiedliche – wie der PMBOK Guide es ausdrückt –**Artefakte der Projektkommunikation**. Dazu gehören z.B. Leistungsberichte, Informationen zum Status des Liefergegenstands, aufgelaufene Kosten, Terminplanfortschritt, eingetretene Risiken und die resultierenden Konsequenzen sowie andere, von den Stakeholdern angeforderte Informationen.

10.1.3 Kommunikation überwachen

Dieser Prozess wird ausgeführt, um sicherzustellen, dass die Kommunikation im Projekt funktioniert, dass die Anforderungen und Bedürfnisse der Stakeholder erfüllt werden, denn nur dann wird das Projekt auch erfolgreich sein. Auch hier gilt wieder: Wie diese Überwachung und Steuerung durchgeführt wird, hängt vom Projekt ab und ist im Kommunikationsmanagementplan dokumentiert.

Im Rahmen der Projektsteuerung gilt es, anhand der eingehenden »**Arbeitsleistungsdaten**« zu überprüfen, ob mit den erstellten **Artefakten der Projektkommunikation** die richtige Information zum richtigen Zeitpunkt und über den richtigen Kanal an die richtigen Stakeholder geliefert wird.

Wie in jedem Steuerungsprozess gilt auch hier folgende Vorgehensweise: Es wird überprüft, wie die im Kommunikationsmanagementplan definierten Vorgaben umgesetzt werden und ob die geplante Vorgehensweise im Projektalltag zum Erfolg führt, und wenn nicht, müssen Korrekturmaßnahmen eingeleitet, das heißt Änderungsanträge gestellt werden.

Auch wenn die dargestellten Zusammenhänge trivial klingen, sind die Fragen zu diesem Themengebiet nicht zwangsläufig einfach. Denn in der PMP®-Prüfung werden auch situative Fragen gestellt. Gehen Sie davon aus, dass Sie in der Prüfung wie im Projektalltag z.B. mit Situationen konfrontiert werden, bei denen in einem Statusmeeting Meinungsverschiedenheiten auftreten.

10.2 Allgemeine Themen des Wissensgebiets

10.2.1 Sender-Empfänger-Modell

Ein Kommunikationsmodell wie z.B. das Sender-Empfänger-Modell versucht, wissenschaftlich zu beschreiben, wie Kommunikation funktioniert. So vielfältig die Kommunikation ist, so vielfältig sind auch die Modelle, die in der Literatur beschrieben werden.

Gemeinsam ist den meisten Modellen, dass sie davon ausgehen, dass Kommunikation nur dann funktioniert, wenn Sender und Empfänger »die gleiche Sprache sprechen«. Das ist wörtlich zu verstehen, aber auch im übertragenen Sinne. Zu einer guten Kommunikation gehört nicht nur, dass man den anderen verstehen kann, sondern auch *will*.

Ein einfaches Kommunikationsmodell besteht aus drei Komponenten: Sender, Nachricht und Empfänger. Jede Nachricht wird vom Sender codiert, übertragen und dann vom Empfänger decodiert.

Das Interessante, aber auch Schwierige in der Kommunikation ist dabei, dass bei der Codierung und Decodierung Missverständnisse aufkommen können. Sie kennen bestimmt den Ausdruck: »Der Ton macht die Musik.« Das heißt, bei einer Kommunikation spielt nicht nur der eigentliche sachliche Inhalt eine Rolle, sondern auch die Art, wie er übermittelt und aufgenommen wird. Abbildung 10.1 zeigt dies schematisch auf.

Nach Schulz von Thun hat eine Nachricht zum Beispiel vier Aspekte:

- eine Sachinformation (worüber der Sender informiert)
- eine Selbstkundgabe (was er von sich zu erkennen gibt)
- einen Beziehungshinweis (was Sender und Empfänger voneinander halten)
- einen Appell (was man erreichen möchte)

10

Abbildung 10.1: Kommunikationsmodell

Jede Nachricht wird vom Sender entsprechend der vier Aspekte codiert und vom Empfänger decodiert. Dabei hängt das, was der Empfänger versteht, von verschiedenen Faktoren ab.

Frage

Überlegen Sie, was die Verständigung zwischen zwei Personen beeinflussen kann.

Antwort

Mögliche Faktoren sind z.B. persönliche Situation, Hierarchie in der Organisation, Ruf, Erfahrungsschatz, sprachliche und kulturelle Einflüsse, Sympathie etc.

Merken Sie sich für die Prüfung auf jeden Fall folgende Zusammenfassung:

- Der Sender
  - verschlüsselt (codiert) eine Nachricht,
  - legt die Kommunikationsmethode und das Medium fest, die zur Versendung benutzt werden,
  - überträgt die Nachricht,
  - muss sicherstellen, dass die Nachricht verstanden und nicht gestört wurde.
- Der Empfänger
  - entschlüsselt (decodiert) die Nachricht,
  - bestätigt, dass er die Nachricht verstanden hat; das muss nicht bedeuten, dass er mit dem Inhalt der Nachricht auch einverstanden ist.

Antwortet der Empfänger dem Sender auf eine Nachricht, dann wechseln die beiden die Rollen. Der Empfänger wird zum Sender der Antwort, der Sender der ersten Nachricht zum Empfänger der Antwort.

10.2.2 Kommunikationsmethoden

Kommunikation kann auf verschiedenen Wegen stattfinden und verschiedene Mittel einsetzen. Je nach Situation muss der Projektmanager eine geeignete Kommunikationsform auswählen. Die folgende Tabelle zeigt Beispiele, wann welche Methode geeignet sein kann:

	Förmlich	Formlos
Schriftlich	ProjektpläneProjektberichte	AktennotizenE-Mails
Mündlich	ProjektpräsentationenVerhandlungen	Besprechungen Telefonate

Tabelle 10.1: Übersicht Kommunikationsmethoden

Weitere Klassifizierungen der Kommunikation können vom Berichtsweg in der Organisation (über hierarchische Ebenen oder mit Kollegen auf der gleichen Ebene), vom Adressaten (intern oder extern) oder auch vom Anlass abhängen (offiziell oder inoffiziell).

Neben der geschriebenen bzw. gesprochenen Kommunikation gibt es jedoch noch die nonverbale Kommunikation. Sie unterscheidet die

- **Körpersprache – die nonvokale nonverbale Kommunikation.** Ungefähr 55 Prozent der Kommunikation basiert auf Körpersprache. Dazu zählen Gestik, Mimik und Kinesik (Körperhaltung und Bewegung), das Verhalten im Raum, das taktile Verhalten (Berührungsverhalten) und olfaktorische Verhalten (Geruchsverhalten).

- **Paralinguistik – die vokale nonverbale Kommunikation.** Sie beschreibt alles, was neben der akustisch zu hörenden Wortfolge zum Ausdruck kommt. Sie sorgt dafür, dass die sprachlichen Botschaften besser verstanden werden können. Zur Paralinguistik gehören Lautstärke, Stimmhöhe, Intonation, Sprechtempo, Modulation, zeitliche Abstimmung und Dehnungen, aber auch Lachen, Seufzen oder Schreien, die als selbstständige Formen auch ohne verbale Sprache geäußert werden können.

10

10.2.3 Regeln guter Kommunikation

Literatur darüber, wie man am besten miteinander kommuniziert, gibt es sehr viel. Für die Prüfung sollte es reichen, wenn Sie folgende Regeln kennen:

- **5 Ks guter Kommunikation:**
  - Korrekte Grammatik und Rechtschreibung
  - Knappe Formulierung und Vermeidung einer ausschmückenden Wortwahl
  - Klarer Zweck und Ausdruck, ausgerichtet auf die Bedürfnisse des Lesers
  - Kohärente Logik des Gedankenflusses
  - Kontrollierter Wort- und Gedankenfluss

- **Aktives Zuhören** – die personenorientierte Gesprächsführung. Es ist eine innere Grundhaltung des Zuhörers. Ziel ist es, den Gesprächspartner möglichst gut zu verstehen. Dabei geht es nicht ausschließlich um das wörtlich Gesagte, sondern vor allem um das wirklich Gemeinte, das heißt die Gefühle, Gedanken und Bedürfnisse des anderen. Wenn Sie aktiv zuhören wollen, müssen Sie Interesse an Ihrem Gegenüber und dessen Aussagen haben.

▨ **Effektives Zuhören** – Durch Beobachtung des Sprechenden nehmen Sie körperliche Gesten und Mimiken wahr. Sie sollten darüber nachdenken, was Sie sagen wollen, bevor Sie antworten, Fragen stellen, wiederholen und Rückmeldung geben.

▨ **Feedback (konstruktive Rückmeldung)** – lässt sich durch die Frage »Verstehen Sie, was ich dargelegt habe?« beschreiben, die normalerweise durch den Sender gestellt wird. Ein weiteres Beispiel ist, dass der Empfänger den Sachverhalt noch einmal zusammenfasst: »Ich habe verstanden, dass ...«

▨ **Gemeinsame Räumlichkeiten (Colocation)** – Es vereinfacht die Kommunikation, wenn die Projektteammitglieder in einem gemeinsamen Büro(gebäude) zusammenarbeiten, anstatt z.B. an verschiedenen Standorten oder in den Büros ihrer Fachabteilungen. In manchen Organisationen heißt so ein Projektzimmer auch »War Room«. Dies ist in größeren, insbesondere bei internationalen Projekten, nicht immer möglich.

10.2.4 Kommunikationsstörungen

Störungen in der Kommunikation kann es viele geben. Meist denken wir bei »Störung« an technische Aspekte, dass zum Beispiel der E-Mail-Server nicht funktioniert. Aber Störungen kann es auch auf einer anderen Ebene geben: Der Sender sendet seine Kommunikation aus einem bestimmten Weltbild heraus. Dieses Weltbild ist geprägt durch Erziehung, Umfeld und Kultur. Der Empfänger wiederum verwendet sein Weltbild bei der Interpretation der empfangenen Signale. Je unterschiedlicher die Weltbilder von Sender und Empfänger sind, desto größer ist die Gefahr von Kommunikationsproblemen bzw. Störungen in der Kommunikation. Störungen, die verhindern, dass sich Sender und Empfänger verstehen, können auf vier Ebenen entstehen:

▨ Störungen im **Kommunikationskanal**, zum Beispiel:

  – Es ist zu laut.

  – Es ist nichts oder zu wenig zu sehen.

▨ Störungen im **Kommunikationscode**, zum Beispiel:

  – Der Sender verwendet Fremdwörter, die der Empfänger nicht kennt.

  – Sender und Empfänger interpretieren Körpersprache aufgrund verschiedener Kulturen unterschiedlich. Zum Beispiel kann Kopfnicken Ablehnung anstatt Zustimmung ausdrücken.

- **Psychologische** Störungen, zum Beispiel:
  - Sender und Empfänger verhalten sich nicht kooperativ, z.B. durch Aussagen wie: »Sie haben ja keine Ahnung«
  - Unwohlsein bei Sender und/oder Empfänger (z.B. Hunger, Müdigkeit, Stress)
- **Technische** Störungen, zum Beispiel:
  - Starkes Rauschen in der Leitung bei einem Telefongespräch
  - Ausfall der Präsentationstechnik (Beamer, Software etc.)

Frage

Was ist Ihrer Meinung nach eine der größten Fallen in der Kommunikation?

10

Antwort

Vorauszusetzen, dass eine gesendete Information auch tatsächlich richtig, das heißt wie beabsichtigt, angekommen ist.

Kommunikationsstörungen sind aber nicht nur ein Problem für sich, sie erhöhen auch die Wahrscheinlichkeiten von Konflikten (siehe Kapitel 9)!

10.2.5 Kommunikationskanäle

Unter dem Begriff *Kommunikationskanal* werden zwei verschiedene Dinge verstanden:

1. Der **theoretische Übertragungsweg** für Informationen (Informationstheorie) zwischen Sender und Empfänger.
2. Die konkrete **physische Realisierung** einer solchen Übertragung, z.B. durch eine Telefonleitung.

Das heißt, wenn Menschen miteinander kommunizieren, benutzen sie einen Kommunikationskanal. Die Schlussfolgerung lautet: je mehr Kommunikationspartner, desto mehr (theoretische) Kommunikationskanäle.

Da in einem Team jeder mit jedem kommuniziert, ist die Anzahl der Kommunikationskanäle nicht gleich der Anzahl der Teammitglieder, sondern höher.
Abbildung 10.2 zeigt diesen Zuwachs der Kommunikationskanäle auf. Sind
drei Mitarbeiter in einem Team, gibt es auch drei Kommunikationskanäle.
Kommt jedoch ein vierter Mitarbeiter dazu, erhöhen sich die Kommunikationskanäle auf sechs.

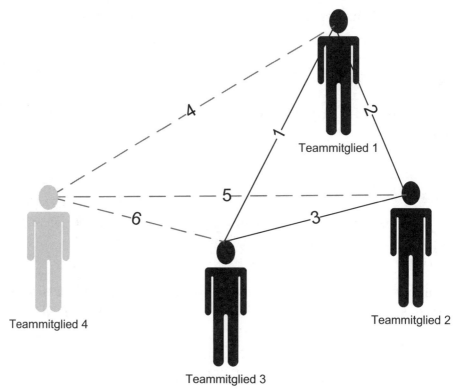

Abbildung 10.2: Zuwachs der Kommunikationskanäle

Die Formel für die Anzahl Kommunikationskanäle lautet:

$(N^2 - N)/2$

und beschreibt diesen Sachverhalt mathematisch. N entspricht dabei der
Anzahl der theoretisch kommunizierenden Personen.

Diese Formel sollten Sie für die Prüfung nicht nur kennen, sondern auch
anwenden können. Seien Sie z.B. auf folgende Frage gefasst:

Frage

Ein Team besteht aus fünf Personen. Wenn das Team auf sieben Personen erhöht wird, wie viele Kommunikationskanäle werden dann hinzugefügt?

5 oder 7 oder 11 oder 12?

Antwort

Die richtige Antwort ist 11.

Erläuterung: 5 Personen haben 10 Kommunikationskanäle, 7 Personen entsprechen 21 Kommunikationskanälen, 21 - 10 = 11

10

Je größer die Anzahl der Kommunikationskanäle, desto schwieriger wird es für den Projektmanager, die Kommunikation im Team bzw. mit den Stakeholdern zu lenken. Grundsätzlich gilt: Der Projektmanager muss die Kommunikation lenken, aber er kann sie nicht kontrollieren!

10.2.6   Rolle des Projektmanagers im Kommunikationsmanagement

Kommunikation ist nach PMI (aber auch in der Projektrealität) eine wichtige, wenn nicht *die* wichtigste Aufgabe des Projektleiters.

Für die Prüfung sollten Sie davon ausgehen, dass der Projektleiter verschiedene Kommunikationstechniken beherrscht und diese auch situationsgerecht anwenden kann (in der Praxis ist das leider nicht immer der Fall).

Stakeholder, mit denen der Projektleiter regelmäßig kommuniziert, sind u.a.

- Projektauftraggeber (Sponsor)
- Unternehmensführung
- Projektteam
- fachliche Führungskräfte (Abteilungsleiter etc.)
- Kunden

Die Kommunikation im Projekt ist oft mit der Organisation im Projekt verknüpft, da die Organisation große Auswirkung auf die Kommunikationswege und -methoden hat. Den höchsten Kommunikationsaufwand hat ein Projektmanager in einer (schwachen) Matrixorganisation, da er Anforderungen und Gegebenheiten sowohl der Linien- als auch der Fachorganisation berücksichtigen muss.

Frage

Welchen Anteil seiner Zeit verbringt ein Projektmanager Ihrer Meinung nach kommunizierend?

10

Antwort

75–90 Prozent seiner Zeit verbringt der Projektmanager kommunizierend, den Großteil davon sollte er zuhören!

10.2.7 Besprechungen

Besprechungen bzw. Meetings sind in einem Projekt zwingend nötig, um Lösungen zu entwickeln, Gruppenkonsens zu erreichen oder Informationen zu verteilen. Erinnern Sie sich daran, dass wir Besprechungen bereits kurz unter dem Aspekt der Qualitätsplanung erwähnt haben. Damit Besprechungen erfolgreich ablaufen, sollten Sie folgende Regeln befolgen:

- Nur so viele Besprechungen wie nötig einberufen
- Für jede Besprechung einen Moderator bestimmen
- Besprechungsregeln festlegen
- Zweck der Besprechung festlegen und sicherstellen, dass jeder Teilnehmer ihn kennt
- Besprechung gut vorbereiten, eine Agenda mit Tagesordnungspunkten festlegen
- Benötigte Unterlagen an alle Mitglieder möglichst im Vorfeld verteilen
- Aktive Beteiligung der Besprechungsteilnehmer einfordern

- Nicht zu viele Teilnehmer einladen, nur diejenigen, die wirklich vom Thema betroffen sind

- Sitzung pünktlich beginnen, auch wenn dann noch nicht alle Teilnehmer da sind, und auch pünktlich beenden

- Konsens über Ergebnis der Sitzung erreichen und dokumentieren

- Für definierte Maßnahmen und offene Punkte einen Verantwortlichen und einen Termin festlegen

- Protokoll erstellen und zeitnah verteilen

Der Projektleiter muss nicht jede Sitzung selbst leiten, es liegt jedoch in seiner Verantwortung, sicherzustellen, dass für jede Sitzung ein Moderator festgelegt ist und dass die Sitzungen effektiv sind.

10.3 Prüfungsfragen

Zusätzliche und beispielhafte Prüfungsfragen zu diesem Kapitel finden Sie im Internet unter der Adresse: *www.wuttke.team/pmp-examen-das-buch*

11 Risikomanagement in Projekten

Risikomanagement in Projekten befasst sich mit der Identifizierung, Analyse und Beherrschung von Risiken über den gesamten Projektlebenszyklus hinweg.

Wir empfehlen, bei der Erarbeitung dieses Themengebiets den zugehörigen Prozessen besondere Aufmerksamkeit zu widmen und die Sequenz sowie auch die Abgrenzung dieser Prozesse sehr genau zu lernen. Das ist zu empfehlen, weil die Begriffsdefinitionen und die Vorgehensweise sich nicht nur von der DIN 69905 unterscheiden, sondern auch in der Umgangssprache anders besetzt sind. Damit ist gemeint, dass Risiken laut PMBOK Guide auch »positiv« sein können, während Risiken umgangssprachlich eher negativ besetzt sind. Allerdings sind positive Risiken keine Erfindung von PMI – ganz im Gegenteil. Es sei an dieser Stelle ausdrücklich auf die ISO(!)-Norm 31000 verwiesen, die wie der PMBOK Guide den Risikobegriff in beide Richtungen definiert – also sowohl positiv als auch negativ. Und die ISO-Norm ist nur eine von vielen internationalen Risikonormen, die das genauso sehen.

11.1 Grundlagen des Wissensgebiets

11.1.1 Prozessinteraktion

Wir haben ja eingangs das Konzept der kontinuierlichen Iteration der unterschiedlichen Projektmanagementprozesse erläutert. Im Falle der Risikomanagementprozesse wird gewissermaßen noch eine Stufe höher iteriert. Die im PMBOK Guide genannten Risikoprozesse werden ständig durchlaufen, nicht einmal pro Phase oder gar noch seltener.

Abbildung 11.1 zeigt das Prinzip.

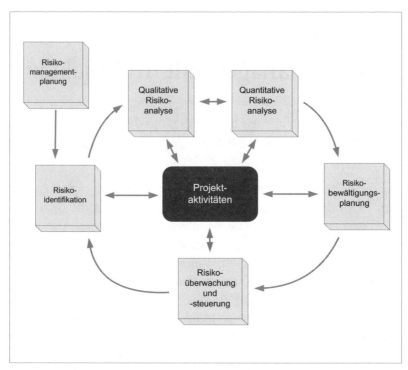

Abbildung 11.1: Interaktion im Risikomanagement

11.1.2   »Chance und Risiko ...«

Die Verwendung der Begriffe im Sinne der Umgangssprache entspricht meist **nicht** der Definition im Projektmanagement. Hier sollten Sie sich von der üblichen Betrachtungsweise nicht in die Irre leiten lassen. Wie in Abbildung 11.2 dargestellt, können Risiken somit Bedrohungen und Chancen bzw. positiv und negativ sein.

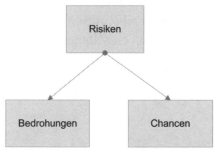

Abbildung 11.2: Risiken – Bedrohungen und Chancen

11.1.3 Definition Risiko und Risikomanagement

Risikomanagement wird wie folgt definiert: »*Risikomanagement ist der systematische Prozess der Identifikation, der Analyse und der Reaktion auf Projektrisiken. Er schließt die Maximierung der Wahrscheinlichkeit und Auswirkungen positiver Ereignisse sowie die Minimierung der Wahrscheinlichkeit und Auswirkungen negativer Ereignisse auf die Projektziele ein.*«

Ein Risiko hingegen ist laut PMBOK Guide »*ein unsicheres Ereignis oder eine Bedingung, dessen/deren Eintreten eine positive oder negative Auswirkung auf ein Projektziel hat*«.

Frage

Wissen Sie, worin sich ein Risiko von einem Problem bzw. von einer Unsicherheit unterscheidet?

11

Antwort

Ein *Risiko* ist laut obiger Definition ein Ereignis, das mit einer bestimmten Wahrscheinlichkeit eintritt und Konsequenzen (positive wie negative) zur Folge hat. Diese Konsequenzen betreffen die Projektziele.

Ein *Problem* ist ein (negatives) Ereignis, das bereits eingetreten ist und bereits (negative) Auswirkungen hat. Probleme müssen behandelt werden und gehören nicht ins Risikomanagement. Oder umgekehrt: Jedes Problem war früher (vorher) mal ein Risiko ...)

Eine Unsicherheit ist mit einem Risiko identisch, sie hat jedoch keine Auswirkungen auf die Projektziele. Damit stellen Risiken eine Untermenge der Unsicherheiten dar.

11.1.4 Die Risikometasprache – Risk Meta Language (RML)

Wie bereits angeführt, wird der Risikobegriff in der Umgangssprache häufig unscharf verwendet. Beispiel: Innerhalb eines Organisationsprojekts wurde beschlossen, ein Callcenter von A nach B zu verlegen. In der Risikoliste taucht nun folgender Eintrag auf:

Risiko 4711: Der Umzug des Callcenters könnte zum Risiko werden.

Irgendwie weiß jeder, was damit gemeint ist, aber die Beschreibung des Risikos – würde sie so erfolgen – wäre falsch und auch irreführend. Der Umzug an sich ist ja kein Risiko, sondern eine bereits beschlossene Sache. Damit ist der Umzug ein Fakt. Es können aber noch weitere Unsicherheiten wegen dieser Ursache existieren, und zwar solche, die auf die Ziele des Projekts wirken würden. Das sind die Risiken. Solche Unsicherheiten beträfen die Mitarbeiter (wie werden die sich wohl verhalten?) und was wäre, wenn wir mehr Mitarbeiter verlören als gedacht?

Somit besteht die Beschreibung eines Risikos aus drei Teilen:

1. Die Ursache bzw. der Grund. Ist meist vorhanden oder sehr sicher vorhanden und hat eine Eintrittswahrscheinlichkeit von 100 Prozent (auf gut Deutsch: »Ist da«).

2. Die Unsicherheit auf die Ziele. Diese Unsicherheit hat keinesfalls eine Eintrittswahrscheinlichkeit von 100 Prozent, sonst wäre es ja nicht unsicher.

3. Die Auswirkung(en) auf die Ziele. Was passiert, wenn die Unsicherheit eintritt?

Diese Dreiteilung einer Risikobeschreibung nennt man **Risk Meta Language** (RML).

Richtig müsste es also heißen:

> *Weil wir viele Mitarbeiter mit familiären Bindungen haben und der Umzug beschlossen ist (Ursache), könnte es sein, dass wir wichtige Schlüsselpersonen verlieren, weil die entsprechenden Mitarbeiter möglicherweise nicht umziehen werden (Unsicherheit). Damit wären aber die Zeitvorgaben für den geplanten Go-Live-Termin nicht mehr zu halten, und wir müssten zusätzlich teureres Personal einkaufen (Auswirkungen auf Ziele).*

11.1.5 Risiken im Projektlebenszyklus

Die Anzahl und der Auswirkungsgrad von Projektrisiken hängen auch davon ab, wann sie im Projektlebenszyklus auftreten. Pauschal kann man sagen:

Zu Projektbeginn ist die Anzahl der existierenden Risiken größer als gegen Ende. Und: Die Unsicherheit ist zu Beginn eines Projekts am größten.

Aber: Die Auswirkungen des Risikoeintritts sind in der Regel zum Ende hin höher.

Bei Betrachtung des Risikos sollten folgende Fragen geklärt werden:

- Wie hoch ist die Wahrscheinlichkeit, dass das Risiko eintritt?
- Zu welchem Zeitpunkt im Projektlebenszyklus wird es auftreten?
- Mit welcher Häufigkeit wird es im Projektlebenszyklus auftreten?
- Welche Auswirkungen wird es haben?

11.1.6 Stakeholder und Risikomanagement

Die Risikobereitschaft in einem Projekt spiegelt zum großen Teil die Mentalität der Stakeholder wider. Je nach Risikofreude findet man unterschiedliche Stile, mit denen Personen mit anstehenden Risiken umgehen. Der Umgang mit Risiken wird maßgeblich durch den Auftraggeber beeinflusst. Weicht die Einstellung des Auftraggebers zum Umgang mit Risiken von der des Projektleiters ab, kann diese Situation ein Risiko an sich darstellen.

Unter Verwendung eines groben Rasters lässt sich die »Risikofreudigkeit« in drei verschiedene Typen einteilen:

1. **Risikoaverse** Stakeholder sind kaum bereit, gewisse, vielleicht sogar notwendige Risiken einzugehen.
2. **Risikoignorante** Stakeholder kümmern sich überhaupt nicht um Risiken und reagieren nur auf deren Eintritt (»Warum sollen wir jetzt was unternehmen – es ist doch noch gar nichts passiert«).
3. **Risikobewusste** Stakeholder schätzen die möglichen Risiken ein, setzen sich mit ihnen auseinander und ergreifen, wenn nötig, geeignete präventive Maßnahmen.

11.1.7 Risiken kategorisieren – Risk Breakdown Structure (RBS)

Risiken können nach verschiedenen Kriterien geordnet werden. Eine Unterteilung nach **Risikoquellen** könnte wie folgt strukturiert sein:

- Fachliche, qualitative oder leistungsbezogene Risiken
- Projektmanagementrisiken
- Organisatorische Risiken
- Externe Risiken

Das ist eine mögliche, keine zwingende Einteilung!

11

Die Risk Breakdown Structure

Die Strukturierung von Risiken kann auch mithilfe eines *Risikostrukturplans (Risk Breakdown Structure, RBS)* erfolgen. Der Risikostrukturplan ist wie ein Projektstrukturplan aufgebaut und folgt den gleichen Gesetzmäßigkeiten. Hauptrisikokategorien werden in feinere Unterkategorien unterteilt und können dann nochmals unterteilt werden, sofern entsprechender Bedarf besteht. Der Vorteil eines RBS liegt in der systematischen Zuordnung von Risikoquellen zu den identifizierten Risiken. Daraus lassen sich statistische Rückschlüsse auf das Risikoportfolio ableiten, die gezielt die Maßnahmenplanung unterstützen.

> **Vorsicht**
>
> Aufgepasst: In einem RBS stehen jede Menge möglicher Risikoquellen, aber kein einziges (!) Projektrisiko. Diese stehen im Risikoregister und werden durch den Prozess »Risiken identifizieren« generiert. Ein RBS ist ein Hilfsmittel, eine Unterstützung für den Projektleiter, aber auf keinen Fall ein Container der im Projekt befindlichen Risiken.

11.1.8 Bekanntheit von Risiken

Eine weitere Unterteilung kann nach dem *Bekanntheitsgrad der Risiken* erfolgen. Es werden unterschieden:

1. **Bekannte Risiken:** Risiken, die identifiziert sind und deren Auswirkungen zum Zeitpunkt der Analyse bestimmt werden können (*Known Risks*).

2. **Unbekannte Risiken:** Risiken, die identifiziert sind, aber deren Auswirkungen unvorhersehbar sind. Für diese Risiken sollten Sicherheitsreserven (*Contingency Reserves*) gebildet werden (*Unknown Risks*).

3. **Unbekannte unbekannte Risiken:** Risiken, die nicht identifiziert wurden, also das Projekt unerwartet treffen können. Wir wissen nicht, dass sie uns drohen, und – weitaus unangenehmer – ihre Auswirkungen sind völlig unbekannt. Auch bzw. gerade für diese Risiken sollten Managementreserven zurückgestellt werden (*Unknown Unknowns* oder auch *Schwarze Schwäne (Black Swans)*).

Die Höhe der notwendigen Risikoreserven (auch Zuschläge genannt) hängt vom Projekt und von den vorhandenen Erfahrungswerten ab.

11.1.9 Zielebene von Risiken

Risiken sind definiert als *Unsicherheiten auf Ziele*. Nun gibt es in einem Unternehmen (übrigens auch in einer Gesellschaft) unterschiedliche Zielebenen. Und damit gibt es auch unterschiedliche Risikoebenen.

Eine Bedrohung in einem Projekt (Gefährdung der Projektziele) könnte eine Chance der Abteilung sein (Verbesserung des Umsatzes). Und umgekehrt. Eine Chance im Projekt, durch einen Change Request noch weitere Budgetmittel zu generieren, könnte vom Account Management als Bedrohung für die Kundenzusammenarbeit insgesamt aufgefasst werden.

Weitere Möglichkeit: Eine kleine Bedrohung im Projekt wird mit einem Workaround aufgelöst, stellt aber ein Unternehmensrisiko erster Ordnung dar, weil Monate später ggfs. Rückrufe durchgeführt werden müssen. Aus Sicht des Projekts war das ein kleines Risiko – aus Sicht einer anderen Zielebene eine latente Katastrophe.

Der Projektleiter muss sich der Zielebenen bewusst sein und Risiken ggfs. auch in die andere Zielebene eskalieren können.

11.2 Übersicht über die Risikomanagementprozesse

Die Prozesse im Einzelnen lauten:

1. **Risikomanagement planen (Prozess 11.1)** – Wie wird Risikomanagement in diesem Projekt durchgeführt? Hier erfolgt die Beschreibung des Risikomanagementansatzes auf der Metaebene.

2. **Risiken identifizieren (Prozess 11.2)** – Die relevanten Risiken werden festgestellt.

3. **Qualitative Risikoanalyse durchführen (Prozess 11.3)** – Die Risiken werden anhand von Qualitäten wie »klein«, »mittel« oder »groß« klassifiziert.

4. **Quantitative Risikoanalyse durchführen (Prozess 11.4)** – Die Risiken werden anhand von Quantitäten wie z.B. 50 Prozent oder 23.000 Euro analysiert.

11

5. **Risikobewältigungsmaßnahmen planen (Prozess 11.5)** – Es werden Maßnahmen entwickelt, um Chancen zu fördern und Bedrohungen zu minimieren.

6. **Risikobewältigungsmaßnahmen umsetzen (Prozess 11.6)** – Die entwickelten Maßnahmen werden operativ umgesetzt.

7. **Risiken überwachen (Prozess 11.7)** – Die gesamte Prozesskette wird bewertet, überwacht und gesteuert.

11.2.1 Risikomanagement planen

Risikomanagementplanung ist die grundsätzliche Überlegung, wie die Risikomanagementaktivitäten in diesem speziellen Projekt anzugehen und zu planen sind. Ergebnis dieses Prozesses ist der Risikomanagementplan: einer der Metapläne, die wir bereits in den vorherigen Kapiteln erwähnt haben.

Frage

Enthält der Risikomanagementplan Ihrer Meinung nach auch eine Beschreibung, wie mit den festgestellten Risiken umgegangen wird?

Antwort

Die richtige Antwort ist Nein. Der Risikomanagementplan beinhaltet nicht die operative Arbeit im Risikomanagement, er ist ein Metaplan.

Der Risikomanagementplan kann und sollte folgende Punkte beschreiben:

- Methodik (Datenquellen, Tools, Ansätze)
- Rollen und Verantwortlichkeiten
- Budgetierungsansatz
- Zeitliche Planung
- Auswertung, Interpretationen
- Genereller Umgang mit Schwellenwerten
- Berichtsformate

Der Risikomanagementplan ist – aufgrund seiner Natur – ein Dokument, das in einer frühen Projektphase zum ersten Mal erstellt und dann im Projektverlauf detailliert wird. Auch hier nochmals ganz unmissverständlich: **Im Risikomanagementplan steht kein einziges Risiko – sondern nur die Spielregel zum Risikomanagement.**

11.2.2 Risiken identifizieren

Während der Risikoidentifikation ist es die Aufgabe des Projektteams, herauszufinden, welche Bedrohungen und Chancen Auswirkungen auf die Projektziele haben können, und diese zu dokumentieren. Merken Sie sich für die Prüfung auf jeden Fall folgende drei Kernpunkte:

1. Die Risiken werden identifiziert und dokumentiert – es erfolgt keine Bewertung!

2. Die Risikoidentifikation wird *nicht* nur einmal durchgeführt, sondern ist ein iterativer Prozess. Details hierzu (wie oft, in welchen Abständen) finden sich im Risikomanagementplan.

3. Die meisten Risiken werden in aller Regel am Anfang des Projekts im Rahmen der Planungsprozesse identifiziert, insbesondere dann, wenn der Projektstrukturplan erstellt wird. Aber für die Prüfung ist es wichtig zu wissen, dass die Risikoidentifikation während aller Projektphasen durchgeführt wird.

Ergebnis der Risikoidentifikation

Die Dokumentation

- der festgestellten Risiken,
- bereits definierter Risikoverantwortlicher,
- erster möglicher Antworten und
- der Risikoauslöser (Ereignisse, die anzeigen, dass das Risiko eingetreten ist)

erfolgt im sogenannten *Risikoregister*. Es wird im Laufe der nächsten Prozesse weiter gefüllt.

Verfahren, um Risiken zu finden

In der Praxis können hier viele verschiedene und sehr unterschiedliche Methoden eingesetzt werden. Für die Prüfung sollte es genügen, wenn Sie folgende Verfahren kennen:

- Brainstorming
- Delphi-Methode
- Interviews
- SWOT-Analyse
- Projektdokumente
- Checklisten
- Annahmenanalyse
- Ishikawa-Diagramme und andere Diagrammmethoden wie z.B. Prozessablaufpläne oder Einflussdiagramme

Alle genannten Techniken sind in ihrem Einsatz nicht auf die Risikoidentifikation beschränkt!

SWOT-Analyse

Da die SWOT-Analyse ein gängiges Verfahren zur Stärken-/Schwächenanalyse und der Einsatz im Projektmanagement stark verbreitet ist, stellen wir dieses Verfahren kurz vor. SWOT steht für:

- **S**trengths = Stärken
- **W**eaknesses = Schwächen
- **O**pportunities = Gelegenheiten, Möglichkeiten, Chancen
- **T**hreats = Gefahren

Man unterteilt die betrachteten Punkte in eine interne und externe Sicht sowie in eine »gute« und »weniger gute« Seite.

- »S« und »W« sind intern, »O« und »T« sind extern.
- »S« und »O« sind »gut«, »W« und »T« sind es nicht ...

Abbildung 11.3 zeigt eine übliche Darstellung der Ergebnisse einer SWOT-Analyse.

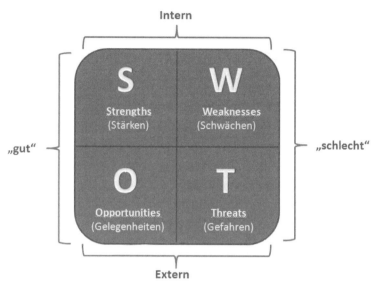

Abbildung 11.3: SWOT-Analyse

11.2.3 Qualitative Risikoanalyse durchführen

Während der qualitativen Risikoanalyse werden die identifizierten Risiken nach zwei Kriterien bewertet:

1. Welche **Auswirkungen** der Eintritt eines Risikoereignisses auf das Projekt hat

2. Wie groß die **Wahrscheinlichkeit** ist, dass das Risikoereignis eintritt

Die qualitative Risikoanalyse führt diese Bewertung mithilfe sogenannter Qualitäten durch, die im Gegensatz zu den numerischen Werten der Quantitäten (siehe nächster Abschnitt) nur eine grobe, dafür aber schnellere Einordnung der Risiken hinsichtlich Eintritt und Auswirkung erlauben.

Die Kernpunkte der qualitativen Risikoanalyse sind:

- Das Risikoregister muss vorliegen.
- Die qualitative Risikoanalyse ist eine *subjektive* Einschätzung.
- Die Gesamtrisikolage eines Projekts kann ermittelt werden.
- Die einzelnen Risiken werden jeweils nach Eintrittswahrscheinlichkeit und Auswirkung bewertet.

- Bei der Bewertung des Risikos ist der Zeitpunkt des eventuellen Risikoeintritts zu beachten.

- Es kann kategorisiert werden, welche Risiken wie behandelt werden müssen.

Einstufungsmatrix der Eintrittswahrscheinlichkeit und der Auswirkung

Jedem Risiko wird zunächst eine Qualität der **Eintrittswahrscheinlichkeit** zugeordnet. Diese Qualitäten können zum Beispiel sein: unwahrscheinlich, gering, mittel, hoch, sehr hoch oder sie können auch numerisch bewertet werden, beispielsweise anhand einer Skala von 1 bis 5. Es existiert keine Vorschrift, dass die niedrigste Qualität immer »unwahrscheinlich« sein muss, es handelt sich vielmehr um ein Beispiel. Festlegungen, wie viele Stufungen es gibt und wie diese Stufungen genau heißen, sollten im Risikomanagementplan niedergelegt werden.

Im nächsten Schritt erhält das Risiko eine Qualität des **Auswirkungsgrads**. Diese Qualitäten können zum Beispiel sein: sehr gering, gering, mittel, hoch, sehr hoch oder auch numerisch bewertet anhand einer Skala von 1 bis 5. Oft sind die Qualitäten (dem Namen nach) von Eintrittswahrscheinlichkeit und Auswirkung identisch.

Eine der gängigen Praxisprobleme der qualitativen Risikoanalyse ist die subjektive Einordnung eines Risikos mithilfe der oben genannten Qualitäten. Was ist »gering«? Wie hoch ist »hoch«? Nehmen wir einmal an, Sie haben ein Risiko mit 50 Prozent Eintrittswahrscheinlichkeit. Wäre die qualitative Bewertung von 50 Prozent nun »mittel« oder »hoch« oder bereits »sehr hoch«?

Wenn den jeweiligen Qualitäten eine Ziffer zugeordnet wurde, kann nun durch Multiplikation eine Bewertung des Risikos erfolgen:

Bewertung = Eintrittswahrscheinlichkeit * Auswirkung

Das bewertete Risikoregister kann nun in eine Matrix überführt werden. Ein Beispiel für eine solche Matrix sehen Sie in Abbildung 11.4. Hier ist jeweils den Qualitäten »niedrig« die Ziffer 1 zugeordnet, »mittel« die Ziffer 2, »hoch« die Ziffer 3 und »sehr hoch« die Ziffer 4. Damit ergeben sich 16 Risikocluster, in die die einzelnen Risiken eingeordnet werden. So würde z.B. ein Risiko, das mit einer »mittleren« Eintrittswahrscheinlichkeit (Ziffer 2) und einer

»hohen« Auswirkung (Ziffer 3) eingeschätzt wurde, als Bewertung die Ziffer 6 erhalten und dem entsprechenden Cluster zugeordnet.

Werden alle identifizierten und qualitativ bewerteten Risiken in die Matrix eingetragen, so lässt sich aus der Matrix nicht nur einfach ablesen, welche Risiken eine hohe Priorität haben (nämlich die mit der höchsten Bewertung), sondern die Risikogesamtlage eines Projekts wird auch grafisch sehr gut dargestellt.

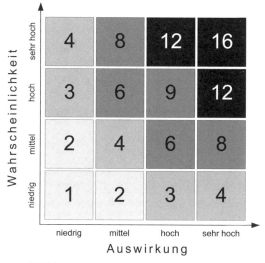

Abbildung 11.4: Qualitative Risikomatrix

Da die Risiken in einem Projekt jedoch von zwei Seiten betrachtet werden (Bedrohung versus Chance), kann für jede Sichtweise eine Matrix angefertigt werden.

Wenn man nun diese beiden Matrizen nebeneinanderstellt und die Chancenmatrix in umgekehrter Auswirkungsabfolge anordnet, dann hat man einen sehr guten Überblick über Chancen und Bedrohungen in einem Projekt. Die stärksten Bedrohungen und Chancen finden sich hierbei in der Mitte der Darstellung und bilden eine Art Pfeil nach unten. Das ist der sogenannte »Attention Arrow«, der Bereich, auf den der Projektleiter sein Hauptaugenmerk richten sollte. Abbildung 11.5 zeigt Ihnen ein Beispiel für eine Wahrscheinlichkeits- und Auswirkungsmatrix. Die dunklen Felder in der Mitte der Matrix stellen den »Attention Arrow« dar. Hier sind es alle Risiken mit einer Bewertung oberhalb von 0,2.

	Bedrohungen					Chancen					
0,90	0,045	0,135	0,225	0,45	0,81	0,81	0,45	0,225	0,135	0,045	0,90
0,70	0,035	0,105	0,175	0,35	0,63	0,63	0,35	0,175	0,105	0,035	0,70
0,50	0,025	0,075	0,125	0,25	0,45	0,45	0,25	0,125	0,075	0,025	0,50
0,30	0,015	0,045	0,075	0,15	0,27	0,27	0,15	0,075	0,045	0,015	0,30
0,10	0,05	0,015	0,25	0,50	0,09	0,09	0,50	0,25	0,015	0,05	0,10
	0,05	0,15	0,25	0,50	0,90	0,90	0,50	0,25	0,15	0,05	
			Auswirkung					Auswirkung			

(Linke und rechte Achse: Wahrscheinlichkeit)

Abbildung 11.5: Wahrscheinlichkeits- und Auswirkungsmatrix

Frage

Wie wird mit »nicht-kritischen« Bedrohungsrisiken umgegangen?

Antwort

Sie werden normal im Risikoregister dokumentiert und regelmäßig überprüft, ob ihr Status weiterhin unverändert ist.

11.2.4 Quantitative Risikoanalyse durchführen

Auch bei einer quantitativen Risikoanalyse werden die Risiken nach Eintrittswahrscheinlichkeit und Auswirkung bewertet. Der Unterschied zur qualitativen Analyse ist – der Name sagt es bereits aus –, dass die Analyse numerisch (quantitativ) erfolgt.

Kernpunkte der quantitativen Risikoanalyse

- Auch die quantitative Risikoanalyse nimmt im Ergebnis eine Bewertung in den zwei Dimensionen »Eintrittswahrscheinlichkeit« und »Auswirkung« vor.

- Beide Größen werden anhand von **numerischen Analyseverfahren** ermittelt.

- Es wird der **Wert des Risikoeintritts** (Risikowert, Expected Monetary Value) je Risiko ermittelt.

- Der **Vorteil** der quantitativen Analyse liegt darin, dass sie besseres Zahlen- und Entscheidungsmaterial erbringt.

- Der **Nachteil** besteht darin, dass die Erhebung viel aufwendiger, kostenintensiver und eventuell auch nur scheingenauer ist.

- Es wird auch das Gesamtrisiko des Projekts ermittelt.

- Die einzelnen Risiken werden verglichen und priorisiert.

- Darauf aufbauend wird festgelegt, welche Risiken behandelt werden müssen.

- Es werden adäquate Terminplan- und Kostenreserven ermittelt.

- Die Ergebnisse liefern Informationen zur Festlegung von realistischen und erreichbaren Kosten-, Termin- sowie Inhalts- und Umfangszielen.

11

Berechnung des Risikoerwartungswerts

Der Wert des Risikoeintritts wird in drei Stufen ermittelt:

1. Für jedes Risiko wird

    - die voraussichtliche **Eintrittswahrscheinlichkeit in Prozent** festgelegt und

    - die voraussichtliche **Auswirkung in Geld** bewertet (z.B. in €/$)

2. Der Risikoerwartungswert (Expected Monetary Value, EMV) wird nach folgender Formel berechnet:

    Risikoerwartungswert = Eintrittswahrscheinlichkeit * Auswirkung

3. Die identifizierten Risiken werden **aufgrund ihres Risikoerwartungswerts geordnet** und eine sich daraus ableitende **Prioritätsliste** erstellt.

Frage

Welchen Risikoerwartungswert hat folgendes Risiko des Projekts *Planung einer Tagung*?

»Die interne Freigabe für das Hotel verzögert sich, und Reservierungen werden gelöscht. Die Neusuche generiert Mehraufwand.«

Die Eintrittswahrscheinlichkeit beträgt 30 Prozent, die Auswirkung 7.500 Euro zusätzliche Kosten.

Antwort

Der Risikoerwartungswert beträgt 2.250 Euro = 7.500 Euro * 30 Prozent.

Bei der Kommunikation des Risikoerwartungswerts lauern einige Fallen: In obigem Fall beträgt der Erwartungswert zwar 2.250 Euro, aber am Ende gibt es nur zwei Möglichkeiten: Das Risiko tritt ein und kostet 7.500 Euro oder es tritt nicht ein und es entstehen keine Kosten. Aber in keinem Falle entstehen 2.250 Euro als Kosten des Risikoeintritts. Der Erwartungswert ist eine statistische Kenngröße für die Maßnahmenplanung. Wenn für Ihren heutigen Stadtbummel eine Regenwahrscheinlichkeit von 40 Prozent vorhergesagt wird, ist diese Zahl ein wichtiges Indiz für Gegenmaßnahmen (»Schirm mitnehmen« oder »ins Risiko gehen«). Am Ende werden Sie entweder nass oder nicht. Aber niemals werden Sie nur zu 40 Prozent nass.

Methoden in der quantitativen Risikoanalyse

In der quantitativen Risikoanalyse können unter anderem folgende Methoden eingesetzt werden:

1. Sensitivitätsanalyse
2. Analyse des erwarteten Geldwerts (Entscheidungsbäume)
3. Modellierung und Simulation

Im Folgenden werden wir Ihnen zu den Methoden die Schwerpunkte erläutern.

Sensitivitätsanalyse

Die »Sensitivitätsanalyse« will auf folgende Fragestellungen eine Antwort geben:

1. Wie verändert sich das Ergebnis eines Systems (z.B. eines Projekts), wenn Variablen sich ändern (z.B. Risiken eintreten).

2. Welchen Wert darf eine Variable (z.B. ein Risikowert) annehmen, wenn ein vorgegebenes Ziel erreicht werden soll?

Oder umgekehrt ausgedrückt: Die Sensitivitätsanalyse liefert Informationen darüber, in welchem Umfang die unsicheren Annahmen Einfluss auf das Projektergebnis haben können.

Zur Durchführung einer Sensitivitätsanalyse bedarf es eines Entscheidungsmodells (Entscheidungstheorie) und der Ermittlung von Daten für dieses.

Das Ergebnis einer Sensitivitätsanalyse wird oft in einem Tornadodiagramm veranschaulicht. Die Ergebnisse der Sensitivitätsanalyse werden nach der Größe des Einflusses der Variablen sortiert. Variablen, deren Variation das Endergebnis nur gering beeinflusst, werden im Tornadodiagramm ganz unten eingezeichnet. Variablen, die das Gesamtergebnis massiv beeinflussen, werden im Tornadodiagramm ganz oben eingezeichnet.

Abbildung 11.6 zeigt Ihnen schematisch ein Tornadodiagramm auf.

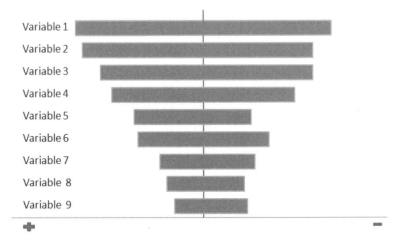

Abbildung 11.6: Tornadodiagramm

Entscheidungsbäume

- Ein *Entscheidungsbaum* ist eine grafische Darstellung der Berechnungen des erwarteten Risikowerts (= Geldwerts).

▨ Er wird von links aufgezeichnet und besteht aus drei Komponenten:

– *Handlungen* – das heißt, zwischen verschiedenen Möglichkeiten zum Handeln muss eine Entscheidung getroffen werden.

– *Umstände* – Entscheidungen werden unter bestimmten Umständen getroffen (jeder Umstand trifft mit einer bestimmten Wahrscheinlichkeit ein).

– *Wirkungen* – alle Ergebnisse einer Entscheidung (erwünschte und unerwünschte Auswirkungen)

▨ Eine Situation kann somit wie auf einer Tafel entwickelt und dokumentiert werden.

▨ Die Auflösung eines Entscheidungsbaums ist eine einfache Rückwärtsrechnung.

▨ Beginnend bei den Endknoten auf der rechten Seite wird der Wert jedes Knotens ermittelt und der jeweils erwartete Wert eingetragen.

Abbildung 11.6 zeigt einen Entscheidungsbaum für folgende Situation: Sie benötigen für Ihr Projekt unbedingt ein bestimmtes Messgerät. Das Wartungsintervall für das Gerät ist abgelaufen und Sie stehen vor der Frage, ob Sie das Messgerät vor oder nach dem Einsatz im Projekt zur Inspektion bringen.

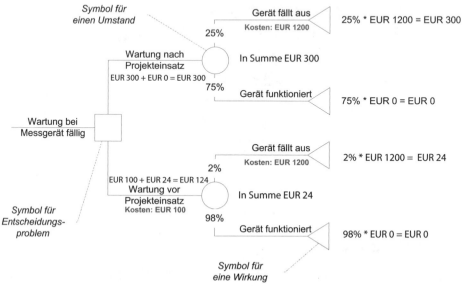

Abbildung 11.7: Entscheidungsbaum

Die Inspektion kostet 100 Euro, die für Ihr Projekt nicht anfallen, wenn das Gerät erst nach dem Projekt gewartet wird. Wenn das Messgerät ausfällt, muss ein anderes extern ausgeliehen werden, und die Kosten hierfür betragen 1.200 Euro. Die Wahrscheinlichkeit, dass das Messgerät ausfällt, liegt bei 25 Prozent ohne Inspektion, bei zwei Prozent mit Inspektion.

Frage

Würden Sie das Gerät zur Inspektion bringen oder nicht?

Antwort

Mit den gegebenen Informationen wäre es günstiger, das Gerät zur Inspektion zu bringen.

11

Lassen Sie uns analysieren, warum das so ist:

Als Erstes müssen Sie die Entscheidung treffen, wann Sie das Gerät warten:

Alternative 1: nach dem Einsatz im Projekt (oberer Teil des Entscheidungsbaums) oder

Alternative 2: vor dem Einsatz im Projekt (unterer Teil des Entscheidungsbaums).

- Wenn Sie sich für **Alternative 1** entscheiden, dann besteht
  - 25 Prozent Wahrscheinlichkeit, dass das Gerät ausfällt und Sie 1.200 Euro für ein neues Gerät bezahlen müssen. Das heißt, der Wert des oberen Pfades beträgt 300 Euro (= 1.200 Euro * 0,25).
  - 75 Prozent Wahrscheinlichkeit, dass das Gerät einwandfrei funktioniert, das heißt, es fallen keine Kosten an, und der Wert des Pfades beträgt 0 Euro (= 0 Euro * 0,75).
  - Das heißt, die Gesamtkosten der Alternative 1 betragen 300 Euro = 300 Euro + 0 Euro.
- Wenn Sie sich für **Alternative 2** entscheiden, dann besteht
  - 2 Prozent Wahrscheinlichkeit, dass das Gerät trotz Wartung ausfällt und Sie 1.200 Euro für ein neues Gerät zusätzlich zu den Wartungskos-

ten von 100 Euro bezahlen müssen. Das heißt, der Wert des oberen Pfades von Alternative 2 beträgt 124 Euro (= 100 Euro + 1.200 Euro * 0,02).

– 98 Prozent Wahrscheinlichkeit, dass das Gerät einwandfrei funktioniert, das heißt, es fallen nur die Wartungskosten an, und der Wert des Pfades beträgt 100 Euro (= 100 Euro + 0 Euro * 0,98)

– Das heißt, die Gesamtkosten der Alternative 2 betragen 224 Euro = 124 Euro + 100 Euro

Die Gesamtkosten der Alternative 2 liegen also niedriger als die Gesamtkosten der Alternative 1.

In der Projektrealität gibt es Entscheidungsbäume, die wesentlich mehr Knoten haben, das heißt, dass mehrere Entscheidungen nacheinander gefällt werden müssen, wobei für jede Entscheidung wieder verschiedene Umstände mit einer bestimmten Eintrittswahrscheinlichkeit existieren. In diesem Fall werden die Wahrscheinlichkeiten für jeden Pfad im Entscheidungsbaum einfach multipliziert.

Monte-Carlo-Simulation

Die *Monte-Carlo-Simulation* wird im Projektmanagement für die Bewertung von Kosten- und Terminrisiken eingesetzt. Sie findet aber nicht nur im Projektmanagement Anwendung, sondern ist eine statistische[1], allgemein einsetzbare Simulationsmethode mit folgenden Kennzeichen:

▪ Es wird ein Rechenmodell, das das durchzuführende Projekt beschreibt, vielfach durchlaufen (üblich sind 10.000 Wiederholungen).

▪ Für jeden Durchlauf werden die errechneten Werte dokumentiert und somit eine Wahrscheinlichkeitsverteilung ermittelt.

▪ Als Ergebnis erhält man eine Eintrittswahrscheinlichkeit bezogen auf das Erreichen eines definierten Projektendtermins bzw. einer Kostenschätzung. Je höher die Anzahl der Durchläufe, desto besser die Qualität der Ergebnisse.

▪ Ziel von Monte-Carlo-Simulationen sind Vorhersagen über Ergebnisse des gesamten Projekts, nicht für einzelne Vorgänge.

---

1 Statistisch bedeutet hier, dass die Wahrscheinlichkeit für ein bestimmtes Ergebnis von dem Ausgang des vorangegangenen Ereignisses unabhängig ist. Außerdem ist die Wahrscheinlichkeit für jedes Ereignis gleich groß und bekannt.

- Monte-Carlo-Simulationen finden in der Netzplantechnik Verwendung, um pfadkonvergente Problemstellungen zu simulieren und zu analysieren.

- Monte-Carlo-Simulationen liefern auch Informationen darüber, welche Vorgänge mit welcher Wahrscheinlichkeit auf dem kritischen Weg liegen.

- Als Basis für eine Monte-Carlo-Simulation werden unbedingt mehrere realistische Schätzwerte (optimistischer, realistischer und pessimistischer Schätzwert) benötigt, wie PERT sie liefert.

- Monte-Carlo-Simulationen werden normalerweise nicht manuell, sondern toolunterstützt durchgeführt.

11.2.5 Risikobewältigungsmaßnahmen planen

Der Prozess »Risikobewältigungsmaßnahmen planen« befasst sich damit, für die Risiken – in der Reihenfolge der ermittelten Prioritäten – zu überlegen, welche Maßnahmen durchgeführt werden können, um Gefahren zu verringern oder Chancen zu erhöhen.

Kernpunkte der Planung zur Risikobewältigung

- Die Risikobewältigungsplanung muss angemessen sein, das heißt, Aufwand und Nutzen müssen in vernünftiger Relation zueinander stehen.

- Je Risiko wird eine *Antwortstrategie* (siehe unten Abschnitt »Mögliche Antwortstrategien«) bzw. eine Kombination aus mehreren Strategien festgelegt.

- Alle relevanten Stakeholder müssen einbezogen werden und den gewählten Antwortstrategien zustimmen.

- Für jede Antwortstrategie wird ein Verantwortlicher (Risk Owner) festgelegt. Das heißt nicht, dass der Verantwortliche die Maßnahme auch selbst durchführen muss.

- Strategien werden regelmäßig anhand des Projektverlaufs bewertet und ggf. angepasst.

Mögliche Antwortstrategien

Bezogen auf jedes negative und jedes positive Risiko gibt es fünf Varianten, auf das Risiko zu reagieren. Tabelle 11.1 gibt Ihnen eine Übersicht:

Negatives Risiko	Positives Risiko
1. Eskalieren. Risiko auf andere Ziel-ebene übertragen	**1. Eskalieren.** Risiko auf andere Ziel-ebene übertragen
2. Vermeiden. Die Gefahr bannen, dass das Risiko auftreten kann.	**2. Nutzung.** Sicherstellen, dass die Chance genutzt wird. Die Chance muss eintreten.
3. Übertragen. Das Risiko an eine andere Partei übergeben.	**3. Teilen** steht hier für das Übertragen an einen Dritten, der die Chance besser nutzen kann, beispielsweise im Rahmen eines Joint Ventures.
4. Mindern. Darunter ist die Verminde-rung der Wahrscheinlichkeit des Ein-tritts, der Auswirkungen oder beides zu verstehen.	**4. Verbessern.** Es werden die Wahr-scheinlichkeit des Eintritts, die Auswir-kungen oder beides vergrößert.
5. Akzeptieren bedeutet, bewusst die Entscheidung zu treffen, mit dem Risiko zu leben.	**5. Akzeptieren** heißt, die bewusste Ent-scheidung zu treffen, mit dem Risiko zu leben.

Tabelle 11.1: Antwortstrategien auf Risiken

Frage

Was ist der Unterschied zwischen dem »Akzeptieren« und »Ignorieren« von Risiken?

Antwort

Akzeptierte Risiken sind identifiziert und dokumentiert. Innerhalb von Projektmeetings wird regelmäßig überprüft, ob sie weiterhin akzeptiert werden können oder ob nicht eine andere Antwortstrategie gewählt wer-den muss. *Ignorierte Risiken* wurden wahrscheinlich noch nicht einmal identifiziert.

Frage

In welche Kategorie fallen »Notfallpläne«?

Antwort

Die Erstellung von Notfallplänen soll zwar die Auswirkung eines Risiko-eintritts mindern, ist aber eine Akzeptanzmaßnahme. Der Grund ist einfach: Die Auswirkung eines Risikos ist das Reagieren auf das entstandene Problem. Ein Notfallplan nimmt einige Überlegungen vorweg, vom Wesen her verändert er weder die Eintrittswahrscheinlichkeit noch die tatsächlichen Auswirkungen.

11.2.6 Risikobewältigungsmaßnahmen umsetzen

Dieser Prozessschritt ist die logische Konsequenz aus der Planung der Bewältigungsmaßnahmen. Methodisch eher dünn, in der Praxis von größter Bedeutung, da oftmals geplant wird, was das Zeug hält, und dann erfolgt keine Umsetzung der vereinbarten Maßnahmen oder die Maßnahmen werden als optionales Extra betrachtet, die bei Gelegenheit (und wenn Zeit ist) angegangen werden.

Die Maßnahmen sind Teil der Gesamtprojektausführung und müssen irgendwo eine Entsprechung in der WBS finden.

11.2.7 Risiken überwachen

Die *Risikoüberwachung und -steuerung* dient dazu, die folgenden Fragestellungen zu überprüfen, damit die Wirksamkeit der Maßnahmen zur Risikobewältigung kontrolliert werden kann:

- Sind die Maßnahmen wie geplant umgesetzt worden?
- Wie wirkungsvoll waren die Maßnahmen?
- Sind die Projektannahmen noch gültig?
- Sind Risikoauslöser eingetreten?
- Gibt es neue Risiken?
- Fallen Risiken weg?
- Gibt es neue Bewertungen hinsichtlich der identifizierten Risiken bezogen auf Wahrscheinlichkeit oder Auswirkung?
- Sind die definierten Strategien noch angemessen?

Risiken und definierte Maßnahmen müssen regelmäßig überprüft werden. Merken Sie sich daher für die Prüfung, dass das Thema *Risiko* ein wichtiger Tagesordnungspunkt in Projektteambesprechungen ist und Risikobewertungen (*Risk Reviews*) regelmäßig durchgeführt werden müssen.

Frage

Was ist der Unterschied zwischen einem Notfallplan und einer Ausweichmaßnahme?

Antwort

In einem *Notfallplan* werden Maßnahmen definiert, die bei Risikoeintritt ausgeführt werden, um den Projekterfolg sicherzustellen.

Eine *Ausweichmaßnahme* ist eine ungeplante Maßnahme, die bei Eintritt eines Risikos durchgeführt wird, das vorher nicht identifiziert bzw. akzeptiert wurde.

11.3 Prüfungsfragen

Zusätzliche und beispielhafte Prüfungsfragen zu diesem Kapitel finden Sie im Internet unter der Adresse: *www.wuttke.team/pmp-examen-das-buch*

12   Beschaffungsmanagement in Projekten

Beschaffungsmanagement in Projekten behandelt die Beschaffung von Waren oder Dienstleistungen für das Projekt. Das Thema an sich ist nicht schwierig, aber vielleicht ungewohnt, da die meisten Projektmanager in diesem Gebiet wenig Erfahrung haben und die tägliche Beschaffungsarbeit von den Linien durchgeführt wird.

Die Prüfung geht davon aus, dass der Kauf von Waren oder Dienstleistungen vom Projektteam angestoßen wird und der Verkäufer damit außerhalb der Projektorganisation steht. Der Projektleiter ist somit der Kunde, Besteller, Auftraggeber etc. Was ist dann der »Andere«? Die andere Partei ist der Lieferant, der Auftragnehmer, der Verkäufer, Subkontraktor etc.

Besonders im Bereich des Beschaffungsmanagements ist darauf zu achten, durch welche Brille der Betrachter auf die Situation schaut. Wenn Sie keine anderen Hinweise finden, dann ist die Perspektive diejenige des Käufers. Das ist besonders dann nicht einfach, wenn Sie aus einem Projektumfeld kommen, das Leistungen im Kundenauftrag erstellt. Nach der Frage, wer denn das Angebot erstellt, antworten Sie bestimmt reflexartig: Ich! Im Sinne des Beschaffungsmanagements schreiben Sie aber keine Angebote. Das machen die anderen, die Verkäufer, die Lieferanten, die Unterauftragnehmer. Sie machen die Leistungsbeschreibung. Sie lesen die Angebote und erteilen den Auftrag!

Frage

Wie würden Sie den Begriff Beschaffungsmanagement definieren?

Antwort

Beschaffungsmanagement in Projekten beinhaltet die Prozesse für den Kauf oder Erwerb der Produkte, Dienstleistungen und Ergebnisse, die von außerhalb des Projektteams für die Durchführung der Arbeit benötigt werden. Eingeschlossen ist darin also auch der Einkauf innerhalb der eigenen Organisation.

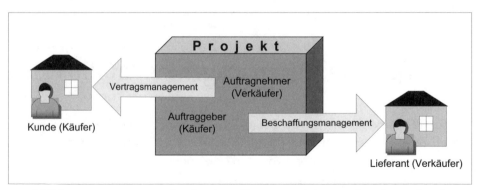

Abbildung 12.1: Zwei entscheidende Rollen im Projekt: Käufer oder Verkäufer

12.1 Allgemeine Themen des Wissensgebiets

12.1.1 Organisation des Beschaffungsmanagements

Eine Organisation kann die Verantwortung für das Beschaffungsmanagement bzw. die Vertragsverwaltung verschieden organisieren: zentral oder dezentral.

■ **Zentrale Vertragsverwaltung** bedeutet, dass eine einzelne Stelle in der Organisation für alle Projekte zentral Verträge vergibt und steuert.

■ **Dezentrale Vertragsverwaltung** bedeutet, dass jeder Projektleiter die Verträge seines Projekts abschließt.

Da es in der Prüfung vorkommen kann, dass die Vor- und Nachteile der verschiedenen Organisationsformen der Vertragsverwaltung abgefragt werden, haben wir einige in der nachfolgenden Tabelle zusammengestellt.

	Vorteile	**Nachteile**
Zentrale Vertragsverwaltung	■ Höheres fachliches Know-how ■ Standardisierte Vorgehensweise ■ Bestellungen können über mehrere Projekte koordiniert werden.	■ Zentralstelle kann ein Engpass werden. ■ Spezielle Projektbedürfnisse werden weniger berücksichtigt. ■ Kommunikation zwischen Projektleiter und Lieferant muss evtl. über Zentralstelle erfolgen.

Tabelle 12.1: Vor- und Nachteile der zentralen und dezentralen Vertragsverwaltung

	Vorteile	Nachteile
Dezentrale Vertragsverwaltung	▪ Projektleiter hat mehr Einfluss. ▪ Projektgegebenheiten können stärker berücksichtigt werden.	▪ Erhöhter Aufwand und Kosten, da alle Projekte die Vertragsverwaltung durchführen ▪ Kein Spezialwissen über Vertragsverwaltung vorhanden

Tabelle 12.1: Vor- und Nachteile der zentralen und dezentralen Vertragsverwaltung (Forts.)

12.1.2 Vertragsmanagement

Frage

Überlegen Sie, was die Kennzeichen eines Vertrages sind.

Antwort

Formal gibt es eigentlich nur ein Kennzeichen: *die übereinstimmenden Willenserklärungen von mindestens zwei Parteien* – nämlich ein Angebot und die daraufhin folgende Annahme des Angebots. Dabei muss keine bestimmte Form eingehalten werden, ein Vertrag kann z.B. auch mündlich geschlossen werden.

Was macht einen Vertrag aus?

Auch wenn es nicht zwingend erforderlich ist, wird im Geschäftsleben aufgrund der Beweisbarkeit meistens doch ein schriftlicher Vertrag geschlossen. Vertragsinhalte sind im Allgemeinen:

▪ Bestimmungen zu Inhalt und Umfang

▪ Leistungen der Vertragspartner (»Statement of Work«)

▪ Zahlungsbestimmungen

▪ Mitwirkungspflichten

▪ Urheberrechte

▪ Liefertermine

12.1.3 Die Rolle des Projektmanagers im Beschaffungsmanagement

Der Projektmanager hat die Verantwortung über das gesamte Projekt und damit auch über die Beschaffungen. Natürlich ist er gut beraten, sich der Fachleute aus dem Unternehmen zu bedienen und nicht alles alleine zu machen. Wahrscheinlich würde ihm auch hier das vertragliche Fachwissen fehlen. Das bedeutet aber auch, dass Sie nicht mit der Einstellung vieler Projektprofis in die Prüfung gehen können: »Mit Beschaffung hab' ich nichts am Hut, das macht der Einkauf ...«

Wichtig ist, dass der Projektverantwortliche trotz »Einkauf« die Verantwortung für die Beschaffungen und den Beschaffungsprozessen nicht von vornherein negiert. Seine Aufgaben sind:

- Durchführung einer Risikoanalyse für den Vertrag (siehe Kapitel 11)
- Kommunikation mit Lieferanten
- Vertragsadministration

12.1.4 Vertragstypen

Dieses Thema gehört eigentlich in den Prozess 12.1. Wir haben uns aber entschlossen, die Vorstellung der Vertragstypen vorzuziehen, da dies das eigentliche Kernstück (mit den größten Verständnisproblemen) dieses Wissensgebiets darstellt. Die Vertragstypen lassen sich generell in drei Gruppen einteilen, die im Folgenden kurz vorgestellt werden:

1. Verträge auf Festpreis- oder Pauschalsummenbasis (Fixed Price, FP)
2. Kostenerstattungsverträge (Cost Reimbursable, CR)
3. Verträge auf Zeit- und Materialbasis (Time and Material, T&M)

Hinweis

Die für die PMP-Prüfung wichtigen Vertragsarten sind keine Vertragsarten des deutschen Bürgerlichen Gesetzbuchs (BGB) bzw. der entsprechenden schweizerischen oder österreichischen Gesetzesgrundlage. Die (deutschen) Dienst- und Werksverträge entsprechen nicht 100%ig einem T&M-Vertrag bzw. einem Festpreisvertrag. Allein die Tatsache, dass in Deutschland die Bezahlform *nicht* die Vertragsart festlegt, zeigt schon einen erheblichen Unterschied auf.

Dieses Buch bereitet Sie auf das PMP-Examen vor und behandelt daher die dort beschriebenen, im internationalen Kontext möglichen Vertragsarten. Nur am Rande sei bemerkt, dass es so mancher zentraleuropäischen Projektgruppe sehr gut täte, auch mal wieder die heimischen Gesetzesgrundlagen zu lesen – am besten in den Lernpausen auf die PMP-Prüfung.

Generell können Anreizzahlungen Bestandteil von Verträgen sein (auch Gewinnzuschlag, Bonus oder Incentive genannt). Boni erlauben eine zusätzliche Zahlung zum vereinbarten Preis abhängig von der Erreichung bestimmter Zeit-, Kosten-, Leistungs- oder Qualitätsvorgaben.

1. Festpreisverträge (Fixed Price, FP)

Dies ist die weltweit am meisten anzutreffende Vertragsform. Diese Vertragsform beruht auf einem fixen Gesamtpreis für ein genau definiertes Produkt. In dem Maß, in dem das zu erwerbende Produkt nicht genau definiert oder verstanden ist, besteht ein Risiko sowohl für den Auftraggeber als auch für den Auftragnehmer – der Auftraggeber erhält möglicherweise nicht das gewünschte Produkt oder der Auftragnehmer muss zusätzliche Kosten tragen, um es zu liefern. Verträge zu Festpreisen können verschiedene Ausprägungen haben:

■ **Gesicherter Festpreisvertrag** *(Firm Fixed Price Contracts, FFP)*

Dies ist die am häufigsten verwendete Vertragsform. Für ein genau definiertes Produkt wird ein fester Verkaufspreis vereinbart. Das Risiko für Kostensteigerungen liegt beim Verkäufer.

■ **Festpreisvertrag mit Leistungsprämie** *(Fixed Price Incentive Fee, FPIF)*

Diese Art von Festpreisvertrag ist nicht ganz so starr wie der reine bzw. gesicherte Festpreisvertrag. Von den beiden Vertragsparteien werden Zusatzzahlungen für die Erreichung oder das Übertreffen ausgewählter Leistungsziele vereinbart. Eine Spezialform des FPIF beinhaltet den PTA (Point of Total Assumption), der weiter unten ausgeführt wird.

■ **Festpreisverträge mit wirtschaftlicher Preisanpassung** *(Fixed Price Economic Price Adjustment, FPEPA)*

Manchmal werden in einem Festpreisvertrag, der über einen längeren Zeitraum läuft, Klauseln vereinbart, die Anpassungen des Vertragspreises ermöglichen. Dies ist vor allem dann der Fall, wenn der Lieferant selbst Ware einkaufen muss, deren Preis stark schwanken kann.

12

2. Kostenerstattungsverträge (Cost Reimbursable, CR)

Diese Vertragsform sieht die Zahlung (Erstattung) der tatsächlichen Kosten an den Auftragnehmer vor. Kostenerstattungsverträge müssen Anreize für die Erfüllung oder das Übertreffen bestimmter Projektziele enthalten. Solche Ziele können das Einhalten von Terminvorgaben oder die Erreichung spezieller Anforderungen sein.

Übliche Formen von Kostenerstattungsverträgen sind:

- **Vertrag auf Selbstkostenbasis plus Pauschalbetrag** *(Cost Plus Fixed Fee, CPFF)*

  Wenn diese Vertragsform Anwendung findet, zahlt der Käufer alle Kosten, zusätzlich zu einem Festbetrag (in der Regel ein fester Prozentsatz der *anfänglich* geschätzten Kosten). Dieser Pauschalbetrag bleibt fix, egal wie hoch der tatsächliche Aufwand im Laufe des Projekts wird.

- **Vertrag auf Selbstkostenbasis plus Leistungsprämie** *(Cost Plus Incentive Fee, CPIF)*

  Bei dieser Vertragsart werden alle Kosten erstattet. Zusätzlich wird ein Gewinnzuschlag vereinbart, der dann ausgezahlt wird, wenn vertraglich festgelegte Leistungsziele erreicht werden.

  Am Vertragsende werden die tatsächlichen Kosten ermittelt. Liegen diese Kosten über oder unter den geschätzten Kosten, dann erfolgt eine Aufteilung der zusätzlichen Kosten bzw. der Einsparungen zwischen Käufer und Verkäufer nach einer im Vertrag festgelegten Kostenteilungsformel.

  Beispiel:

  Kostenziel (Target Cost) = € 420.000

  Profitziel (Target Fee) = € 80.000

  Zielpreis (Target Price) = € 500.000

  = Kostenziel + Profitziel

  Sharing Ratio 60/40 = 40 % für den Verkäufer

  _____

  Tatsächliche Kosten = € 400.000

  Differenz zum Kostenziel = € 20.000

  Anteil des Verkäufers = € 20.000 * 40 % = € 8.000

Verkaufspreis = € 400.000 + € 8.000 + € 80.000 = 488.000

= Tatsächliche Kosten + Anteilige Kosten + Profitziel

- **Vertrag auf Selbstkostenbasis plus Erfolgsprämie** *(Cost Plus Award Fee, CPAF)*

  Bei dieser Vertragsart werden wie in der vorherigen alle Kosten sowie ein Gewinnzuschlag gezahlt. Allerdings werden hier keine genau messbaren Leistungsziele und Kostenteilungsformeln vereinbart, sondern die vertraglich vereinbarten Zahlungskriterien werden weiter gefasst. Die Zahlung der Prämie hängt davon ab, ob der Auftraggeber der Meinung ist, dass die vereinbarten Ziele erreicht wurden.

- **Vertrag auf Selbstkostenbasis plus prozentualem Gewinnaufschlag** *(Cost Plus Percentage of Costs, CPPC)*

  Diese Vertragsform darf nicht bei Verträgen mit US-Behörden gewählt werden und ist generell für den Käufer ungünstig. Hierbei zahlt der Auftraggeber neben den anfallenden Kosten einen prozentualen Gewinnaufschlag auf die Kosten. Der Auftragnehmer ist daher nicht motiviert, die Kosten unter Kontrolle zu halten, da er auf alle entstehenden Kosten einen Gewinnaufschlag erhält.

3. Verträge auf Zeit- und Materialbasis (Time and Material, T&M)

Verträge auf Zeit- und Materialbasis ähneln den Vereinbarungen zur Kostenerstattung darin, dass ihr Ende offen ist, da der Gesamtwert der Vereinbarung zum Zeitpunkt des Abschlusses noch nicht feststeht. Dadurch können Verträge auf Zeit- und Materialbasis wie Kostenerstattungsverträge in ihrem Vertragswert noch steigen. Im Gegensatz dazu können sie auch Festpreisverträgen ähneln, wenn Auftraggeber und Auftragnehmer zum Beispiel Stückpreise vereinbaren, indem sich beide Parteien auf Vergütungssätze für die Kategorie »Senior-Entwickler« einigen. Diese Vertragsform wird normalerweise nur bei geringen Auftragsvolumen gewählt. Hierbei wird pro Zeiteinheit und Material abgerechnet.

Frage

Welche Vor- und Nachteile haben die verschiedenen Vertragstypen T&M, CPFF, FP?

Antwort

Die folgende Tabelle zeigt verschiedene Vor- und Nachteile auf. Bitte beachten Sie, dass die Auflistung nicht vollständig ist, sie stellt vielmehr einige Beispiele dar:

Vertragsart	Vorteile	Nachteile
Zeit- und Materialbasis (T&M)	■ Schnell zu erstellen, einfache Vertragsgestaltung Geeignet zur kurzfristigen Personalaufstockung	■ Verkäufer hat keinen Anreiz, die Kosten zu kontrollieren, nur für kleine Projekte angemessen.
Kostenerstattung (CR)	■ Im Vergleich zum Festpreis kostengünstiger, da der Anbieter keinen Risikoaufschlag einkalkulieren muss ■ Relativ geringer Aufwand, um Inhalt und Umfang zu definieren	■ Erfordert eine erhöhte Überwachung und verursacht mehr Verwaltungsaufwand. ■ Anbieter hat nur geringen Anreiz, die Kosten zu kontrollieren, da der Gesamtpreis nicht feststeht.
Festpreis (FP)	■ Weniger Verwaltungsaufwand für den Auftraggeber ■ Anbieter hat starken Anreiz, die Kosten zu kontrollieren ■ Gesamtpreis steht fest	■ Mehr Aufwand für den Auftraggeber, den Arbeitsumfang zu definieren ■ Teurer als Kostenerstattung wegen des Risikoaufschlags des Anbieters

Tabelle 12.2: Vor- und Nachteile der verschiedenen Vertragsarten

Stellen Sie sich auf Fragen in der Prüfung ein, die eine Situation schildern und dann danach fragen, welcher Vertragstyp unter den gegebenen Umständen zu empfehlen ist.

Point of Total Assumption

Es wurde verschiedentlich berichtet, dass im PMP-Examen wieder Fragen hinsichtlich des PTA (Point of Total Assumption) gestellt werden.

Dieser wird in FAR 16.4 beschrieben, wobei FAR für *US Federal Aquisition Regulation* steht. Es handelt sich also um eine Ausführungsrichtlinie für staatliche Beschaffung in den USA, die sich auf Festpreisverträge mit Anreizzahlung (Bonus) bezieht, also ein *FPIF*-Vertrag

Der PTA ist ein Betrag, der sich aus einem solchen Vertrag ergibt, und festlegt, ab wann der Verkäufer den durch Kostenüberschreitung entstehenden Verlust trägt.

Gedanke des PTA ist, dass sich Verkäufer und Käufer auf eine Kostenplanung einigen (*target cost*) und sich grundsätzlich den Betrag, der bei einer Unter- bzw. Überschreitung der geplanten Kosten anfällt, nach einem definierten Schlüssel aufteilen (*share ratio*). Außerdem wird aber auch ein Höchstbetrag (*ceiling price*) vereinbart, den der Käufer maximal bezahlen muss, das heißt, alle darüber hinaus anfallenden Kosten werden voll vom Verkäufer getragen.

Im Vertrag selbst wird also definiert:

12

- ein Zielpreis, der sich aus der Summe der geplanten Kosten (Kostenziel) und dem geplanten Gewinn des Verkäufers (Profitziel) ergibt
- ein oder mehrere Aufteilungsverhältnisse (*share ratios*)
- der Höchstpreis, den der Käufer zahlen muss (*ceiling price*)

Der PTA ist die Differenz zwischen Höchst- und Zielpreis geteilt durch den Anteil des Käufers gemäß Aufteilungsverhältnis für diesen Preisbereich zzgl. Kostenziel:

PTA = ((Höchstpreis – Preisziel)/ Aufteilungsverhältnis) + Kostenziel

Lassen Sie uns das Ganze an einem Beispiel verdeutlichen:

Wenn das Kostenziel bei 2.000,00 Euro liegt und das Profitziel bei 200,00 Euro, dann beträgt der Zielpreis 2.200,00 Euro.

Weiter wurde in unserem Beispiel vereinbart:

Als Höchstpreis 2.450,00 Euro und ein Aufteilungsverhältnis von 80 Prozent für den Käufer und 20 Prozent für den Verkäufer im Fall von Kostenüberschreitungen sowie ein Verhältnis von 50 zu 50 Prozent für Kostenunterschreitung.

Es ergibt sich somit ein PTA von 2.312,50 Euro.

Berechnung: PTA = ((2.450,00 – 2.200,00) / 0.80) + 2.000,00 = 2.312,50.

12.2 Prozesse des Beschaffungswesens

In Kapitel 12 des PMBOK Guides werden drei Prozesse des Beschaffungsmanagements dargestellt, auf die wir im Folgenden eingehen möchten:

1. **Beschaffungsmanagement planen (Prozess 12.1)** – Dieser Prozess beschäftigt sich mit der Dokumentation der Kaufentscheidung, der Festlegung der Vorgehensweise und der Identifikation möglicher Anbieter.

2. **Beschaffungen durchführen (Prozess 12.2)** – Dieser Prozess sucht sich einen geeigneten Lieferanten und gibt ihm einen Vertrag.

3. **Beschaffungen steuern (Prozess 12.3)** – Der Vertrag ist geschlossen, und nun geht es darum, welche Leistung der Verkäufer erbringt oder erbracht hat, erforderliche Korrekturmaßnahmen festzulegen und am Ende die Leistung des Lieferanten abzunehmen.

Die Prozesse bauen stringent aufeinander auf, sie bilden sozusagen den Lebenszyklus eines Vertrages ab. Wir werden Ihnen im Folgenden die einzelnen Prozesse näher erläutern.

12.2.1 Beschaffungsmanagement planen

Im Prozess »Beschaffungsmanagement planen« wird entschieden, welche Produkte für das Projekt benötigt werden und woher diese Produkte beschafft werden können.

Frage

Zu welchem Zeitpunkt erfolgt die Planung der für das Projekt notwendigen Einkäufe und Beschaffungen?

Antwort

Die Planung der Einkäufe und Beschaffungen wird im Rahmen der Planung des Inhalts und Umfangs durchgeführt.

Ergebnisse der Beschaffungsplanung

Die Beschaffungsplanung enthält viele formale Elemente und damit natürlich auch viele meist formale Ergebnisse, die wir Ihnen im Folgenden kurz erläutern.

1. **Beschaffungsmanagementplan**

   Der Beschaffungsmanagementplan ist ein weiterer Managementplan, der – wie seine Verwandten aus den anderen Wissensgebieten – die Art und Weise regelt, wie Beschaffungen durchgeführt werden, wie das Zusammenspiel mit dem Einkauf erfolgt, wer Vertragsänderungen durchführen kann und wie überhaupt der Prozess hierzu erfolgt etc. Der Beschaffungsmanagementplan ist Teil des Projektmanagementplans (siehe Abschnitt 4.2).

2. **Beschaffungsstrategie**

   Die Beschaffungsstrategie legt Bereitstellungsmethoden, Vertragsformen und auch die Beschaffungsphasen fest.

   Bei der Auswahl der Vertragsform spielen folgende Faktoren eine Rolle:

   – Wie genau können Inhalt und Umfang der Leistungen definiert werden?

   – Wie wahrscheinlich ist es, dass Änderungen nach Projektstart gewünscht/notwendig werden?

   – Wie oft werden Änderungswünsche auftreten?

   – In welchem Umfang will der Auftraggeber während der Vertragslaufzeit Einfluss auf den Auftragnehmer ausüben?

   – Über welches Know-how verfügen Auftraggeber/-nehmer?

   – In welcher Branche sind Auftraggeber/-nehmer tätig, welche Vertragsformen sind dort üblich?

3. **Ausschreibungsunterlagen**

   Ausschreibungsunterlagen enthalten die Anforderungen des Auftraggebers und dienen der Einholung von Angeboten für ein bestimmtes Produkt bzw. eine definierte Dienstleistung.

   Je nach Art und Umfang der angefragten Leistung sowie dem ausgewählten Vertragstyp gibt es verschiedene Dokumentarten. Wir nennen folgend nur die englischen Begriffe, da es nicht immer entsprechend genormte deutsche Begriffe gibt.

12

– **RFI (Request For Information):** Es wird zunächst eine Informationsanfrage gestellt, danach kommt dann meist der RFQ.

– **RFP (Request For Proposal):** Es wird ein detailliertes Angebot angefragt. Wird verwendet, wenn die Leistung nicht standardisiert bzw. komplex ist. Meistens gibt es ein Verfahren zur Abstimmung zwischen Auftraggeber und -nehmer.

– **IFB (Invitation For Bid):** Es wird ein Festpreis für die gesamte Arbeit angefragt. Voraussetzung ist, dass die Arbeit genau definiert werden kann. Normalerweise erhält der Lieferant den Zuschlag, der den niedrigsten Preis anbietet.

– **RFQ (Request For Quotation):** Es wird ein Preis pro Stunde, Material etc. angefragt. Wird meist bei gebräuchlichen Handelsartikeln mit relativ geringem Geldwert verwendet.

Beschaffungsdokumente sollen den potenziellen Verkäufern ermöglichen, die angefragten Dienstleistungen bzw. Produkte zu verstehen. Damit dies möglich ist, sind folgende Punkte relevant:

– Beschaffungsdokumente enthalten immer eine Leistungsbeschreibung.

– Beschaffungsdokumente sollten so strukturiert sein, dass sie dem potenziellen Lieferanten genaue und vollständige Angaben geben.

– Sie sollten immer eine Beschreibung der gewünschten Form des Angebots und alle notwendigen vertraglichen Regelungen (z.B. eine Kopie eines Mustervertrags oder Geheimhaltungsklauseln) beinhalten.

– Bei Beschaffungsdokumenten von staatlichen Stellen können Inhalt und Form ganz oder teilweise gesetzlich vorgeschrieben sein.

– Beschaffungsdokumente sollten restriktiv genug sein, um einheitliche, vergleichbare Angebote zu gewährleisten, aber dennoch flexibel genug, um dem Auftragnehmer Raum für eigene Vorschläge zur besseren Erfüllung der Anforderungen zu lassen.

Frage

Überlegen Sie, wie sich die Qualität der Beschaffungsdokumente auf das Projekt auswirkt.

Antwort

Gute Beschaffungsdokumente erhöhen die Projektqualität, denn sie verringern die Anzahl der Rückfragen durch potenzielle Lieferanten und die der nachträglichen Änderungen. Die Qualität der Angebote erhöht sich, sie werden präziser und besser vergleichbar.

Bitte beachten Sie, dass die Beschaffungsdokumente bereits wesentliche Punkte des späteren Vertrages enthalten, da dort alle Leistungen, Bedingungen und Fristen festgeschrieben werden. Die Anbieter können jedoch Vorschläge zur Anpassung der Beschaffungsdokumente unterbreiten. Das können z.B. Änderungsvorschläge hinsichtlich des Umfangs der Arbeiten oder der möglicher Liefertermine sein.

12

1. Leistungsbeschreibung (Lastenheft)

Bestandteil jedes Vertrags ist eine *Leistungsbeschreibung*. Sie definiert den Beschaffungsgegenstand so genau, dass der potenzielle Lieferant beurteilen kann, ob er die Leistung liefern kann und zu welchem Termin und Preis. Elemente einer Leistungsbeschreibung sind z.B. Zeichnungen, Spezifikationen und technische Beschreibungen. Wichtig zu wissen ist: Alle Elemente der Leistungsbeschreibung sind Vertragsbestandteile!

Die Form der Leistungsbeschreibung hängt von der Branche und Art des Beschaffungsgegenstands ab. Die wichtigsten Merkmale sind:

- *Endergebnis (Performance):* Legt fest, was das fertige Produkt können muss, was nicht und wie es gefertigt werden soll. Die getroffenen Vereinbarungen bilden im Anschluss die Basis der Abnahme.

- *Gebrauchszweck (functional or detailed):* Legt neben dem Endergebnis meist auch die entscheidenden Merkmale fest. Die Beschreibung bildet damit auch Grundlage der Leistungserstellung, nicht nur der Abnahme.

- *Design:* Legt genau fest, wie die Leistung aussieht und wie sie erstellt werden soll.

2. Die Make-or-buy-Entscheidungen

Ein Hauptgrund für die Kaufentscheidung (*buy*) ist es, Unsicherheiten zu reduzieren (Kosten, Zeit, Ausführung und Umfang der Arbeit). Gegen die

Kaufentscheidung und damit für die eigene Erstellung (*make*) sprechen folgende Gründe:

– ideale Raum- und Personalvoraussetzungen,

– man möchte die Kontrolle behalten,

– die Arbeit beinhaltet betriebsinterne (geheime) Informationen oder Vorgänge.

3. Vertragsauslegung

Bei der Projektdurchführung kann die Situation auftreten, dass festgestellt wird, dass die Vertragsinhalte nicht eindeutig geklärt bzw. interpretierbar sind. In der Prüfung können Fragen gestellt werden, was in dieser Situation zu tun ist. Behalten Sie daher unbedingt im Hinterkopf:

– Vertragsauslegung ist meistens eine schwierige Situation, die oft Rechtsbeistand erfordert.

– Basis ist immer der Vertrag! Er »sticht« alle anderen Dokumente wie z.B. den »Letter of Intent«, Besprechungsprotokolle oder Telefonnotizen, die vor der Vertragsunterzeichnung erstellt wurden.

– Die Vertragsauslegung basiert auf der Analyse dessen, was die Absicht der Vertragsparteien war, und einigen Richtlinien.

– Es ist sinnvoll, vertraglich festzulegen, wie mit unklaren Vertragslagen umgegangen wird.

4. Beurteilungskriterien für die Auswahl von Bezugsquellen

Teil der Beschaffungsplanung ist nicht nur die Entwicklung der Beschaffungsdokumente, sondern auch die Auseinandersetzung damit, nach welchen Kriterien die eingehenden Angebote beurteilt werden, um dann einem Lieferanten den Auftrag zu erteilen.

Die Beurteilungskriterien können nach verschiedenen Aspekten ausgearbeitet werden. Sie können sich nur auf den Preis beschränken oder auch andere Faktoren berücksichtigen. In den meisten Fällen wird auf Basis einer der unten genannten Punkte (oder einer Kombination von mehreren) beurteilt, gewichtet und/oder ausgewählt.

– *Gewichtungssystem:* Die Angebote aller Anbieter werden nach vorher festgelegten Kategorien und Prioritäten (z.B. Preis, Vorerfahrung, Know-how, Liefertermin, Qualifikation der Mitarbeiter etc.) bewertet und gewichtet.

– *Rasterverfahren:* Die Angebote der Anbieter, die die Mindestanforderungen nicht erfüllen, werden aussortiert.

– *Unabhängige Schätzung:* Die Preise der Anbieter werden mit einer internen Kostenschätzung verglichen. Diese wird vorab durch eine interne Stelle oder einen externen Berater erstellt. Das Ziel dabei ist, sicherzustellen, dass die Preisangaben der Anbieter angemessen sind.

– *Vorerfahrungen bei der Zusammenarbeit:* Beurteilung der Anbieter nach bereits gewonnenen Erfahrungen.

Neben Bewertungskriterien werden von Firmen auch qualifizierte Lieferantenlisten geführt.

Frage

Überlegen Sie, welchen Vorteil Lieferantenlisten für diesen Prozess haben.

Antwort

Sogenannte *qualifizierte Lieferantenlisten* minimieren das Risiko und den Aufwand bei der Lieferantenauswahl, da die dort gelisteten Lieferanten vorab vom Unternehmen nach bestimmten Kriterien überprüft und freigegeben wurden. Nur sie erhalten die Ausschreibungsunterlagen. Lieferantenlisten enthalten üblicherweise Informationen über Erfahrungswerte und andere Eigenschaften der Lieferanten.

12.2.2 Beschaffung durchführen

Der Prozess »Beschaffung planen« endet damit, dass die potenziellen Lieferanten über die zu beschaffenden Dienstleistungen bzw. Produkte informiert werden. Das Einholen der Angebote und die Beauftragung eines Lieferanten auf Basis der festgesetzten Bewertungskriterien sind die Inhalte des Prozesses »Beschaffung durchführen«.

Neben den in der Beschaffungsplanung erstellten Dokumenten und allgemeinen Projektdokumenten wie zum Beispiel das Risikoregister werden bei der Auswahl eines Lieferanten auch Vorgaben vom Unternehmen wie zum Beispiel vorliegende Kooperationsvereinbarungen berücksichtigt.

Methoden der Lieferantenauswahl

Die Auswahl eines Lieferanten kann durch verschiedene Methoden erfolgen – je nachdem, welches Produkt beschafft werden soll.

Einfache Handelsware wird evtl. einfach bei einem gelisteten Lieferanten bestellt. Wobei die **Bestellung** eine *unilaterale* Vertragsform ist, das heißt, es unterschreibt nur eine Partei.

Zur **Beurteilung der Angebote** komplexerer Produkte können die definierten Bewertungskriterien oder auch **unabhängige Schätzungen** von professionellen Gutachtern Anwendung finden.

Eventuell kann auch die Entscheidung zur Auftragserteilung nicht alleine vom Projektteam oder Einkauf gefällt werden, sondern es wird spezielles Know-how benötigt, um ein **Fachurteil** zu fällen.

Weitere Methoden zur Auftragsvergabe sind:

1. **Bieterkonferenzen**

   Bieterkonferenzen werden auch Lieferanten-, Verkäufer- oder Vorkonferenzen genannt und haben folgende Merkmale:

   – Treffen des Auftraggebers mit potenziellen Lieferanten im Vorfeld der Angebotserstellung, das dazu dient, den Lieferanten ein einheitliches und verständliches Bild des Beschaffungsvorgangs zu vermitteln. Dies betrifft sowohl die fachliche als auch die vertragliche Anforderungsseite.

   – Für die Lieferanten besteht die Möglichkeit, Fragen zu stellen, die erhaltenen Antworten können als Ergänzung in die Ausschreibungsunterlagen einfließen.

   – Wichtiges Kriterium ist, dass alle potenziellen Lieferanten während des gesamten Ausschreibungsprozesses den gleichen Kenntnisstand erhalten.

   – Ein Ziel der Bieterkonferenz ist es, sicherzustellen, dass die Preisgestaltung der Lieferanten optimal auf den Bedarf des Projekts abgestimmt ist.

- Der zu leistende Aufwand wird transparent und ermöglicht eine angepasste Preisgestaltung, der zu zahlende Mindestpreis kann ermittelt werden.

- Kollusionen (geheime/betrügerische Absprachen) müssen vermieden werden.

Sie müssen nicht im Einzelnen wissen, wie eine Bieterkonferenz abläuft; oft ist aber Projektmanagern die Tragweite solcher Veranstaltungen nicht bewusst. Im Vorfeld der Prüfung sollten Sie daher die Vor- und Nachteile einer Bieterkonferenz für beide Parteien, Käufer und Verkäufer, zumindest gedanklich einmal durchgespielt haben.

2. **Ausschreibung**

Ausschreibungen können sinnvoll sein, wenn potenzielle Lieferanten angesprochen werden sollen, die dem Unternehmen eventuell selbst namentlich noch nicht bekannt sind.

Ausschreibungen können aber auch vorgeschrieben sein, z.B. sind bei staatlichen Stellen Ausschreibungen oft notwendig, wenn bestimmte Angebotssummen überschritten werden. Ausschreibungen können, abhängig vom angefragten Produkt, beispielsweise in lokalen Zeitungen, Fachzeitschriften oder auch Internetportalen veröffentlicht werden.

Frage

Kann es Ihrer Meinung nach auch sinnvoll sein, einen Lieferanten ohne Ausschreibung auszuwählen? Wann? Welches Risiko besteht dann?

Antwort

Unter bestimmten Umständen kann es sinnvoll/notwendig sein, einen Lieferanten ohne »Gegenangebot« auszuwählen. Das kann z.B. dann der Fall sein, wenn es für ein Produkt nur einen Lieferanten gibt, das Projekt unter extremen Termindruck steht und die Auswahl zu lange dauert oder wenn durch internes Know-how bzw. Erfahrung sichergestellt ist, dass der Lieferant ein sehr günstiges Angebot abgegeben hat. Eine solche »Einzelauswahl« erhöht aber das Risiko, da der Projekterfolg stark von diesem einen Lieferanten abhängt.

12

Beschaffungsverhandlungen

Seien Sie darauf gefasst, dass in der Prüfung Fragen zu Beschaffungs- oder – wie wir im Deutschen eher sagen würden – zu Vertragsverhandlungen und Verhandlungstaktiken gestellt werden. Die wichtigsten Punkte, die Sie wissen sollten, sind:

Merkmale von Beschaffungs-/Vertragsverhandlungen

■ Verhandeln ist ein Miteinandersprechen von zwei oder mehr Personen mit verschiedenen Interessen, wobei jede Verhandlungspartei ein bestimmtes Ergebnis erreichen will.

■ Beide Parteien haben den Willen zu einem Interessenausgleich (»Geben und Nehmen«).

■ Der Abschluss einer Verhandlung hat eine rechtliche Bedeutung und beinhaltet einen Interessenausgleich.

■ Es darf keine vollständige Abhängigkeit der einen Partei von der anderen Partei vorliegen.

Ziele der Beschaffungs-/Vertragsverhandlungen

■ Ein faires und angemessenes Angebot zu erhalten.

■ Eine gute Beziehung zum Lieferanten zu entwickeln.

Frage

Das erste Ziel ist selbstverständlich, aber können Sie auch erklären, warum Punkt zwei wichtig ist?

Antwort

Auch der Lieferant ist Stakeholder des Projekts. Es sollte schon während der Vertragsverhandlung eine vertrauensvolle Zusammenarbeit zwischen Auftraggeber und -nehmer angestrebt werden, um eine sogenannte Win-win-Situation zu entwickeln. Wenn auf den Lieferanten nicht unnötiger Druck ausgeübt wird, sondern auch seine Interessen berücksichtigt werden, kann sich der Projektleiter eher darauf verlassen, dass der Lieferant keine zusätzlichen entbehrlichen Arbeiten vorschlägt und die festgelegten Termine einhält etc. Projekte scheitern auch oft daran, dass zu hart (einseitig) verhandelt wurde.

Taktiken bei Vertragsverhandlungen

Taktiken bei Vertragsverhandlungen werden nicht im PMBOK Guide behandelt, können aber Thema der Prüfung sein. Sie müssen nicht alle der hier genannten Punkte auswendig wissen, sollten sie jedoch einordnen können.

- *Unfaire Taktiken*, die man vermeiden sollte, sind z.B.: Provokation, Störungen aller Art, Beleidigungen, taktlose Fragen, Ironie, Diskreditieren, Moralisieren, Verschleppen der Verhandlung, Ablenkungsmanöver, Verwirrspiele, Abstreiten der Kompetenz, Vorwürfe, Lügen, Bestechung, Zeitschinden

- Die korrekte Reaktion auf unfaire Taktiken umfasst:
  - Nicht die gleichen Methoden anwenden
  - Eine ungeplante Pause machen bzw. die Verhandlung verschieben
  - Gelassen und souverän bleiben, unfaire Aussagen überhören
  - Nicht in Verteidigungshaltung gehen und auf emotionale Scharmützel einlassen
  - Auf die eigene Linie konzentrieren und kurz und präzise antworten
  - Freundlich um Wiederholung der Aussage bitten

Ablaufschema einer Verhandlung

Der Ablauf von Verhandlungen ist unterschiedlich und von vielen Faktoren abhängig. Es lassen sich jedoch fünf Phasen unterscheiden, die in fast jeder Verhandlung auftreten.

- *Eröffnung der Verhandlung (Protocol):* Kennenlernen des Gesprächspartners, Vertrauensbasis aufbauen, Bedürfnisse des Gesprächspartners ergründen

- *Analyse der Probleme (Probing):* Zielvorstellungen sowie Stärken und Schwächen der anderen Partei ergründen; Bilanz zwischen eigenen und fremden Zielen aufstellen

- *Versuch einer Problemlösung (Scratch Bargaining):* Herausarbeiten der Gemeinsamkeiten und der unterschiedlichen Meinungen, Kompromiss (Treffen in der Mitte) anstreben

- *Abschluss (Closure):* Zusammenfassen der Ergebnisse, Punkte festhalten, über die Einigkeit erzielt wurde (evtl. strittige Punkte ausklammern)

- *Vereinbarung (Agreement):* getroffene Vereinbarungen dokumentieren, ggf. rechtlicher Abschluss z.B. durch Vertragsunterzeichnung

12

Ergebnisse von Beschaffung durchführen

Der Prozess »Beschaffung durchführen« liefert somit folgende Ergebnisse:

1. Den ausgewählten Verkäufer
2. Die Vergabe des Beschaffungsvertrages

(Die verschiedenen Vertragsarten haben wir oben behandelt.)

Werden mehrere Produkte beschafft, wird der Prozess im Projekt auch mehrfach durchlaufen. Dabei können die Beschaffungen natürlich auch in verschiedenen Projektphasen erfolgen.

Der Prozess »Beschaffung durchführen« hat auch Wechselwirkungen mit anderen Prozessen. So werden als Ergebnis des Prozesses u.a. der Zeitpunkt, die Menge und die Dauer der Bereitstellung der beschafften Dienstleistungen und Produkte in **Ressourcenkalendern** dokumentiert, die bei der Terminplanung berücksichtigt werden müssen.

12.2.3 Beschaffung steuern

Der Prozess »Beschaffung steuern« gewährleistet, dass die Leistung des Lieferanten den vertraglichen Anforderungen entspricht. In diesem Prozess wird umgangssprachlich der »Vertrag gelebt«. Und so ist das auch zu verstehen. Der Projektleiter muss jederzeit die Leistung des Lieferanten gegen den Vertrag abgleichen können, er muss die Vertragseinhaltung überwachen und steuern. Hat sich die tatsächliche Leistung von der im Vertrag vereinbarten entfernt, müssen entsprechende Maßnahmen ergriffen werden.

Rollen in der Abwicklung

In der Praxis ergibt sich aus diesem einfachen und logisch klingenden Sachverhalt eine Reihe von Implikationen. Wer ist für was verantwortlich, wie kann vermieden werden, dass jeder denkt, ein anderer macht's?

1. Projektleiter ↔ Organisationseinheit *Beschaffung (»Einkauf«)*

   Wenn nicht der Projektleiter, sondern eine andere Abteilung/Person die Autorität besitzt, Änderungen am Vertrag vorzunehmen, kann es bei der Vertragsabwicklung sowie gewünschten Vertragsänderungen zu Konflikten kommen. Um Unstimmigkeiten vorzubeugen, ist es wichtig, im Vorfeld klare Vorgehensweisen und Befugnisse zu definieren.

2. Projektleiter ↔ Lieferant

   Je nachdem, in welchem Umfang ein Projekt Produkte beschafft, hängt der Erfolg des Projekts in nicht unerheblichem Maße von den beim Lieferanten üblichen Verfahren und der dort herrschenden Kultur ab. Bei der Festlegung der Vertragsabwicklung muss der Projektleiter daher auch die besonderen Anforderungen an die Kommunikation mit dem Lieferanten beachten:

   - Um Probleme frühzeitig zu erkennen, sollte der Status regelmäßig ermittelt werden (über Meetings oder Berichte).

   - Bei der Festlegung von Vorgehensweisen müssen die Gepflogenheiten des Lieferanten berücksichtigt werden.

   - Die »persönliche Chemie«, das heißt das persönliche Verhältnis zwischen Projektleiter und Lieferant, spielt eine große Rolle.

   - Probleme liegen nicht immer auf der Hand – sie sind nicht immer auf den ersten Blick zu sehen.

Der Prozess »Beschaffungen verwalten« muss auf die organisatorischen Vorgaben der Organisation Rücksicht nehmen, aber nicht nur das: Er muss auch mit anderen Projektmanagementprozessen integriert werden. So liefert der Prozess »Projektdurchführung lenken und managen« z.B. die Freigabe, wann die Leistung eines Verkäufers benötigt wird, und es bestehen Wechselwirkungen zu anderen Überwachungsprozessen, z.B. integrierte Änderungssteuerung, Qualitätslenkung, Bericht der Projektleistung und Risikoüberwachung.

Um den »Vertrag zu leben«, werden im Projekt verschiedene Methoden eingesetzt. Es versteht sich von selbst, dass der Projektleiter sicherstellen muss, dass eine **Prüfung der Beschaffungsleistung** erfolgen muss, um zu gewährleisten, dass die gelieferte Leistung vertragskonform ist. Aber zur Vertragsüberwachung gehört noch mehr, unter anderem:

Änderungssteuerungssystem für Verträge

Während der Projektdurchführung können sich notwendige Vertragsänderungen ergeben. Generell gilt:

- Es sollte vertraglich festgeschrieben werden, wie mit Änderungswünschen zum Vertrag umgegangen wird.

- Die Auswirkungen von Vertragsänderungen hängen auch von dem gewählten Vertragstyp ab. Eine Erhöhung der Leistung kann z.B. bei Verträgen auf Zeit- und Materialbasis unkritisch sein, erfordert bei Festpreisverträgen in der Regel aber Nachverhandlungen.

- Vertragsänderungen sind nur dann wirksam, wenn beide Parteien zugestimmt haben.

Einfach ist die Situation immer dann, wenn sich die beiden Vertragsparteien auf eine Vertragsänderung einigen. »Claims« bezeichnen im Englischen (aber auch oft im Deutschen) Situationen, bei denen sich die Vertragsparteien darüber streiten, wie der Vertrag auszulegen bzw. eine Änderung zu genehmigen ist. Ziel bei der **Abwicklung dieser (konträren) Ansprüche** ist es – Sie erinnern sich an unsere Eingangsfrage in diesem Kapitel? –, die Streitigkeiten in Verhandlungen zu klären, sodass eine Lösung gefunden wird, die beide Vertragsparteien zufriedenstellt.

Zahlungssysteme

Auch wenn die Bezahlung der Beschaffungen in vielen Projekten von einer anderen Organisationseinheit (z.B. Buchhaltung) abgewickelt wird, liegt es doch in der Verantwortung des Projektleiters, dafür zu sorgen, dass die Zahlungen gemäß Vertrag erfolgen.

Auch wenn Verträge auch mündlich geschlossen werden können, wird es in den meisten Projekten schriftliche Verträge geben, und auch bei der Vertragsabwicklung werden Dokumente erstellt, die archiviert werden müssen.

Lassen Sie sich daher in der PMP-Prüfung nicht in die Irre führen, wenn Sie gefragt werden, ob die meisten Projekte ein **Aufzeichnungsmanagementsystem** benötigen. Dieses Aufzeichnungsmanagementsystem kann auch aus einem (sehr dünnen) Papierordner bestehen, und zumindest den haben die meisten Projekte.

12.3 Prüfungsfragen

Zusätzliche und beispielhafte Prüfungsfragen zu diesem Kapitel finden Sie im Internet unter der Adresse: *www.wuttke.team/pmp-examen-das-buch*

13 Stakeholdermanagement in Projekten

Dieses Wissensgebiet wurde in der letzten (5. Auflage) des PMBOK Guide eingefügt und erhöhte damit die Gesamtanzahl der Wissensgebiete im Projektmanagement auf insgesamt zehn.

Stakeholdermanagement war schon immer ein wichtiges Thema, aber zwecks Harmonisierung des PMBOK Guides mit der ISO 21500 erfolgte die Anpassung im Jahre 2012.

Stakeholdermanagement ist eines der wichtigsten Schwerpunkte im PMP-Examen, auch wenn die vier Prozesse dieses Wissensgebiets das nicht herzugeben scheinen.

Damit ist eine gewisse Ähnlichkeit mit Kommunikation hergestellt. Auch in diesem Wissensgebiet ist die Prozesslage eher dünn, aber sehr wichtig für den Projekterfolg.

Grundsätzliches zum Thema Stakeholdermanagement haben wir ja bereits in Kapitel 3 ausgeführt. Hier nochmals die Kurzzusammenfassung:

Einzelpersonen und Organisationen, die aktiv am Projekt beteiligt sind oder deren Interessen als Ergebnis der Ausführung oder des Abschlusses des Projekts beeinflusst werden können.

Eventuell verfügen sie auch über Einfluss auf die Ziele und Ausgangswerte des Projekts. Stakeholder können positiven oder negativen Einfluss auf das Projekt und seine Ergebnisse haben.

13.1 Prozesse des Stakeholdermanagements

Es werden vier Prozesse beschrieben.

1. **Stakeholder identifizieren (Prozess 13.1)** – Das Ermitteln, welche Beteiligten und Betroffenen das Projekt hat, sowie Analyse und Dokumentation ihrer Interessen, Beteiligungen und Auswirkungen

2. **Engagement der Stakeholder planen (Prozess 13.2)** – Mit welchen Managementstrategien kann ich die Stakeholder während der Projektlaufzeit entsprechend ihrer Bedürfnisse einbinden?

3. **Engagement der Stakeholder managen (Prozess 13.3)** – Das Zusammenarbeiten mit den Stakeholdern, um deren Bedürfnisse zu erfüllen und Probleme zu adressieren

4. **Engagement der Stakeholder überwachen (Prozess 13.4)** – Schauen, ob die Strategie passt und ggfs. nachjustieren

13.1.1 Stakeholder identifizieren

In Kapitel 3 haben wir Ihnen ja bereits grundsätzliche Erläuterungen zum Stakeholderkonzept gegeben. Hier steht jetzt im Vordergrund, wie das Stakeholdermanagement im Projekt konkret erfolgt.

In der Regel wird ein Projekt viele Stakeholder haben – zu viele, um alle mit einem vernünftigen Aufwand aktiv managen zu können. Daher stellt die Stakeholderanalyse das hauptsächliche Werkzeug dar. Mit ihr wird u.a. ermittelt,

- welche Interessen ein Stakeholder am Projekt hat: am Projektprodukt oder am Projektverlauf;

- ob der Stakeholder dem Projekt positiv oder negativ gegenübersteht;

- wie viel Einfluss ein Stakeholder auf das Projekt/den Projekterfolg hat;

- wie aktiv ein Stakeholder am Projekt beteiligt ist;

- welche Maßnahmen ergriffen werden können, um sicherzustellen, dass der Stakeholder den Projekterfolg unterstützt.

Wenn wir jetzt in unseren Erläuterungen *Stakeholder* schreiben, dann kann damit eine einzelne Person gemeint sein, muss aber nicht. Stakeholder können auch in Gruppen zusammengefasst werden, um das Managen der Stakeholdererwartungen zu vereinfachen. Aber Achtung: Fassen Sie nur Personen zu Gruppen zusammen, die auch wirklich die gleichen Interessen und Erwartungen an das Projekt haben. Eine Stakeholdergruppe »Vorstand« macht zum Beispiel keinen Sinn, wenn der Entwicklungsvorstand das Projekt unbedingt durchführen will, der Finanzvorstand aber vehement dagegen ist.

Dokumentiert werden die Ergebnisse der Stakeholderanalyse im sogenannten Stakeholderregister, das ergänzt wird durch eine Dokumentation, die sogenannte Stakeholdermanagementstrategie. Sie dokumentiert die geplanten

Maßnahmen, um sicherzustellen, dass die einzelnen Stakeholder das Projekt optimal unterstützen bzw. dass Hindernisse aus dem Weg geräumt werden.

Da Projekte in einer dynamischen Umgebung stattfinden und Rahmenbedingungen und Personen sich ändern können, ist es wichtig, Stakeholder wiederholt im Projekt zu identifizieren.

Die Darstellung der analysierten Stakeholder erfolgt aber nicht nur in einem Register, es können ähnlich der qualitativen Risikoanalyse auch klassische Analysematrizen zum Einsatz kommen:

- Macht/Interessen-Matrix (*Power/Interest Grid*)
- Macht/Einfluss-Matrix (*Power/Influence Grid*)
- Einfluss/Auswirkungs-Matrix (*Influence/Impact Grid*)
- Wichtigkeitsmodell (*Salience model*)
- Einflussrichtungen
- Stakeholderwürfel
- Priorisierungen

Die Wahl des jeweiligen Modells bzw. Matrix wird den Projektgegebenheiten angepasst. Es macht keinen Sinn, alle Modelle in allen Umgebungen zu bedienen. Vielmehr sollte ein passendes Modell für das individuelle Projekt gefunden werden.

Die Einteilung der Stakeholder in Bereiche (hohes Interesse, geringer Einfluss) ähnelt stark dem qualitativen Risikoansatz; die Dokumentation der Stakeholderattribute ist am einfachsten in einer Tabelle vorzunehmen.

13.1.2 Engagement der Stakeholder planen

Auf Grundlage der vorangegangenen Analyse erfolgt in diesem Prozessschritt die Planung, wie Stakeholder auf Basis ihrer Bedürfnisse eingebunden werden können. Ausgangswert dieses Prozessschrittes ist der Stakeholderengagementplan.

Im Stakeholderengagementplan finden sich typischerweise:

- das gegenwärtige und gewünschte Engagement
- Beziehungen untereinander
- Kommunikationsbedarfe der Stakeholder

13

Ein wichtiges Werkzeug stellt die Stakeholder-Engagementmatrix dar, die die gegenwärtigen und gewünschten zukünftigen Engagements der Stakeholder dokumentieren.

Wir unterscheiden in folgende Engagementstufen:

- Ohne Kenntnis (Stakeholder kennt weder Projekt noch Auswirkungen)
- Widerstehend (Kennt Projekt und will keine Änderungen)
- Neutral (selbstredend)
- Unterstützend (Kennt Projekt und Auswirkungen und unterstützt)
- Führend (Kennt Projekt und Auswirkungen und übernimmt eine führende Rolle)

Die Stakeholder-Engagementmatrix legt nun fest, dass der Stakeholder Willi Winzig derzeit wahrscheinlich »ohne Kenntnis« ist, aber durchaus das Potenzial hätte, »unterstützend« zu werden.

Dieser Prozess beschreibt daher nicht nur den Ist-Zustand an Engagement und Haltung, sondern umfasst auch Maßnahmen, wie der Stakeholder in die richtige Richtung bewegt werden könnte.

13.1.3 Engagement der Stakeholder managen und überwachen

Um es kurz zu machen: Die beiden Prozesse 13.3. und 13.4. sind zwar sinnvoll hinsichtlich der Prozessabfolge, beinhalten aber keinerlei erwähnenswerte Werkzeuge, Dokumente oder Techniken.

Das Managen im Prozessschritt 13.3 erfolgt über allgemeine Kommunikationsmethoden, Kompetenzen im Umgang miteinander und allgemeine Managementkenntnisse.

Der Prozess »Engagement der Stakeholder überwachen« (Prozess 13.4.) hat die Beziehungen zu den Stakeholdern im Fokus und soll sicherstellen, dass kontinuierlich überprüft wird, dass die geplanten Maßnahmen, um die Stakeholder einzubinden, greifen.

13.2 Prüfungsfragen

Zusätzliche und beispielhafte Prüfungsfragen zu diesem Kapitel finden Sie im Internet unter der Adresse: *www.wuttke.team/pmp-examen-das-buch*

A   Formelsammlung

Die folgende Sammlung soll Ihnen als Hilfestellung einen zentralen Überblick über die Formeln geben, die im PMP-Examen relevant sein können.

> **Hinweis**
>
> Diese Sammlung erhebt keinen Anspruch auf Vollständigkeit!

Die Beschreibung der Formeln erfolgt in Umgangssprache, nicht zwingend in der formal korrekten vollständigen Beschreibung.

Begriff	Abk.	Formel	Beschreibung
Earned-Value-Management			
Planned Value Budgeted Cost of Work Scheduled	PV BCWS		Planwert der Kosten und Leistung per heute
Budget At Completion	BAC		Geplantes Gesamtbudget
Earned Value Budgeted Cost of Work Performed	EV BCWP	$EV = BAC \times \% \, Fst$	Earned Value, Geplantes Gesamtbudget mal Fertigstellungsgrad in Prozent per heute
Actual Cost Actual Cost of Work Performed	AC ACWP		Tatsächliche Kosten per heute
Cost Variance	CV	$CV = EV - AC$	Kostenabweichung: Wie viel über/unter Budget liegen wir zum aktuellen Zeitpunkt, in absoluten Zahlen?

Begriff	Abk.	Formel	Beschreibung
Schedule Variance	SV	$SV = EV - PV$	Terminabweichung: Wie viel Wert an Arbeit haben wir im Vergleich zum Plan zum aktuellen Zeitpunkt geleistet (in absoluten Zahlen)?
Cost Performance Index	CPI	$CPI = EV / AC$	Kostenentwicklungsindex: Kennzahl, inwieweit die Kostenplanung eingehalten wird.
Schedule Performance Index	SPI	$SPI = EV / PV$	Terminentwicklungsindex: Kennzahl, inwieweit die Terminplanung eingehalten wird.
Estimate To Complete	ETC		Geschätzte Restkosten: Was, glauben wir, kostet das Projekt ab jetzt noch bis zum Ende?
		$ETC = BAC - EV$	Variante 1 (Grundformel) Es geht weiter wie geplant (keine oder atypische Abweichung).
		$ETC = (BAC - EV) / CPI$ oder auch $ETC = (BAC - EV) / CPI \times SPI$	Variante 2 Es geht weiter wie gehabt (typische Abweichung), Hochrechnung wird mit CPI (bzw. CPI × SPI) korrigiert.
		$ETC =$ neue Schätzung	Variante 3 Freie Restschätzung
Estimate At Completion	EAC	$EAC = AC + ETC$	Gesamtkostenhochrechnung zum Projektende (ETC kann nach verschiedenen Formeln – siehe oben – berechnet werden)

A

Begriff	Abk.	Formel	Beschreibung
		EAC = BAC / CPI	Rechnerisch identisch zur Berechnung des EAC mit ETC-Formel Variante 2
Variance At Completion	VAC	VAC = BAC − EAC	Kostenabweichung am Projektende: Wie viel über/unter Budget werden wir (in absoluten Zahlen) das Projekt abschließen?
To Complete Performance Index	TCPI		Mit welchem CPI muss ab jetzt weitergearbeitet, um das Projekt planmäßig abzuschließen?
		TCPI (BAC) = (BAC − EV) / (BAC − AC)	Das anfangs geplante Gesamtbudget wird als realistisch angesehen.
		TCPI (EAC) = (BAC − EV) / (EAC − AC)	Der ursprüngliche BAC wurde im Basisplan durch den EAC ersetzt.
Netzplanberechnung			
Frühester Anfangszeitpunkt	FAZ		Benötigt für Vorwärtsrechnung bei der Ermittlung des kritischen Wegs
		$FAZ_n = max (FEZ_{n-I})$	Mathematische Berechnung
		$FAZ_n = max (FEZ_{n-I}) + 1$	Berechnung nach Datum
Frühester Endezeitpunkt	FEZ		Benötigt für Vorwärtsrechnung bei der Ermittlung des kritischen Wegs
		$FEZ_n = FAZ_n + Dauer$	Mathematische Berechnung
		$FEZ_n = FAZ_n + Dauer − 1$	Berechnung nach Datum

A

Begriff	Abk.	Formel	Beschreibung
Spätester Anfangszeitpunkt	SAZ		Benötigt für Rückwärtsrechnung bei der Ermittlung des kritischen Wegs
		$SAZ_n = SEZ_n - Dauer$	Mathematische Berechnung
		$SAZ_n = SEZ_n - Dauer + 1$	Berechnung nach Datum
Spätester Endezeitpunkt	SEZ		Benötigt für Rückwärtsrechnung bei der Ermittlung des kritischen Wegs
		$SEZ_n = min(SAZ_{n+1})$	Mathematische Berechnung
		$SEZn = min(SAZ_{n+1}) - 1$	Berechnung nach Datum
Gesamtpuffer	GP	$GP_n = SAZ_n - FAZ_n$ $= SEZ_n - FEZ_n$	Zeitraum, um die ein Vorgang gegenüber seines FAZ verzögert werden kann, ohne den Endzeitpunkt des Projekts zu verschieben
Freier Puffer	FP		Zeitspanne, um die ein Vorgang verschoben werden kann, ohne den FAZ aller nachfolgenden Vorgänge zu verzögern
		$FP_n = min(FAZ_{n+1}) - FEZ_n$	Mathematische Berechnung
		$FPn = min(FAZ_{n+1}) - FEZ_{n-1}$	Berechnung nach Datum

Begriff	Abk.	Formel	Beschreibung
PERT-Schätzung			
Program Evaluation and Review Technique	PERT	PERT = (o + 4w + p) / 6	Dreipunktschätzung optimistisch (o) wahrscheinlich (w) pessimistisch (p) Ergebnis: Gewichteter Mittelwert
Standardabweichung	σ (s)	σ = (p – o) / 6	Kennwert zur Beschreibung der Variabilität des geschätzten Aufwandes eines Arbeitspakets **Hinweis**: Zur Berechnung der Standardabweichung des gesamten Projekts dürfen nicht einfach die Einzelwerte aufsummiert werden, sondern es müssen die Einzelvarianzen addiert und aus dieser Summe die Wurzel gezogen werden!
Varianz	V	$V = \sigma^2 = ((p - o)/6)^2$	Je größer die Varianz, umso weiter sind die Schätzwerte vom Mittelwert entfernt. D.h. eine niedrige Varianz zeigt eine Verlässlichkeit der Schätzwerte an.
Weitere Formeln			
Present Value Barwert	PV	$PV = FCF / (1 + Zins)^n$	Diskontierung von künftigen Zahlungen zur Anzahl der Zeitperioden (n) FCF (Future Cash Flow) = Zukünftiger Geldbetrag

A

A

Begriff	Abk.	Formel	Beschreibung
Benefit Cost Ratio Gewinnkoeffizient	BCR	BCR = Benefit / Cost	Bewertung der Nutzen-Kosten-Verhältnismäßigkeit
Expected Monetary Value Risikowert	EMV	EMV = Eintrittswahrscheinlichkeit × Auswirkung	Quantifizierung der Wahrscheinlichkeit des Eintritts und der möglichen Höhe eines Risikos
Kommunikationskanäle		$N \times (N-1) / 2$ bzw. $(N^2 - N) / 2$	Anzahl Kommunikationskanäle in einem Team N = Anzahl Personen
Point of Total Assumption	PTA	PTA = ((Höchstpreis – Preisziel) / Aufteilungsverhältnis) + Kostenziel	Der PTA bezieht sich auf einen Festpreisvertrag mit Bonus und legt fest, ab welchem Punkt der Verkäufer den durch eine Kostenüberschreitung entstehenden Verlust trägt.

Anmerkung zur Netzplanberechnung

Bei der Netzplanberechnung unterscheidet man zwei Berechnungsarten:

1. *Mathematische Berechnung*:

   – Der erste Vorgang beginnt bei 0.

   Vorteil: Einfachere Anwendung von mathematischen Formeln

2. *Berechnung nach Datum*:

   – Der erste Vorgang beginnt bei 1.

   Vorteil: Einfachere Übertragbarkeit auf Termine, der erste Vorgang beginnt am ersten Tag.

Index